权威·前沿·原创

皮书系列为
"十二五""十三五""十四五"时期国家重点出版物出版专项规划项目

广州蓝皮书

BLUE BOOK OF GUANGZHOU

广州城市国际化发展报告
（2025）

ANNUAL REPORT ON CITY INTERNATIONALIZATION
OF GUANGZHOU (2025)

全球城市体系中的广州

组 织 编 写 / 广州市社会科学院

主　　编 / 伍　庆
执 行 主 编 / 姚　阳
执行副主编 / 胡泓媛

社会科学文献出版社
SOCIAL SCIENCES ACADEMIC PRESS (CHINA)

图书在版编目（CIP）数据

广州城市国际化发展报告 . 2025：全球城市体系中
的广州／伍庆主编；姚阳执行主编 . --北京：社会科
学文献出版社，2025.7. --（广州蓝皮书）. --ISBN
978-7-5228-5561-5

Ⅰ . F299. 276. 51
中国国家版本馆 CIP 数据核字第 2025PT0761 号

广州蓝皮书

广州城市国际化发展报告（2025）
——全球城市体系中的广州

主　　编／伍　庆
执行主编／姚　阳
执行副主编／胡泓媛

出 版 人／冀祥德
组稿编辑／任文武
责任编辑／李　淼
文稿编辑／王翠芳
责任印制／岳　阳

出　　版／社会科学文献出版社·生态文明分社（010）59367143
　　　　　地址：北京市北三环中路甲 29 号院华龙大厦　邮编：100029
　　　　　网址：www.ssap.com.cn
发　　行／社会科学文献出版社（010）59367028
印　　装／天津千鹤文化传播有限公司

规　　格／开　本：787mm×1092mm　1/16
　　　　　印　张：22.75　字　数：340 千字
版　　次／2025 年 7 月第 1 版　2025 年 7 月第 1 次印刷
书　　号／ISBN 978-7-5228-5561-5
定　　价／128.00 元

读者服务电话：4008918866

主要编撰者简介

伍　庆　博士，研究员。现任广州市社会科学院副院长、智库平台广州城市战略研究院院长、广州"一带一路"研究中心主任、广州国际交往研究院院长、广州市人民政府决策咨询专家。研究方向为全球城市、国际交往。主持国家社会科学基金项目1项、省部级社科规划课题8项，主持决策咨询课题50余项。出版专著4部，发表各类论文30余篇。广东省第十四届人大代表，广东省人大外事委员会副主任委员。

姚　阳　美国加利福尼亚州立大学公共管理硕士，副研究员。现任广州市社会科学院城市国际化研究所所长、广州国际城市创新研究中心执行主任。加利福尼亚大学河滨分校、加利福尼亚州立大学北岭分校访问学者。研究方向为全球城市发展与治理、城市国际化。主持参与完成国家、省市级社科规划课题10余项；在核心期刊、"广州蓝皮书"等发表论文30余篇。参与撰写上报省委、省政府，市委、市政府决策咨询课题近40项。参与研究课题获得省、市哲学社会科学优秀成果奖。

胡泓媛　荷兰格罗宁根大学法学硕士，副研究员。现任职于广州市社会科学院城市国际化研究所，任广州国际城市创新研究中心执行副主任。研究方向为城市国际化、城市国际传播、文化贸易。主持广州市哲学社会科学规划立项课题4项、广州市人文社科世界文化名城建设和文化产业研究基地课题1项，主要参加广州市哲学社会科学规划课题4项，执笔撰写其他各类课题30余项。出版专著2部，发表各类论文10余篇。

摘　要

　　《广州城市国际化发展报告》是广州市社会科学院组织研创的"广州蓝皮书"系列之一，由广州市社会科学院城市国际化研究所牵头组稿，汇聚科研智库、高等院校、民间组织和政府部门的专家学者智慧，是客观分析广州城市国际化最新发展水平、研判未来发展路径的研究成果，也是以广州为样本进行研究，促进中国城市国际化研究交流的学术平台。

　　2024 年是新中国成立 75 周年，是实现"十四五"目标的关键一年，也是"大干十二年、再造新广州"的开局之年。2024 年是对广州有特殊意义的一年，国务院批复《广州市国土空间总体规划（2021—2035 年）》，赋予广州"6+4"城市性质和核心功能，对广州未来发展能级量级提出更高的要求。这一年，广州以国际化视野与战略眼光，全力抓好经济建设中心工作和高质量发展首要任务，深度融入国际经济循环，全球城市评级达到 Alpha级，大国外交服务水平不断提升，重要交往载体持续巩固，海外友好伙伴链接全球，国际传播体系更有效力，教育国际合作高质量开展。展望 2025 年，面对全球经济缓慢复苏、全球贸易冲突加剧、数字经济快速发展的新形势、新挑战，广州以建设中心型世界城市为目标，高水平构建开放型经济新体制，高水准发挥城市国际交往功能，高品质打造国际城市品牌，高标准建设国际性综合交通枢纽，充分彰显粤港澳大湾区区域发展核心引擎作用，担当双循环战略链接城市，构建支撑对外开放和国际合作的综合性门户枢纽。

　　《广州城市国际化发展报告（2025）》包括总报告、主题篇、国际经贸篇、国际交往与传播篇、教育国际化篇、国际化案例篇等六大板块内容，并

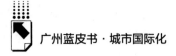

设"2024年中国城市国际化事件关注"附录，就2024年中国城市国际化重大事件进行梳理总结，把握值得重点关注的实践动态。

总报告从整体经济实力、对外贸易、利用外资、对外投资、国际交通枢纽、高端国际会议活动、多边合作平台、国际交往伙伴、国际传播能力建设、人文交流活动等维度全面总结了2024年广州城市国际化发展现状，结合国际权威研究报告深入分析广州在全球城市体系中的表现，并对2025年国内外发展形势作出研判，提出推动广州城市国际化、建设全球城市的建议。

主题篇以全球城市体系中的广州为主题，选取全球城市评价指标体系，通过将广州与国内外主要全球城市进行对比，评估科创实力、国际交往能力、国际影响力等全球城市核心功能的发展状况，提出助力广州加快建设中心型世界城市的战略路径和对策。

国际经贸篇从人工智能创新发展、吸引和利用外资、离岸贸易新模式等热点议题出发，探讨广州推动高质量发展的路径。

国际交往与传播篇收录了广州奖打造国际公共产品、广州建设国际化街区、构建更有效力的城市国际传播体系以及塑造新型对外话语等方面的最新研究成果。

教育国际化篇关注广州教育国际化的新发展，从国际高等教育示范区建设、职教出海、归国留学人员创新创业服务等方面对广州国际教育发展进行深入分析与探讨。

国际化案例篇聚焦广州人工智能发展新动向，甄选了极飞科技全球化路径、钛动科技人工智能赋能企业出海的典型案例，为同类地区推动科技创新发展、优化企业国际化布局提供参考。

关键词： 城市国际化　全球城市　广州

目 录 ⬡

Ⅰ 总报告

Ⅱ 主题篇

Ⅲ 国际经贸篇

附 录

Abstract

皮书数据库阅读**使用指南**

总 报 告

B.1

2024年广州城市国际化发展状况
与2025年形势分析

广州市社会科学院课题组*

摘　要： 2024年，广州在复杂动荡的全球局势中保持战略定力，狠抓全面深化改革，力促产业结构转型，锻造竞争力长板，城市能级稳步上升，城市坐标在世界城市体系中攀上新高度，均衡发展、科技赋能、数字经济、区域协同已成为广州在全球城市竞争与合作中的四大优势动能。广州以国际化视野与战略眼光，全力抓好经济建设中心工作和高质量发展首要任务，积极对接全球市场需求，深度融入国际经济循环。2024年广州城市国际化发展状况如下：国际核心竞争力增强，全球城市能级稳步提升；全球经贸网络深

---

* 课题组组长：姚阳，广州市社会科学院城市国际化研究所所长、副研究员，研究方向为全球城市发展与治理、城市国际化。课题组成员：胡泓媛，广州市社会科学院城市国际化研究所副研究员，研究方向为城市国际化、城市国际传播、文化贸易；鲍雨，广州市社会科学院城市国际化研究所助理研究员，研究方向为公共外交；徐万君，博士，广州市社会科学院城市国际化研究所助理研究员，研究方向为国际经贸；侯颖，博士，广州市社会科学院城市国际化研究所助理研究员，研究方向为国际关系；林可枫，广州国际城市创新研究中心研究助理，研究方向为全球城市评价、人文地理。

化拓展，开放型经济韧性增强；外资结构高端化转型，服务业扩大开放向纵深推进；对外投资网络不断拓展，全方位服务企业"走出去"；国际综合交通枢纽能级跃升，海陆空铁立体网络加速向全球辐射；高质量服务大国外交，为"南南合作"作出贡献；重要交往载体持续巩固，广州声音响彻世界舞台；海外友好伙伴链接全球，公共外交增进民间情谊；国际传播体系更有效力，推动中外文明交流互鉴；高质量开展教育国际合作，助力建设全球教育共同体。在这个全球机遇与挑战交织并存的时期，国务院批复《广州市国土空间总体规划（2021—2035年）》，赋予广州"6+4"城市性质和核心功能，从战略视角擘画了广州建设"中心型世界城市"的蓝图。广州将在"全国综合性门户"功能定位与"城市国际化路径"的辩证统一中找准发力点，对标国际一流提升城市品质，高水平构建开放型经济新体制，高水准发挥城市国际交往功能，高品质打造国际城市品牌，高标准建设国际性综合交通枢纽，充分彰显粤港澳大湾区区域发展核心引擎作用，担当双循环战略链接城市，构建支撑对外开放和国际合作的综合性门户枢纽。

关键词： 城市国际化　全球城市　广州

一　2024年广州在世界城市体系中的表现

2024年是新中国成立75周年，是实现"十四五"目标的关键一年，也是"大干十二年、再造新广州"的开局之年。在世界经济缓慢复苏、科技革命浪潮激荡涌动、全球城市发展动能转换的复杂转型期，广州保持战略定力，狠抓全面深化改革，力促产业结构转型，锻造竞争力长板，城市能级稳步上升，城市坐标在世界城市体系中攀上新高度。

（一）广州在主要全球城市评价中的表现

2024年，广州在主要全球城市评价中表现亮眼。在全球化与世界城市研究网络（GaWC）世界城市分级中的排名大幅跃升，在科尔尼全球城市系列指数中的排名稳步提升，在国际交往中心城市指数、全球金融中心指数、全球创新指数科学技术集群中的排名则保持稳定（见表1）。

表1 2020～2024年广州在主要全球城市评价中的排名情况

机构	主要全球城市评价	2020年	2021年	2022年	2023年	2024年	排名意义
GaWC	世界城市分级	Alpha-（34）	—	Alpha-（34）	—	Alpha（22）	大幅跃升
科尔尼	全球城市指数	63	60	56	55	52	稳步提升
	全球潜力城市指数	54	34	26	57	72	有所回落
清华大学中国发展规划研究院与德勤中国	国际交往中心城市指数	—	—	35	—	37	排名稳定
Z/Yen（一年两次）	全球金融中心指数	19/21	22/32	24/25	34/29	29/34	排名稳定
世界知识产权组织	全球创新指数科学技术集群	2	2	2	2	2	深圳—香港—广州集群保持全球第2

资料来源：GaWC世界城市分级2020、2022、2024，2020～2024年《全球城市指数报告》，2022、2024年《国际交往中心城市指数》报告，第27～36期《全球金融中心指数报告》，2020～2024年《全球创新指数报告》。

1. 在GaWC世界城市分级中的排名实现跃升

2024年，GaWC世界城市分级2024（The World According to GaWC 2024）更新发布。世界城市分级通过采集分析会计、金融服务、广告、管理咨询、法律等高端生产性服务业知名跨国企业在全球城市中的办公室分布及其相互业务联系数据，分析全球城市的连通性，从而反映城市对全球资本、技术、人力、信息等生产要素的控制和配置能力，已经成为当前衡量主要全球城市在全球经济网络中影响力的重要参考。后疫情时代，世界经济缓慢复苏，全球城市经济联系网络的活跃程度仍低于疫情前水平，入围城市持续减少，缩减至335个。自2000年首次进入世界城市分级后，广州在世界城市分级中持续晋级。在2016年世界城市分级中首次进入Alpha类，后出现小幅波动，2024年较上期上升12位至全球第22名。

2. 在科尔尼全球城市指数中的排名连续5年上升

2024年，国际知名管理咨询公司科尔尼发布的《2024年全球城市指数报告》中，更新发布了全球城市指数（Global Cities Index，GCI）和全球潜力城市指数（Global Cities Outlook，GCO），聚焦全球连通性最强、影响力最大的城市，分别对城市发展的现状与城市未来发展前景进行评估。《2024年全球城市指数报告》以"因变求新"命名，提出全球城市的发展与变化趋势预示着新一轮全球互联互通与交流浪潮的兴起。2024年广州排名继续上升，在GCI中上升3名，排名第52，连续5年实现全球排名的上升，其核心驱动力来自科技创新能力与人才的吸引力。广州不断强化科技与战略布局，建设粤港澳大湾区国家技术创新中心、国家新型储能创新中心等创新平台，并积极举办全国颠覆性技术创新大赛总决赛、"创客中国"国际中小企业创新创业大赛、第三届琶洲算法大赛等创新大赛，对接融资渠道，协助企业快速成长，由此广州的独角兽企业数量在全球排名第9。此外，广交会展览面积及参展企业也创历史新高，对广州商贸活动的促进作用极为显著。

3. 在国际交往中心城市指数中的排名保持稳定

国际交往中心城市指数由清华大学中国发展规划研究院（THU-CIDP）组织研究团队，联合德勤中国（Deloitte China）共同开展研究，自2022年起每两年发布一期，截至2024年共发布两期。报告揭示了国际交往中心城市发展的新趋势，尤其关注营商环境、城市治理、国际组织和创新能力、数字技术等城市发展转型重点。2024年广州的总排名第37，排除新增样本因素实际提升1名。与北京、上海、香港、深圳四大中国城市相比，广州仅在一个一级指标排名（联通力第27）上略高于深圳，其他两个一级指标排名（吸引力第38、影响力第32）相对靠后，仍存在一定进步空间。广州营商环境持续优化，全球创业生态系统指数被列入优势指标，《财富》世界500强企业总部数量位居第9。城市治理水平不断提高，教育服务、医疗服务指标增幅较大，分别为12.4%、13.3%。国际组织和创新能力进一步提升，广州UFI（国际展览联盟）认可展览数量位居第10，PCT国际专利申请总数增幅高达37.1%；人文社科论文指数位居第6。数字技术发展迅速，移动网络连接速度位居第8；固定宽带连接速度增幅高达104%，增速最快。未来，广州仍需将优化创新创业生态、提升教育服务质量作为建设国际交往中心城市的关键着力点，积极拓展国内腹地发展纵深，构建全球城市共同发展伙伴关系，持之以恒提升广州国际交往中心城市能级。

4. 在全球金融中心指数中的排名保持稳定

2024年，全球金融中心指数（Global Financial Centers Index，GFCI）发布第35期、第36期报告，从营商环境、人力资本、基础设施、金融业发展水平、声誉等方面对全球主要金融中心进行了评价和排名，全球金融中心发展在新的经济金融环境下呈现新特征和新动向。其中，第35期有119个城市入选榜单，第36期观察城市范围小幅扩大，共有121个城市入选榜单；广州在第35期报告中排名全球第29，在第36期报告中排名全球第34。广州金融业发展稳健，为城市国际竞争力的提升作出巨大贡献。2024年，广州市金融业增加值为3049亿元，同比增长7.5%，广州成为国内第四个金融业增加值迈上3000亿元台阶的城市。金融业增加值占GDP比重达9.8%，跃升为广州第三大支柱产业。在第36期报告全球前15个声誉优势中心城市中，广州位列全球第5，位于"稳定发展的金融中心"行列。广州在金融科技中心的全球排名回升至第14，金融科技实力不断提升，科技金融政策环境持续优化，金融科技网络建设初见成效。

5. 深圳—香港—广州集群在全球创新指数科学技术集群排名中领先优势扩大

世界知识产权组织发布的《2024年全球创新指数报告》（GII 2024）更新了全球创新趋势和133个经济体的创新表现。中国创新能力综合排名第11，位居34个中高收入经济体之首，继续保持全球创新强国的地位。在地方层面，东京—横滨集群排名保持第1，深圳—香港—广州集群排名保持第2，北京集群排名上升至第3，上海—苏州集群排名维持在第5，全球排名前5的全球创新指数科学技术集群全部来自东亚。

科研能力是深圳—香港—广州集群的突出优势。集群在出版物总量中的份额呈扩大的趋势（见表2）。GII 2024分析，由于风险投资价值相对降低，打击了大多数国家科技创新投资信心，全球PCT专利申请总量中的份额有所下降。尽管PCT专利申请总量略有减少，但中国在2024年仍保持了PCT专利申请的领先地位。我国的创新集群要想保持增速，还需在创新资源汇聚和创新要素高效利用上"久久为功"。

表2　2022~2024年东京—横滨集群与深圳—香港—广州集群创新指标对比

单位：%，分

年份	东京—横滨			深圳—香港—广州		
	在PCT专利申请总量中的份额	在出版物总量中的份额	得分共计	在PCT专利申请总量中的份额	在出版物总量中的份额	得分共计
2022	10.70	1.60	12.30	8.20	1.90	10.10
2023	10.10	1.50	11.70	9.00	2.10	11.10
2024	10.50	1.50	11.90	9.00	2.20	11.20

资料来源：2022~2024年《全球创新指数报告》。

（二）广州在主要全球城市评价中所表现出的亮点

主要全球城市评价排名结果显示，均衡发展、科技赋能、数字经济、区域协同已成为广州在全球城市竞争与合作中的四大优势动能。

1. 均衡发展：构筑城市可持续竞争力的核心动能

广州在全球城市排名中的均衡发展优势明显。这种均衡发展模式使广州在各个领域都保持了一定的竞争力，虽然没有特别突出的单项指标，但也没有明显的短板。这种均衡性为广州奠定了稳定的发展基础，使其在全球城市竞争中占据一席之地。广州的均衡发展模式带来的优势包括：抗风险能力强，在面对外部冲击时能够保持相对稳定的发展态势；有助于资源的合理配置，避免过度依赖某一领域，从而实现长期可持续发展；在全球城市排名中，广州的综合竞争力得到了广泛认可，这种均衡性使其在多个维度上都能保持一定的优势。总的来说，广州的均衡发展优势是其全球竞争力的重要体现，这种均衡性为城市的未来发展奠定了坚实基础。

2. 科技赋能：驱动全球城市高质量发展跃升

2024年，广州通过服务国家战略、推动产业创新、促进成果转化和优化创新生态，推动科技创新"变量"转化为高质量发展"增量"，展现了其作为全球科技创新高地的实力和潜力。党的二十届三中全会对进一步全面深化改革作出系统部署，强调构建支持全面创新体制机制。作为国家重要的中心城市、粤港澳大湾区核心引擎，广州正加速推动国家新一代人工智能创新发展试验区和国家人工智能创新应用先导区建设，拓展人工智能服务新场景，推动人工智能产业高质量发展，在多个行业实现 AI 赋能。全球通用自动驾驶第一股文远知行、全球 Robotaxi 第一股小马智行诞生，广州独角兽企业之一的小鹏汇天投建全球首个利用现代化流水线进行大规模量产的飞行汽车工厂。我国首艘自主设计建造的超深水大洋钻探船"梦想"号在广州南沙正式入列，其最大钻深可达 1.1 万米，标志着广州在深海科技装备领域的自主创新能力达到国际先进水平。广州科技创新综合水平迈入全球"第一方阵"，在"2024 自然指数—科研城市"中排名第 8，获得全球首批"灯塔城市"称号，在《机遇之城》智力与创新维度排名第 1，科技创新对产业发展的驱动作用也愈加显著。

3. 数字经济：抢占城市竞逐新赛道的战略制高点

习近平总书记指出，数字经济发展速度之快、辐射范围之广、影响程度之深前所未有，正在成为重组全球要素资源、重塑全球经济结构、改变全球竞争格局的关键力量。[①] 数字经济是全球经济发展的未来，城市的数字化能力越来越成为全球城市竞争的关键着力点，科尔尼新增了"数字服务贸易规模指数""数字化准备程度"等指标，凸显数字经济对城市竞争力的影响。《机遇之城 2024》通过新增"国家级数字产业集群数量""人工智能大模型行业覆盖率"等指标，考察城市数字化转型的核心驱动力与成效。2024年，广州数字经济在规模增长、技术创新、产业融合及开放合作方面均实现突破，逐步构建起以人工智能、集成电路、数据服务为核心的产业集

---

① 习近平：《不断做强做优做大我国数字经济》，《求是》2022 年第 2 期。

群，并通过政策引导和基础设施优化，巩固了其在全国数字经济发展中的领先地位，为迈向"世界数字中心城市"奠定基础。2024年，广州数字经济核心产业增加值占地区生产总值的12.8%，继续稳居全国第一梯队。其中，广州数字经济核心产业增加值同比增长9.8%，对全市经济增长的贡献率达61.3%。胡润全球独角兽企业榜单中，首次出现3家广州本土千亿级信息科技企业。同时，广州积极推动数字基础设施与数据要素市场建设，推进国家超级计算广州中心、人工智能公共算力中心提质扩容，建设智能算力协同调度平台，提升算力供给能力。广州的城市数字化程度与消费活力也不断增强，直播电商零售额达5171亿元（位居全国第1）；即时零售、数字内容服务等新业态蓬勃发展，文旅、演艺经济收入增长超40%。数字孪生城市研究和智慧交通等应用不断深化，助力"数字湾区"核心引擎功能显现。无论是科尔尼全球城市指数，还是全球金融中心指数，均对广州的城市数字化水平给予高度认可。

4. 区域协同：城市发展与湾区联动的共生模式

2024年是《粤港澳大湾区发展规划纲要》落地实施5周年，粤港澳大湾区城市群经济体量从2017年的10万亿元提高至2024年的14万亿元，湾区各大城市合作交流不断深化，推动全球城市综合排名全面提升。广深港科技创新一体化发展，共同打造具有全球影响力的产业科技创新中心，世界知识产权组织全球创新指数科学技术集群已将"深圳—香港—广州集群"纳入一体化评价，其实力稳居全球第2。在信息交流与人力资本领域，随着香港与内地全面通关及实施更为宽松的人才引进政策，大湾区的沟通交流更为密切，人力资本流动性进一步增强。广州设立10亿元环港科大（广州）科技成果转化母基金，支持科技成果就地转化。"国际化人才特区9条"和"港澳青创新十条"等多项支持港澳及国际人才的政策落地，拓宽了境外人才便利执业领域，吸引了近900名境外人才在穗执业，涵盖律师、医师、规划师等多个领域。诸多人才政策的出台与实施使广州在《中国城市人才吸引力排名：2024》中稳居第4，新兴创业生态系统被国际交往中心城市指数列入优势指标，有望在未来形成全球顶级创业生态系统。

二 2024年广州城市国际化发展状况

广州作为中国的国际化前沿城市，以国际化视野与战略眼光，全力抓好经济建设中心工作和高质量发展首要任务，积极对接全球市场需求，深度融入国际经济循环，着力拓展新的经济增长点。通过加强与世界各国的经济交流与合作，吸引国际优质资源汇聚，推动产业升级与创新发展，广州经济发展保持总体平稳、稳中有进的良好态势，进一步夯实开放型经济建设的根基，不断提升广州在全球城市经济体系中的地位与影响力，全力打造更具国际竞争力的现代化国际大都市。

（一）国际核心竞争力增强，全球城市能级稳步提升

广州，这座具有深厚历史底蕴与强劲发展活力的城市，正凭借自身独特优势，深度融入全球经济体系。从经济总量的稳健攀升，到科技创新的前沿探索，再到营商环境的持续优化，广州在国际化道路上稳步前行，展现出蓬勃的发展潜力与独特魅力。

1. 经济总量稳居全球城市中上游水平

2024年，广州以稳中求进的发展基调夯实经济基本盘，地区生产总值达31032.5亿元，同比增长2.1%，连续两年站上3万亿元台阶。在全球主要城市地区生产总值排名中，广州稳居中上游水平（如表3所示），在全球众多城市中具备一定经济实力，但与排名靠前的纽约、东京、洛杉矶等城市相比，经济总量仍有较大差距。广州城市人均GDP突破2万美元（约22877美元），高于世界银行划定的高收入国家人均国民收入标准，标志着城市经济实力迈上新台阶。从产业结构看，第三产业增加值达22858.6亿元，占地区生产总值比重73.6%，对经济增长贡献率达68.2%。租赁和商务服务业、文化艺术业等现代服务业增速均超9%，直播电商零售额达5171亿元，持续领跑全国，展现出强劲的消费活力与服务经济韧性。第二产业在转型升级中培育新动能，超高清视频及新型显示产业增加值同比增长

7.5%，带动电子产品制造业同比增长 4.8%，智能网联汽车、生物医药等新兴产业集群加速成型，先进制造业占规上工业产值比重提升至 58.7%。在全球城市经济网络中，广州与纽约、东京等标杆城市的总量差距逐步缩小。作为粤港澳大湾区核心引擎，其与深圳、香港、东莞等城市形成的经济圈地区生产总值突破 5 万亿元，成为亚太地区最具活力的产业协作集群之一，在全球价值链中扮演着越来越重要的节点角色。

表 3　2023 年全球主要城市地区生产总值情况

序号	国家	城市	名义 GDP（亿美元）	常住人口（万人）	人均 GDP（美元）
1	美国	纽约	11515.9	834	138081
2	日本	东京	9475.8	1405	67444
3	美国	洛杉矶	8717.4	972	89685
4	法国	巴黎	7854.6	1245	63089
5	中国	上海	6700.8	2487	26943
6	英国	伦敦	6620.2	880	75229
7	中国	北京	6210.1	2186	28409
8	新加坡	新加坡	5026.1	592	84901
9	中国	深圳	4911.0	1779	27605
10	美国	休斯敦	4722.0	478	98786
11	美国	芝加哥	4634.6	511	90696
12	中国	广州	4307.8	1883	22877
13	中国	重庆	4278.0	3191	13406
14	美国	西雅图	3877.0	227	170791
15	俄罗斯	莫斯科	3875.2	1306	29672
16	中国	香港	3808.8	750	50785
17	韩国	首尔	3593.6	941	38189
18	中国	苏州	3498.6	1296	26995
19	日本	大阪	3444.1	884	38960
20	美国	菲尼克斯	3342.4	455	73459

　　注：因部分城市截至完稿时尚未发布 2024 年地区生产总值数据，为保证数据可比性，此表采用 2023 年底数据。

　　资料来源：聚汇数据。

2. 科技创新迈向全球"第一方阵"

科技创新是广州迈向全球城市的核心驱动力。2024 年，深圳—香港—广州集群在世界知识产权组织发布的《全球创新指数报告》中位居全球第2，其 PCT 国际专利申请量占全球 9%，科研实力与东京—横滨集群形成对标。作为全国唯一集聚国家重大科技基础设施、国际大科学计划、国家实验室等"国之重器"的城市，广州构建了"2+2+N"科技创新平台体系，在此体系下的各类科技创新平台成为广州深度链接全球、汇聚全球高端科研资源和前沿研究成果的重要抓手。广州通过链接全球科技网络，获取全球领先的科研资源，开展关键核心领域联合攻关，科技创新为广州提升城市的全球竞争力注入了强大的内生动力。"人体蛋白质组导航"国际大科学计划已与全球近 20 个国家（地区）的近 50 家机构达成合作，吸引全球 100 多个顶尖科学家团队参与。4 个项目入选国家颠覆性技术创新重点专项，连续两年位居全国第 2①。创新生态的国际化能级显著提升，广州全球独角兽企业达 24家（胡润 2024 年榜单），位居全国第 4、全球第 9，跻身全球前十行列②。研发总部注册在广州的小鹏汇天、文远知行等企业在飞行汽车、自动驾驶领域实现"全球第一股"突破。技术成果转化与国际对接能力同步增强，2024 年 11 月，大湾区科学论坛在广州南沙举行，成果对接会涵盖新一代信息技术、新型储能与新能源、高端装备与智能制造等六大关键领域，共计240 个项目展出，其中广州南沙的 25 个院地合作项目在论坛期间作重点展示③。

3. 新质生产力赋能培育全球产业竞争新优势

作为粤港澳大湾区核心引擎，广州正通过新质生产力布局重塑全球产业竞争格局。当前，广州的传统支柱产业——汽车制造业，仍处于动能转换的

---

① 武威：《广州科技创新凸显国之担当》，《广州日报》2025 年 3 月 7 日。
② 《2024 全球独角兽榜》，胡润百富网站，2024 年 4 月 9 日，https：//hurun.net/zh-CN/Info/Detail？num=JDW1AWCKDVPA。
③ 《2024 大湾区科学论坛今天在广州南沙开幕，对接 240 项科技成果》，广东省科学技术厅网站，2024 年 11 月 17 日，https：//gdstc.gd.gov.cn/kjzx_n/gdkj_n/content/post_4526001.html。

深度调整期，叠加全球汽车产业正处于向新能源和智能化转型的关键阶段，增加值较上年同期出现下降。但新能源汽车行业加快了海外布局的步伐，小鹏汽车、广汽埃安等企业加速海外布局，广汽埃安泰国工厂正式竣工投产形成了"广州研发—东盟制造"新模式，为汽车产业转型升级进一步筑牢根基。2024年全市生物医药产业总营收突破2200亿元，集聚6500多家生物医药与健康领域企业，基因治疗、细胞工程等前沿领域临床试验项目数全国领先，吸引了辉瑞、默克等全球知名跨国药企在穗设立亚太区域研发总部①。电子产品制造业发展动能强劲，其中超高清视频及新型显示产业已具备显著的技术和市场优势，形成了较强的规模效应。2024年超高清视频及新型显示产业增加值同比增长7.5%，带动电子产品制造业同比增长4.8%。租赁和商务服务业延续快速增长态势，同比增长9.4%，会议展览及相关服务业快速复苏，同比增长5.0%，提升了城市的商业活跃度，在助推经济总量提升的同时，也为全球客流、货物流在广州集散提供了良好的服务支撑。文化艺术业、旅游消费等领域也表现出色，演出市场持续火爆，带动文化艺术业营业收入快速增长27.5%，充分展现了服务消费的活力和潜力②。

4. 制度型开放驱动打造国际化营商环境

2024年，广州以"制度型开放"为核心引擎，通过《广州市2024年优化营商环境工作要点》系统性重构"三业友好型"营商生态，打造适配全球产业链分工的开放型制度矩阵。政务服务效率对标国际一流，工程建设项目审批时间压缩至45个工作日，企业开办实现"一网通办"，涉外企业服务专窗提供"一站式"审批、用工、知识产权保护等服务，外资项目落地周期缩短30%。制度创新激发市场活力，南沙自贸区作为制度型开放试验田，形成173项改革创新成果，12项"全国首创"经验在粤港澳大湾区复制推广，成为对接国际高标准经贸规则的前沿阵地。在系列措施的支持下，

---

① 《广州举办生物医药与健康外资沙龙　释放吸引外资扎根发展信号》，广州市商务局网站，2025年3月18日，https://sw.gz.gov.cn/swzx/swyw/content/post_10165382.html。

② 《2024年广州市经济运行简况》，广州市人民政府网站，2025年2月5日，https://www.gd.gov.cn/zwgk/sjfb/dssj/content/post_4663397.html。

截至2024年12月底，全市实有经营主体达367.1万户，总量及增速位居国家营商环境创新试点城市第一①。华南美国商会连续7年将广州列为"在华最受欢迎投资城市"，世界500强企业累计投资项目达2025个，罗氏、西门子等跨国公司持续追加在穗投资。

（二）全球经贸网络深化拓展，开放型经济韧性增强

2024年，全球贸易摩擦仍处于高位，广州凭借市场主体活力充足、贸易网络覆盖全球、多举措支持贸易新业态发展等优势，持续向上突破，社会消费品零售总额和外贸进出口总额连续4年稳居全国"双万亿元"规模第一阵营。2024年，广州进出口总额达11238.4亿元，同比增长3.0%，在全球贸易摩擦加剧的背景下展现出强劲发展韧性。从全国层面来看，广州进出口总额位居全国第7，外贸表现总体平稳。

1. 持续构建更加多元的贸易网络

在2024年广州的外贸格局中，欧盟、东盟、美国、日本和中国香港构成其核心贸易伙伴网络。其中，欧盟凭借长期的产业互补性与技术合作优势，持续保持广州第一大贸易伙伴地位。其核心支撑在于欧盟市场对高端制造品的稳定需求，例如广州出口的船舶、智能家电及新能源产品在欧盟市场表现突出，2024年广州对欧盟出口额同比增长10.6%（见表4）。从内部结构看，德国、法国、意大利和西班牙是欧盟成员国中与广州贸易往来最密切的国家，主要涉及机电产品、电工器材及汽车零部件等高附加值领域。东盟作为广州第二大贸易伙伴，其快速增长得益于区域产业链深度融合与RCEP政策红利的持续释放。越南、马来西亚和泰国构成东盟市场主体，广州对其出口以机电产品、钢材及劳动密集型产品为主，同时自东盟进口的机电设备与电子元件显著增加，反映出区域内产业协作的强化。中国香港作为重要转口贸易枢纽，与广州的贸易呈现"高出口、低进口"特征，主要承接内地商品的国际分销功能。日本则在电子元件、半导体制造设备等领域与广州保

---

① 数据来源：广州市市场监督管理局《2024年广州市经营主体发展情况》。

持紧密合作，其进口增长主要源于本地高端制造需求。整体来看，广州通过优化贸易结构、深化区域协作及拓展高技术领域合作，在复杂国际环境中形成了多元化、多层次的贸易伙伴体系。

表4 2024年广州市进出口贸易重点市场地区情况

单位：亿元，%

国家（地区）	进出口			出口		进口	
	金额	同比增长	占比	金额	同比增长	金额	同比增长
合计	11238.4	3.0	100.0	7005.5	7.8	4232.9	−4.0
欧盟	1819.6	0.8	16.2	1078.7	10.6	740.9	−10.8
东盟	1606.3	−2.9	14.3	956.5	−6.2	649.7	2.4
美国	1600.1	11.6	14.2	1180.9	14.0	419.2	5.5
日本	860.2	32.6	7.7	807.0	33.4	53.2	21.3
中国香港	756.7	−7.4	6.7	307.3	1.9	449.4	−12.9

资料来源：广州市商务局。

2. 外贸结构正经历深度调整

2024年，广州市进出口总额达11238.4亿元，同比增长3.0%，总体呈现"出口扩张、进口收缩"的分化格局。其中，出口额首次突破7000亿元，同比增长7.8%，规模及增速均显著高于进口额（4232.9亿元，同比下降4.0%），一方面反映出本地产品在全球市场上的竞争实力，另一方面也显示出在国内产业升级的背景下进口替代效应增强。从贸易方式看，一般贸易持续发挥压舱石的作用，占进出口总额的比重超过七成，达8031.0亿元，带动贸易结构进一步优化；以一般贸易方式完成的出口额表现亮眼，同比增速达10.9%，成为整体外贸增长的核心动力。与之形成对比的是，受国际物流成本高企、海外消费市场疲软等因素共同影响，跨境电商进出口出现了11.7%的下滑，其中出口端下降幅度达14.7%，但进口端逆势上涨7.0%，表明国内对优质商品的消费需求仍处于扩张阶段。出口产品结构的战略性调整成为突出亮点。通过产业升级培育的新质生产力产品在国际市场多点开花：前三季度高新技术产品出口值同比增长7.1%，其中光电、材料和航天航空领域分别实现28.3%、44.3%和65.1%的爆发式增长；汽车出口延续强势表现，整体出口值同比增长88.0%，其中电动载人汽车出口更是激增 75.8%①。这种结构性突破既得益于本土产业技术迭代，也受益于广交会等国际展会平台的产业升级引导效应。市场主体活力在创新贸易模式中加速释放。市场采购贸易以 23.3% 的增速扩张至 78.5 亿元，其他贸易方式同比增长 5.3%，显示中小微企业通过灵活贸易模式拓展国际市场的能力显著提升（见表5）。总体而言，广州外贸结构正经历深度调整，传统优势与新动能交织，外部压力与内部转型共同塑造了差异化增长路径。

表5　2024 年广州市进出口贸易情况（按贸易方式分）

单位：亿元，%

贸易方式	本年累计			同比增长		
	出口	进口	进出口	出口	进口	进出口
合计	7005.5	4232.9	11238.4	7.8	-4.0	3.0
一般贸易	5141.7	2889.3	8031.0	10.9	-0.5	6.5
跨境电商	1476.6	293.8	1770.4	-14.7	7.0	-11.7
加工贸易	1335.1	695.5	2030.6	-0.4	-12.9	-5.1
来料加工装配贸易	311.6	260.6	572.2	-11.9	-13.2	-12.5
进料加工贸易	1023.5	434.9	1458.5	3.7	-12.7	-1.8
保税物流	355.1	607.0	962.1	-1.8	-9.9	-7.1
保税监管场所进出境	200.0	230.5	430.5	-8.6	-15.2	-12.2
海关特殊监管区域物流	155.1	376.5	531.6	8.6	-6.4	-2.5
其他贸易	163.7	34.7	198.3	3.0	18.1	5.3
市场采购	78.5	—	78.5	23.3	—	23.3

资料来源：广州市商务局。

3. 政策创新推动贸易新业态发展

作为全国首个"跨境电商综试区"，广州持续放大政策优势。2024 年出台了《广州市进一步推动跨境电子商务高质量发展若干政策措施》，针对企业出海法律、金融、人才等痛点，设立涉外法商融合创新基地、涉外法律服务中心、涉外法治人才实践基地等"两基地一中心"，为跨境电商企业提供更加完整的涉外服务，为强化新业态的支撑功能提供更加坚实的服务保障。

---

① 《广州经济"三季报"释放新信号》，广州市人民政府网站，2024 年 10 月 27 日，https：//www.gz.gov.cn/zwgk/sjfb/sjkd/content/post_9943203.html。

尽管跨境电商出口受国际物流成本高企影响有所回落，但进口逆势增长7%，成为全球优质商品进入中国市场的重要通道。与其他贸易方式相比，市场采购更加适合小商品出口，对卖家要求较低，具有申报简便、通关便利、增值税免征不退、收汇灵活等特性，契合中小微企业需求，是中小微企业"出海"的便捷通道。广州外贸市场主体活力充足，其中有相当大部分的小微企业，市场采购拓区进一步激发了小微企业的出口潜力。截至2025年2月，广州市市场采购拓区市场已达16家，涉及超1.5万家小微商户①。

（三）外资结构高端化转型，服务业扩大开放向纵深推进

近年来全球经济增速趋缓，主要经济体之间经济增长的分化态势明显，地缘政治冲突造成的经济扰动仍在持续，各项因素叠加导致资本跨境流动规模较巅峰期显著回落。广州经济与国际市场联系紧密，外部环境的不确定性对广州经济的影响愈加显著，其中对吸引和利用外资的影响更为明显。2024年，全市新设外商投资企业8445家，同比增长27.4%。截至2024年底，全市实际使用外资金额累计达9730.0亿元，世界500强企业在穗投资累计362家2025个项目。

1.多重因素叠加导致外资流入规模收缩

在国际环境与国内形势的双重影响下，2024年广州实际使用外资规模显著缩减，实际使用外资仅231.0亿元，同比下降52.2%（以美元计为32.5亿美元，同比下降53.0%）。从国际层面来看，全球经济复苏之路坎坷，联合国贸易和发展组织在2025年1月发布的《全球投资趋势监测》报告指出，2024年流入发展中国家的外商直接投资下降了2%，且已连续两年呈下滑态势。亚洲作为吸引外商直接投资的重要区域，2024年投资流入降幅达到7%②。在这种大环境下，

---

① 《广州市场采购贸易方式试点扩容》，海关总署网站，2025年2月28日，http：//www.customs. gov.cn/customs/xwfb34/302425/6385469/index.html。

② 《联合国贸发组织：2024年全球外国直接投资下降8%》，"联合国贸易网络"微信公众号，2025年1月22日，https：//mp.weixin.qq.com/s?__biz=MzAwMjAOMTUyNw===&mid=2247503170&idx=1&sn=7f07b18f5e8f6c45cda80f88dcc2b423&chksm=9ad2f9aada5778c93d7b54a7de692df00486b3c3544980fa14bff9417de8af21fc537cef65a&scene=27。

广州的外资流入规模也随之缩减。此外，地缘政治冲突不断加剧，单边主义、保护主义抬头，严重影响了跨境投资环境。例如，中美贸易摩擦期间，部分美国企业基于风险考量，减少甚至暂停了在广州的投资计划，跨国公司纷纷调整全球投资布局，对广州的投资也相应减少。从国内发展环境来看，经济结构深度调整给广州利用外资带来了挑战。传统产业面临着转型升级的巨大压力，产业转移的扩散效应逐渐显现。随着土地、劳动力等要素成本持续上涨，以及生态高质量发展对资源约束的不断加强，部分外商投资企业为降低成本，加快了向东南亚等地的产业转移步伐。以服装制造业为例，一些原本在广州设厂的外资企业，因人力成本上升，将生产线转移至越南等劳动力成本较低的国家，致使广州服装制造等行业的引资用资规模大幅缩小。

2. 全球资本向产业链高端集聚态势增强

尽管广州整体吸引外资规模有所缩减，但流向先进制造业的外商投资逆势上扬，2024年制造业实际使用外资同比增长8.8%（见表6）。广州制造业凭借深厚的基础和完善的产业配套，在智能与新能源汽车、集成电路等领域展现出强劲的发展潜力，成为吸引外资的热门赛道。为推动制造业迈向更高层次，广州积极构建"12218"现代化产业体系，致力于提升产业的创新、智慧、金融和绿色属性，为制造业的长远发展奠定了坚实基础。在全球跨境投资环境趋紧的大背景下，外资企业的全球布局愈加审慎，行业发展前景成为投资决策的关键考量。广州先进的产业规划与广阔的发展前景，吸引外资涌入制造业领域，2024年广州制造业实际使用外资占当年外资总额的31.7%，居各行业首位。广州开发区作为承载外商投资的关键阵地，充分发挥全要素保障的优势，积极招引优质项目，实现了产业与科技的双向互促。2024年，广州开发区实际使用外资金额高达121.0亿元，占全市实际使用外资额的52.4%，占据广州外资利用的"半壁江山"①。长期以来，广州开发区将优化营商环境视为全面深化改革的核心任务，已连续推出7版改革方

① 数据来源：广州市商务局。

案，累计实施 700 余项改革举措。自 2024 年起，营商环境改革持续升级，相继发布了《广州开发区　广州市黄埔区建设省营商环境改革试点行动方案》《广州开发区广州市黄埔区关于优化"工业快批"审批服务机制的若干措施》，不断简化办事流程、提高服务效率，营商环境逐步优化。这一系列举措为制造业吸引高质量外资营造了极具竞争力的环境，吸引了众多优质外资企业纷至沓来。截至 2024 年底，广州开发区累计设立外资企业超 5200 家，世界 500 强企业在区内投资项目达 330 个[①]。在此基础上，成功培育出汽车、新型显示、绿色能源、新材料、美妆大健康五大千亿元级产业集群，以及高端装备、生物技术、集成电路三大百亿元级产业集群。这些产业集群不仅推动了广州制造业的规模扩张，更促使外资加速向高端制造业和制造业的高端环节集聚，助力广州制造业在全球产业链中不断攀升，迈向高质量发展的新征程。

表6　2024年广州市外商直接投资五大行业情况

行业	企业个数		实际使用外资	
	本期数（家）	同比增长（%）	金额（万元）	同比增长（%）
合计	8445	27.4	2309925	-52.2
制造业	155	27.1	731247	8.8
租赁和商务服务业	1033	4.7	455288	-24.7
科学研究和技术服务业	634	10.7	435286	-74.9
信息传输、软件和信息技术服务业	355	19.9	203105	-44.2
批发和零售业	5567	42.3	166487	50.2

资料来源：广州市商务局。

3.外资来源地的区域集聚特征凸显

从重点来源地数据来看，中国香港、新加坡、加拿大、法国和日本在

[①] 杨阳腾：《在高水平对外开放上先行一步——来自广州经济技术开发区的调查》，《经济日报》2025 年 1 月 6 日。

2024 年位列广州外资来源地前五（见表 7）。其中，中国香港作为广州最主要的外资来源地，地位稳固，2024 年广州实际使用港资 184.9 亿元，占全部实际使用外资额的 80.0%。近年来，穗港交流合作全面深化，规模持续扩大，模式不断创新，涵盖多个行业。广州穗港智造合作区作为穗港合作的关键平台，有力推动了两地合作向纵深发展。在产业协同方面，形成"香港研发+广州制造"的优势互补模式，香港凭借其在科研、设计、知识产权等方面的优势，与广州强大的制造业基础相结合，提升了产品附加值和产业竞争力。在公共服务方面，打造的"教育+医疗+社区+法律+产业"支撑体系，为港澳人士提供了全方位的优质服务。截至 2024 年，全国首家港澳居民（广州）健康服务中心已累计服务港澳人员近 3000 人次；港澳公共法律服务中心为园区企业和员工提供专业的法律咨询和调解服务；广州市中黄外国语实验学校、中黄港澳子弟学校的运营，解决了港澳人士子女的教育问题。在招商方面，实施企业服务专员制度，为项目落地提供全要素保障，截至 2024 年 3 月，广州穗港智造合作区已吸引 253 家港资企业入驻，占黄埔区全区港资企业的 23%，港资企业集聚效应日益显著①。2023 年中国与新加坡签署《中华人民共和国政府和新加坡共和国政府关于进一步升级〈自由贸易协定〉的议定书》，2024 年 2 月中新两国互免签证，为广州与新加坡的经贸合作带来新机遇。2024 年 11 月，新加坡鹏瑞利集团在广州白云区投资 50 亿元建设鹏瑞利国际医院，这是中国 2024 年 9 月扩大医疗领域开放试点后的首个外商独资医院项目。从产业发展视角看，该项目意义重大。它不仅引入了国际先进的医疗技术和管理经验，为本土患者提供更优质的医疗服务，推动本土医疗服务水平提升；还作为示范项目，吸引了更多国际医疗投资关注中国市场，加速国内医疗服务业的国际化进程，促进医疗服务行业的多元化发展，为广州乃至全国的医疗产业注入新活力。

---

① 《立足"黄金内湾"顶点　开拓穗港合作新未来》，广州市人民政府网站，2024 年 3 月 1 日，https://www.gz.gov.cn/zt/qltjygadwqjsxsdzgzlfzdf/mtjj/content/post_9514189.html。

表7　2024年广州市外商直接投资五大区域情况

国家（地区）	企业个数		实际使用外资	
	本期数（家）	同比增长（％）	金额（万元）	同比增长（％）
合计	8445	27.4	2309925	-52.2
中国香港	2209	3.5	1849056	-56.7
新加坡	107	16.3	150003	161.9
加拿大	77	8.5	93154	31477.6
法国	29	38.1	57613	-59.8
日本	29	11.5	54164	-30.5

资料来源：广州市商务局。

（四）对外投资网络不断拓展，全方位服务企业"走出去"

面对复杂多变的国际投资环境，广州企业展现出了强大的发展韧性与适应能力。2024年，广州企业持续拓展海外布局，全年新增对外投资企业（机构）334家，同比增长13.0%；中方协议投资额24.7亿美元，同比增长24.6%。截至2024年底，经核准备案，广州企业累计设立境外非金融类企业（机构）2441家，中方协议投资额累计290.2亿美元，投资网络覆盖全球97个国家和地区。

1. 聚焦亚洲区域调整对外投资布局

为应对国际投资形势的新变化，广州企业主动调整对外投资布局，中方协议投资额中超过七成投向亚洲国家和地区，其次是北美洲和拉丁美洲，占比分别为12.8%和12.6%（见表8）。中国香港依然是企业对外投资的最主要目的地，2024年广州企业在香港新增171家企业（机构），中方协议投资额为14.3亿美元，较2023年增长2倍多，占比从21.5%提升至57.8%。作为企业国际化运营的关键跳板，中国香港凭借遍布全球的商业网络和专业服务能力，成为广州企业拓展海外市场的第一站。近年来，面对传统金融市场已较为饱和的现状与挑战，中国香港也在积极探索转型之路，以新科技、新市场为突破口，加快区块链、人工智能、大数据等前沿科技与传统专业服务的融合发展，对广州科技型企业的对外投资始终保持强大的吸引力。东南亚是我国新能源汽车产业布局海外的重要市场，广州本地领先企业以泰国为起点进军东南亚市场，广汽集团海外第一家工厂于2024年7月在泰国竣工投产，带动对泰国的投资额整体大幅上涨。

表8　2024年广州市对外投资主要地区（国家）分布情况

主要地区（国家）	新增企业（机构）数（家）	中方协议投资额		
		金额（亿美元）	同比增长（%）	比重（%）
合计	334	24.7	24.6	100.0
亚洲	271	17.5	79.4	70.7
中国香港	171	14.3	235.2	57.8
泰国	14	1.1	65.8	4.5
非洲	2	0.2	-91.7	1.0
埃及	0	0.1	—	0.6
欧洲	21	0.7	-35.6	2.9
德国	4	0.3	-33.2	1.1
拉丁美洲	11	3.1	62.7	12.6
北美洲	29	3.2	-22.1	12.8
美国	28	3.2	-21.1	12.8

注：原始资料中中方协议投资额数据单位为百万美元，调整为亿美元后，比重数据小数点后发生变化，此处比重沿用原始数据，表9相同。表中"—"指上年同期数据为0。

资料来源：广州市商务局。

2. 呈现服务业主导和轻资产出海模式

由于制造业投资通常具有初期投资规模大、项目建设周期长等特征，在前期制造业投资已基本到位的情况下，2024年海外投资的制造业项目多处于建设周期内，制造业新增企业（机构）43家，中方协议投资额下降34.9%，占协议投资额的比重由48.5%降至25.1%，整体占比仍处于较高水平。第三产业仍是广州企业对外投资的最主要领域，其中租赁和商务服务业中方协议投资额达13.5亿美元，同比增长3618.4%（见表9）。为节约投资成本、缩短建设周期，广州企业对外投资开始探索租赁现有厂房再加以改装建设的方式，以广汽埃安在泰国建设的首家海外工厂为例，其租赁并改建了一座闲置的汽车改装厂，将其升级为现代化汽车组装厂，展现出了"小规模、快产出、滚动式发展"的全球经营理念。

表9　2024年广州市对外投资主要行业分布情况

主要行业	新增企业（机构）数（家）	中方协议投资额		
		金额（亿美元）	同比增长（%）	比重（%）
合计	334	24.7	24.6	100
第一产业	5	0.2	1624.9	0.9
第二产业	54	6.4	−33.1	26.0
制造业	43	6.2	−34.9	25.1
第三产业	275	18.1	77.2	73.1
租赁和商务服务业	38	13.5	3618.4	54.5
批发和零售业	136	2.2	−20.6	8.9
信息传输、软件和信息技术服务业	31	1.1	−55.2	4.4
科学研究和技术服务业	27	0.9	−0.5	3.5
交通运输、仓储和邮政业	13	0.1	−92.4	0.4

资料来源：广州市商务局。

3. 全方位提升对外投资管理服务水平

广州持续完善对外投资服务体系，构建全流程管理服务框架，推动企业"走出去"高质量发展。在政策支持方面，创新构建差异化服务机制，针对跨国投资项目的复杂架构特征，建立"一企一策"备案辅导制度，重点培育本地龙头企业的国际化战略布局。2024年7月，助力本土企业如祺出行登陆港交所，成为"自动驾驶运营科技第一股"，标志着广州在培育新兴产业国际竞争力方面取得突破。2024年8月，广州市人民政府外事办公室发布《广州地区"走出去"企业外事服务机制工作举措》，统筹全市外事资源力量，从强化机制成员日常联络、用足用好企业人员因公出国便利政策等12个方面，制定详尽工作方案，为企业跨境投资活动筑牢外事保障根基。在专业服务能力强化方面，广州律师协会在全国率先成立"律师服务企业'走出去'动态法律服务团"，为"走出去"企业提供高效专业的法律服务。同时，为深度对接港澳优质高端服务资源，积极搭建广州与港澳律师行业双向信息交互桥梁，通过定期赴港澳举办内地政策解读及企业出海需求说明会，大力宣传广州律师执业环境以及粤港澳大湾区律师来穗执业的优惠政策，助力本地企业更便捷地获取港澳优质法律服务资源，全方位护航企业海外发展。

（五）国际综合交通枢纽能级跃升，海陆空铁立体网络加速向全球辐射

2024年，广州锚定国家"交通强国"战略目标，以"人享其行、物畅其流"为愿景，全面强化国际综合交通枢纽功能。通过千亿元级投资驱动重大项目落地，航空、铁路、航运、轨道交通等领域实现跨越式发展。广州白云国际机场（以下简称"白云机场"）三期扩建加速全球航空枢纽能级跃升，南沙港区跻身世界级集装箱港区前列，"轨道上的大湾区"骨架路网初具规模。这一年，广州不仅巩固了"海陆空铁"立体交通优势，更以创新实践推动低空经济、自动驾驶等新业态发展，为城市能级提升与区域经济联动注入强劲动能。

1. 国际航空枢纽承载力达到全球前列

2024年，白云机场以三期扩建工程为核心抓手，推动国际航空枢纽能级实现历史性突破。作为粤港澳大湾区航空枢纽建设的战略性工程，白云机场三期扩建工程总投资达537.7亿元，年内取得三大标志性突破：西飞行区全面竣工并完成验收，T3航站楼主体结构成功封顶，第四跑道完成试飞并正式启用。T3航站楼作为全球最大单体航站楼，建筑面积达42万平方米，其配套的综合交通中心（GTC）引入6条高铁和3条城际铁路，首创"空铁联运"立体交通网络，实现航空与轨道交通"零距离换乘"。工程投用后，白云机场将形成"三航站楼+四跑道"的超级枢纽格局，旅客吞吐能力提升至1.2亿人次/年，货邮处理能力突破380万吨/年，跻身全球航空枢纽第一梯队。2024年运营数据显示，白云机场旅客吞吐量达7634.5万人次，同比增长20.9%；货邮吞吐量达238.3万吨，同比增长17.3%。两项指标均创历史新高，其中国际及地区航线货邮占比近七成，连续5年位居全国第2（见表10、表11）。在航线网络拓展方面，白云机场年内实现"海陆空天"立

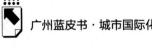

体突破。空中网络新增 15 条国际货运航线，重点加密"一带一路"共建国家及 RCEP 成员国航线，全球通航点突破 230 个，并首创"低空+干线"联运模式——开通海心沙至机场 18 分钟低空接驳航线，采用空客 EC135 直升机实现商务旅客"20 分钟安检+18 分钟飞行"的极速通勤。地面网络则通过芳白城际铁路盾构贯通，加速构建"1 小时通达湾区、3 小时辐射泛珠三角"的轨道交通圈。值得关注的是，白云机场创新推出的"五维通关系统"将国际中转时间压缩至 45 分钟，"24 小时免检中转区"吸引 12 家国际航司入驻，国际中转客流占比攀升至 31%，枢纽衔接效率达全球领先水平。这些突破不仅强化了广州国际综合交通枢纽的核心功能，更通过"空港—产业—城市"的深度联动，为粤港澳大湾区参与全球产业链重构注入新动能。

表 10 2024 年旅客吞吐量全国前 10 的机场

单位：万人次，%

排序（2023 年排序）	机场	旅客吞吐量	同比增长
1（2）	上海/浦东	7679.8	41.3
2（1）	广州/白云	7634.5	20.9
3（3）	北京/首都	6736.1	27.4
4（4）	深圳/宝安	6146.2	16.6
5（5）	成都/天府	5489.5	22.6
6（11）	北京/大兴	4942.5	25.4
7（6）	重庆/江北	4866.7	9.0
8（10）	杭州/萧山	4805.7	16.7
9（7）	上海/虹桥	4794.6	12.8
10（8）	昆明/长水	4714.8	12.2

资料来源：中国民用航空局《2024 年全国民用运输机场生产统计公报》。

表 11 2024 年货邮吞吐量全国前 10 的机场

单位：万吨，%

排序（2023 年排序）	机场	货邮吞吐量	同比增长
1（1）	上海/浦东	377.8	9.8
2（2）	广州/白云	238.3	17.3
3（3）	深圳/宝安	188.2	17.6

排序（2023年排序）	机场	货邮吞吐量	同比增长
4（4）	北京/首都	144.4	29.3
5（16）	鄂州/花湖	102.5	296.8
6（6）	郑州/新郑	82.5	35.8
7（5）	杭州/萧山	73.5	-9.2
8（7）	成都/双流	64.3	22.0
9（8）	重庆/江北	47.0	21.1
10（10）	上海/虹桥	42.8	17.7

资料来源：中国民用航空局《2024年全国民用运输机场生产统计公报》。

2.国际航运枢纽全球竞争力提升

2024年，广州南沙港区以四期工程全面竣工为标志，实现国际航运枢纽能级的跨越式提升。2024年11月底完成整体竣工验收的南沙四期工程作为粤港澳大湾区首个全新建造的全自动化码头，集物联网感知、大数据分析、人工智能、5G通信等先进技术于一体，成为新一代智慧港口、绿色港口的标杆。2024年，广州港完成货物吞吐量约6.6亿吨，集装箱吞吐量突破2000万标准箱（见表12、表13），其中外贸箱量占比达50%（约1000万标准箱），这一"内外贸双轮驱动"的均衡发展模式在全球港口中实属罕见。167条外贸航线覆盖欧、美、亚、非、拉等100多个国家和地区的400多个港口，特别是加密"一带一路"共建国家方向航线近150条、RCEP成员国航线近100条，形成贯通全球的黄金水道网络。依托"双子星"联盟US4航线等15艘14000TEU级巨轮构筑的南沙—美国东岸直航快线，为珠三角智能装备、电子产品等时效敏感型货物提供23天直达纽约的高效通道。在陆向辐射方面，南沙港区创新构建"江海铁"多式联运体系，全年海铁联运箱量达60.5万标准箱，同比增长38.9%。尤其是首发"跨两海"（里海、黑海）南通道中欧班列，通过整合南沙港区国际航运网络与中欧陆路运输通道，构建起"海运+铁路+公路"立体物流走廊。该通道可缩短中欧货物运输周期10~15天，降低综合物流成本约18%。配套建设的智慧口岸系统，应用"船边直提""抵港直装"等创新模式，将国际中转时间压缩至

45 分钟，叠加自贸试验区政策优势，吸引美的集团等 300 余家跨国企业在港区设立物流中心。通过 35 条内贸航线与 165 条外贸航线的无缝衔接，南沙港区已成为全国车厘子、榴莲等进口水果最大口岸，打造"48 小时从枝头到货架"的跨境冷链物流标杆。这种"枢纽+通道+网络"的协同发展模式，使南沙港区在全球港口发展绩效评估中稳居 A 类，为粤港澳大湾区参与全球产业链重构提供核心支撑①。

表 12 2024 年港口货物吞吐量全球前 10 的港口

单位：亿吨，%

全球排序	国家	港口	货物吞吐量	同比增长
1	中国	宁波舟山港	13.77	4.0
2	中国	唐山港	8.62	2.4
3	中国	上海港	8.61	3.0
4	中国	青岛港	7.12	4.2
5	中国	广州港	6.58	2.3
6	中国	日照港	6.23	5.0
7	新加坡	新加坡港	6.23	5.2
8	中国	苏州港	5.98	1.5
9	中国	天津港	5.79	3.7
10	中国	烟台港	5.02	3.6

资料来源：课题组综合各地政府统计公报、港口管理部门发布的统计数据及港口圈的报告，制作此表。

表 13 2024 年港口集装箱吞吐量全球前 10 的港口

单位：万标准箱，%

全球排序	国家	港口	集装箱吞吐量	同比增长
1	中国	上海港	5151	4.76
2	新加坡	新加坡港	4112	5.40
3	中国	宁波舟山港	3930	11.33
4	中国	深圳港	3339	11.75
5	中国	青岛港	3087	7.30

---

① 数据来源：广州市港务局。

续表

全球排序	国家	港口	集装箱吞吐量	同比增长
6	中国	广州港	2645	4.07
7	韩国	釜山港	2440	5.38
8	中国	天津港	2329	4.97
9	阿联酋	杰贝阿里港	1553	7.31
10	马来西亚	巴生港	1464	4.12

资料来源：港口圈《2024年全球TOP10集装箱港口出炉》，2025年2月20日。

3. 铁路与轨道交通网络加速完善

2025年，粤港澳大湾区轨道交通网络实现"三网融合"跨越式发展，高铁、城际、地铁与国际物流体系协同发力，推动区域经济与全球供应链深度联动。一是高铁与城际铁路取得突破性进展。广湛高铁关键节点珠三角枢纽机场站轨道层基础工程完成，预计2025年8月底具备铺轨条件，2025年底通车后将串联广州、佛山、肇庆等7城，使广州至湛江通行时间压缩至90分钟，粤西正式融入"1.5小时交通圈"。梅龙高铁衔接赣深高铁，广州至梅州缩短至2小时，激活粤东革命老区发展动能。佛莞城际与广佛南环城际贯通运营，与既有佛肇、莞惠城际形成258公里"四线贯通"网络，实现五城轨道直连。二是地铁网络扩容升级。广州地铁总里程突破700公里，日均客流超1200万人次。地铁11号线作为粤港澳大湾区首条地铁环线，串联五大中心区，单程75分钟环游全城；地铁3号线东延段将亚运城纳入珠江新城30分钟通勤圈，助力形成"环线+放射线"高效网络。三是国际物流枢纽能级跃升。粤港澳大湾区中欧班列累计突破4000列，新增"跨两海"南通道及越南—中国—欧洲全铁过境班列，形成六大口岸齐发格局。广州国际港2024年开行中欧班列390列，覆盖20国40城，高新技术产品出口激增1.8倍。其创新的"班列+电商"模式实现跨境电商与市场采购货物混装运输，智能通关效率提升30%。东部公铁联运枢纽冷链中心将生鲜跨境损耗率降至3%以下①。

---

① 数据来源：广东省交通运输厅。

（六）高质量服务大国外交，为"南南合作"作出贡献

广州坚持以习近平外交思想为指导，积极推进外事工作机制改革，全力服务中国特色大国外交、高水平开放与高质量发展，全球影响力进一步增强，国际交往中心城市能级稳步提升。

1.元首外交发挥战略引领作用

广州坚持元首外交战略引领，高水平服务党和国家对外工作大局。完善重大外交活动属地接待保障工作机制，统筹历史文化独特资源和中国式现代化广州实践最新成果，精心筹划参访路线设计，接待各国政要到访。2024年3月，瑙鲁总统戴维·阿迪昂访穗，成为龙年首位到访的外国元首，他盛赞广州"许多经验值得分享"。7月，瓦努阿图总理夏洛特·萨尔维在广州市文化馆穿戏服体验粤剧艺术，感叹粤瓦两地交往历史悠久，友谊深厚。8月，越共中央总书记苏林访穗参观范鸿泰墓、越南青年政治训练班（越南青年革命同志会）旧址等地，并留言"祝越中友谊世代相传、万古长青"。9月，塞尔维亚副总理达契奇来穗观摩两国特警汇报演练，深化中塞警务合作成果。11月，意大利总统塞尔焦·马塔雷拉参观陈家祠、广州塔，高度赞赏广州千年灿烂文化和"东西方交流桥梁"作用。广州作为主场外交前沿阵地，助力中国特色大国外交展现更大作为。

2.夯实重点国家友好交往基础

2023年，习近平主席在美国友好团体联合欢迎宴会上发表演讲指出，中美关系希望在人民，基础在民间，未来在青年，活力在地方。[①] 广州积极推进与美国等重点国家的交往合作，夯实民间友好交往基础，释放地方外事活力。2024年4月4日，美国财政部部长将广州作为再次访华的首站，真切感受中国城市高质量发展成就。4月16日，加利福尼亚州旧金山市市长伦敦·布里德一行访问广州，推进广州与旧金山两市建立友好城市关系。在对美青年交往方面，纽约青少年合唱团及芝加哥大学、"知行中国—美国华

---

① 《习近平：中美关系希望在人民，基础在民间，未来在青年，活力在地方》，中国政府网，2023年11月16日，https://www.gov.cn/yaowen/liebiao/202311/content_6915610.htm。

盛顿州中学生代表团"等青少年团组相继访穗，穗美青少年同台演出引起国内外媒体广泛关注，推动落实"5年5万青少年"倡议。广州市执信中学、广州外国语学校与洛杉矶市学校缔结国际姊妹学校，广州港与长滩港缔结友好港。切实践行亲诚惠容周边外交理念，2024年3月20日，新一轮中日亚洲司长机制性磋商在广州兰圃举行。广州与沙特等国家加强友好交往、产能与投资合作，加快中沙产业集聚区建设，为落实全面战略伙伴关系贡献力量。

3. 打造"全球南方"交往枢纽门户

广州长期以来与众多发展中国家保持密切交往，具有打造"全球南方"交往枢纽门户的巨大潜力。以人员培训为抓手深化国际人力资源合作，2024年分别举办河内市后备干部培养班、胡志明市党政干部培训班，河内市委组织部与华南理工大学签署干部培训协议，充分发挥人力资源培训在促进广州与越南各领域务实合作中的牵线搭桥作用。"全球南方"国际安全智库学者考察团来访，承办太平洋岛国议员研讨班、东盟国家议员研讨班、南南合作"一带一路"妇幼卫生示范培训基地项目等，充分展示中国式现代化城市经验。企业机构面向南方国家积极履行社会责任，组织澜湄青年走进穗企，举办澜湄果业发展研讨会，深化与东盟在新能源汽车、农业等领域务实合作。广药集团与斐济企业合作研发新饮品，广汽集团向斐济政府捐赠新能源汽车，广州文化集团开展"送戏下海"活动，助力与南太平洋国家构建命运共同体。广州派遣医护人员参加第7批援多米尼克中国医疗队，向"巴拿马—中国友好协会"捐赠车辆，"广系锡兰"项目资助斯里兰卡贫困儿童重返校园和校舍灾后重建，为南南合作注入动力。

（七）重要交往载体持续巩固，广州声音响彻世界舞台

广州持续擦亮重要国际会议会展品牌，与联合国等国际组织深化合作，在权威智库发布的《全球城市综合排名》《国际交往中心城市指数2024》等报告中排名稳步上升，城市知名度、显示度、美誉度进一步提升。

1. 重大国际会议"出海"集聚关注

由澳中友好交流协会、中国人民对外友好协会、广东省人民政府和世界领袖联盟联合主办的"2024从都国际论坛"首次在西班牙马德里召开，习近平主席致贺信，开启了广州重要国际会议品牌主动走向世界讲好中国故事的传播模式。联合国教科文组织代表宣布"世界跨文化和平青年领袖项目"首次落户中国广州，并将从都国际庄园确立为"世界和平实践基地"。从都国际论坛创办10年来，累计邀请了200多位国际资深政要和600多位中外知名专家学者、商界领袖等参与，国际影响力与日俱增，成为中国与世界深度交流的新型高端平台。此外，"读懂中国"国际会议（广州）第五次在穗举行，广州还举办了第五届中非地方政府合作论坛、粤港澳大湾区全球招商大会、第十届中国广州国际投资年会、2024年《财富》世界500强峰会、2024年世界少年儿童发展论坛、粤港澳大湾区法治论坛等重要会议，作为对话世界的"国际窗口"，赢得广泛关注。

2. 与国际组织合作开展"小而美"项目

广州持续发挥在世界城地组织、世界大都市协会中的领导作用，在机制性国际会议上积极发声，携手国际组织开展"小而美"民生合作项目，帮助外国民众增进福祉。广州与世界城地组织亚太区秘书处合作，在印度尼西亚北米纳哈萨市五所小学成功落地绿色健康校园试点项目，为当地师生提供健康食物与洁净水源；建设老挝万象塞塔尼区医院小型游乐场项目，提升当地患儿就医体验与情绪健康水平，为亚太地区妇女儿童事业添砖加瓦。推进广州国际城市创新奖（以下简称"广州奖"）与多边平台合作，在第十二届世界城市论坛上举办三场广州奖主题边会，实现"全球奖项全球办"，使其成为推动全球城市治理创新进步的国际公共产品。广州还与世界城市文化论坛、世界银行等建立常态化交流合作机制，2024年治水案例在全球智慧城市大会上荣获"世界智慧城市大奖"，"广州番禺市桥先锋社区微改造项目"获2024美国建筑大师奖"荣誉提名奖"，亮点举措在国际重要舞台频频绽放光彩。

3. 知名会展夯实对外交往载体

2024年，广州全市重点场馆展览面积合计超过1150万平方米，展会规模再创历史新高，稳居全国城市第二位。全年参展观展人数累计达 1500 万人次，"办展会，来广州"日益成为全国会展业的共识①。充分释放"广交会+"溢出带动效应，2024 年两届广交会境外采购商数量、线下意向成交额刷新纪录。在第 135 届广交会上，联合国世界知识产权组织首次设置展位，其代表到场重点宣传介绍马德里体系和海牙体系，帮助参展企业提升知识产权保护意识。第 136 届广交会赴加拿大多伦多、德国柏林、西班牙马德里、意大利罗马等重点城市举办推介会，线下参展企业超 3 万家，来自 224 个国家和地区的 45 万名境外采购商线上参会。2024 年还首次举办了广州电影产业博览交易会、广州塔国际时尚节，首次承办中国国际农产品交易会。广州国际购物节时隔 11 年再次搭建中法交流平台，广博会、家博会、照明展、广州经贸周、广州美妆周等品牌影响力持续扩大，"以展为媒"助力企业拓展全球市场。

（八）海外友好伙伴链接全球，公共外交增进民间情谊

广州积极构建更富活力的全球伙伴关系网络，友好城市、驻穗领馆桥梁纽带作用不断巩固夯实。深入开展民间外交、公共外交相关活动，提升在穗国际人士融入度与归属感，涵养海外知华友华力量。

1. 国际"城友圈"加速布局拓展

广州友好城市"百城+"行动稳步推进。截至 2024 年底，国际友好城市、友好港口分别增至 108 个、60 个，数量位居全国第一②。2024 年 3 月 31 日，广州市与泰国清迈府正式结交，广州塔用灯光点亮广州市花木棉花与清迈府花紫矿花图案，见证"中国花城"成功牵手"泰国花城"。7 月 23 日，广州市与美国旧金山市举行线上签约仪式，签署缔结湾区友好合作交流城市备忘录，为落实中美关系"旧金山愿景"作出新贡献。11 月 25 日，广州市与韩国蔚山广域市签署友好合作城市关系协议，蔚山和广州还与现代汽

---

① 数据来源：广州市商务局。
② 数据来源：广州市人民政府外事办公室。

车集团签署了氢能生态系统三方合作协议，旨在将两地的产业能力与现代汽车的氢能技术相结合，为建设氢能产业中心奠定基础。友城框架下的人文交流活动异彩纷呈。2024年，"中国广州与法国里昂青少年国际象棋友谊赛"升级为"'广州国际友城杯'青少年国际象棋友谊赛"，参赛规模由"两国五城"扩大到"四国九城"，共有14支队伍70多名运动员参赛，成为举办以来参赛队伍最多、参赛人员最多的一届。国际友好城市青少年足球友谊赛、中法"太阳之旅"骑行活动、友城汉语交流项目、中俄青年友好（微视频）创意大赛、中埃文化交流会等活动轮番上演，奏响国际友谊新乐章。

2. 驻穗领馆紧抓合作新机遇

广州充分发挥68家外国驻穗总领馆的资源和纽带作用，通过邀请领团参与重要会议会展，举办领团见面会及"领团走进广州"等系列活动，持续巩固和提升双边关系。2024年，邀请驻穗领团参加粤港澳大湾区全球招商大会、广州国际投资年会等会议达40场次，创造多元合作机遇。先后举办三场驻穗领团"走进南沙港，共谋新机遇"活动，来自拉丁美洲、非洲和亚洲的驻穗领团、商会和企业代表分批到访南沙港，了解南沙国际航运物流枢纽建设发展成就，为广州南沙和相关国家的政府部门、企业以及行业组织对接创造良好契机。驻穗领馆也扮演着文化交流的使者角色，将派遣国的文化特色介绍给广州民众，增进普通民众对不同国家文化的了解和认识。4月20日，欧盟驻华代表团联合27个欧盟成员国驻华大使馆、驻广州总领事馆在广州沙面举办"欧洲风情街"活动，让中外居民游客共同体验丰富多彩的欧盟文化。10月18日，20家驻穗领馆的89名领馆官员乘坐广州公交集团客轮公司的"鹅潭印象号"夜游珠江，充分领略广州现代化城市风貌与时尚魅力。

3. 民间外交拉紧"身边的国际社会"纽带

广州始终以活跃的民间外交活动展示海纳百川、兼容并蓄的城市气质，吸引国际要素资源与增进中外友谊形成良性循环，推动城市国际化发展进程。2024年，广州市人民对外友好协会成立40周年纪念活动暨第八届理事会全体大会举办，将更好统筹民间外交资源，增进世界人民友谊。举办广州地区第十三届中外友人运动会、在穗国际友人汉语演讲大赛、意大利米兰交响乐团新年音乐会等活动，促进民心相通。广州市文化馆、广州图书馆等机构为到馆国际人士提供岭南文化高质量讲解服务，外国驻穗领团走进广州、领馆人员学习汉语等品牌活动拉紧"身边的国际社会"纽带。广州国际交流合作中心、广州国际交流合作基金会开展项目对接等活动110余场，为加强广州与境外机构全方位、各领域的交流合作提供有力支持。

4. **国际化街区打造宜居宜业样板**

广州的国际化街区开展形式多样的中外交流活动，打造中外居民茶话会、国际邻里节、时尚盛典、英语俱乐部、拉丁文化节等品牌，让各国居民体验"文化无界"的独特魅力。天河区猎德国际街区是广州最具"国际范"的街区之一，多家世界500强企业及分支机构在此落户，辖内有来自80多个国家和地区的境外人员超过3000人。2024年10月，天河区猎德国际街区（港澳社区）正式揭牌启动，"好驿天河"综合服务中心对外亮相，中心包含境外人士服务站、中外居民文化交流融情站、涉外志愿服务站、涉外人才服务站以及中华居民共商共治议事厅"四站一厅"，全面满足港澳居民及外籍人士的生活和工作需求。截至2024年底，12个国际化街区累计吸引448家跨国企业、外资（含中外合资）企业入驻，引进507位国际专业人才，"旺人气、兴产业、聚人才、亲邻里"效益显现，创建国际化街区试点工作入围广州第二届"最具获得感"改革案例[①]。

（九）国际传播体系更有效力，推动中外文明交流互鉴

近年来，广州红色文化、岭南文化、海丝文化、创新文化四大文化品牌交相辉映。广州始终秉承开放包容的理念，构建立体化国际传播体系，推动岭南文化"走出去"，谋划"一城二都三中心"城市名片，向世界讲好"国际范"的中国故事、湾区故事、城市故事。

1. **城市国际形象传播能力显著提升**

广州以城市国际传播融入外宣大格局，持续提升海外形象美誉度。2024年，

---

① 数据来源：广州市人民政府外事办公室。

策划开展"洋眼看广州"国际传播专项行动,组织5批次17个国家42家外国媒体、近百名记者实地采访报道,沉浸式体验岭南文化精粹。12月,广州日报国际传播中心、广州市广播电视台国际传播中心正式揭牌成立,广州日报报业集团与中山大学、华南理工大学、暨南大学、广州大学、广东外语外贸大学5家高校新闻与传播学院共同宣布成立"广州智媒国际传播共同体",汇聚"媒体+高校+青年"多元力量,助力国际传播影响力持续提升。今日广东国际传播研究院成立,组建全球湾区智库联盟,联动国内知名智库开展"媒学智"合作,实现智库学术资源和媒体专业力量的共建共享,促进全球湾区交流交往。羊城晚报报业集团申报的"云上岭南"国际传播融平台案例入选第四届中国报业深度融合发展创新案例名单。大湾区(南沙)国际传播中心入驻媒体和机构达54家,以技术赋能国际传播"全球化表达、区域化表达、分众化表达"。

2. 岭南文化加快"走出去"步伐

广州赴五大洲23个国家开展"广州文化周""广州国际友城艺术团""丝路花语"等文化品牌活动,在匈牙利开设中华茶艺工作站,广州开放大学获批在马来西亚设立分院,岭南文化"走出去"行稳致远[①]。广州牵头的海上丝绸之路保护和联合申报世界文化遗产城市联盟迎来首位外国成员——印度尼西亚井里汶,联盟城市增至35个。推进国际演艺中心建设,组织歌剧《马可·波罗》、舞剧《龙·舟》等精品剧目复排演出,多场国际名家在穗演出成为国内首场或唯一一场。赴法国、德国、英国开展"2024魅力广州——文化交流欧洲行"活动,讲好中欧经贸往来和文化交流故事。中法合拍电影《康熙与路易十四》在第十届法国中国电影节全球首映,并在第77届法国戛纳国际电影节精彩亮相。"世界因你而美丽·广州"优秀作品展暨2024年影像故事全球征集活动在法兰克福启动,中德两国各界嘉宾分享用影像记录的广州美丽故事。《广州大典》入藏英国剑桥大学图书馆,凝聚中国学人心血的岭南典籍将为世界更多学者所用。"魅力际会——广州城市推介影像展"在贝尔法斯特举办,这是广州城市推介活动首次走进北爱尔

---

① 数据来源:广州市文化广电旅游局。

兰，50 余张摄影作品主题鲜明，彰显了广州开放包容的城市精神与高质量发展的广阔前景。

3. 搭建体育国际交流与对话平台

广州精心搭建体育文化宣传品牌与交流平台，举办广州国际龙舟邀请赛、广州国际女子网球公开赛、广州马拉松赛等国际体育赛事，携手港澳推进十五运会和残特奥会筹备工作，擦亮国际赛事中心城市名片。广州健儿在巴黎奥运会获 4 金 2 银 2 铜，创历届参赛最佳成绩。猎德龙舟在澳大利亚国际龙舟邀请赛中勇夺 3 金 1 银，体育强市建设成效显著。以体育助力对外交流交往，粤港澳大湾区（广东）—东盟体育联盟在广州体育学院成立，广州体育学院担任联盟理事长单位。该联盟旨在推动粤港澳大湾区及东盟国家在体育领域开展高水平、宽领域、多层次的交流，拟创办"粤港澳大湾区—东盟"系列品牌赛事，在体育营销、体育服务、体育培训、体育科技、体育旅游等方面深化合作，为中国及东盟国家的体育事业工作者搭建体育国际交流与对话平台，促进国际体育事业的蓬勃健康发展。

4. 入境旅游目的地持续升温

广州持续推进旅游强市建设，2024 年新增国家 4A 级旅游景区 3 个，推出"年味最广州""广州过年·花城看花——国际旅游知名人士 花城广州幸福之旅"等系列活动，全年接待游客 2.5 亿人次、增长 6.4%，外国游客超 200 万人次、增长 55.5%[①]。在"240 小时过境免签"政策、"China Travel"（中国游）热潮的助力下，广州入境游持续升温。自首批次单方面免签政策实施一年来，广州白云机场口岸累计服务保障 38 国入境人员超 74 万人次，其中免签来华人员近 40 万人次，占比超一半[②]。其中，马来西亚、澳大利亚和法国免签入境旅客数量居广州白云机场口岸前三位，德国、瑞士、新西兰、韩国等国免签来华人数同比增长均超过 100%，广州入选 2024 Tripadvisor（猫途鹰）"中国十大海外游客心选城市""心选中国十大海外游

---

① 数据来源：《2025 年广州市政府工作报告》。
② 数据来源：广州白云出入境边检查站。

客焦点路线"两大榜单。2024年2月1日，全国公共场所外语标识管理领域的首部地方性法规——《广州市公共场所外语标识管理规定》正式施行，具有引领性意义。随着签证利好政策不断推出、基础设施和配套服务持续优化，广州将吸引越来越多的国际游客到访。

（十）高质量开展教育国际合作，助力建设全球教育共同体

教育国际化是城市国际化的重要体现。广州紧抓中小学、高等院校、职业院校等各类主体，积极推动中外院校友好往来，深度参与全球教育治理，争取更多国际优质教育资源落地，提高广州教育在国内外的综合竞争力。

1. 健全国际化基础教育体系

截至2024年底，广州共有外籍人员子女学校17所、港澳子弟学校3所，高中阶段中外合作办学项目学校16所、项目17个，全市9个区19所学校开设港澳子弟班，教育系统有外籍教师1600余名，国际学生超过9000人，港澳台籍学生超过1.8万人。培育教育国际化窗口学校78所，初步构建了公民办并举、从幼儿园到高中完整的国际化基础教育体系[①]。2024年8月22日，位于南沙区的广州市优联外籍人员子女学校正式成立，该校是广州第一所接收归国留学人才子女、广州第一所由香港工贸署认证的"香港服务提供者"的外籍人员子女学校，致力于培养具有全球视野和中国情怀的双语人才。2024年11月，广州市启聪学校与澳门圣若瑟教区中学第五校缔结为粤澳姐妹学校，共同推进听障学生的教育品质提升，以国际化的视野携手促进特殊教育事业发展。

2. 推动构建全球高等教育共同体

广州国际友城大学联盟是广州重要的中外人文交流机制与高等院校跨国合作平台。截至2024年底，广州国际友城大学联盟成员增至27所，重点打造了"年会/理事会暨校长圆桌论坛""联合科研课题""数字学院""城市创新学生创业竞赛"等四大品牌活动，深化友城间教育、科技、文化、青

---

① 数据来源：广州市教育局、广州市教育研究院。

年等领域交往，打造高校促进中国城市可持续发展的国际合作范例。2024年10月，"2024世界大学校长广州行"交流活动成功举办，来自世界大学校长联合会、联合国协会世界联合会、非洲大学协会、美国教育委员会、亚太大学联合会等国际组织及海外顶尖高校的20余位代表访穗，促成世界大学校长联合会广州创新中心落户番禺，进一步推动高等教育国际合作。11月，在中山大学百年校庆之际，世界大学校长论坛在中山大学广州校区成功举办，海内外43所知名高校校长、多个国际权威教育组织负责人及近百名专家学者共同探讨当今世界多样性环境下大学的使命担当与未来愿景。

3. 开启职业教育国际合作新篇章

广州积极搭建互学互鉴、共建共享的职业教育国际合作平台。2024年6月，广州国际友城高职联盟正式启动，来自广州21所职业院校代表、国外16个国家25所院校机构的35位外宾以及多国线上成员共同参与。广州城市职业学院担任联盟理事长单位，现场审议通过了《广州国际友城高职联盟章程》并签署合作备忘录25份。6月28日，由广州市机电技师学院牵头倡议的广州国际友城职教联盟正式成立。广州国际友城职教联盟吸纳了15个国内外优秀院校、机构和企业，合作共建国际职业教育交流的桥梁。国际友城高职联盟和国际友城职教联盟的成立，是广州推动职业教育国际化的重大举措，将通过积极探索国际技能培训、国际证书互认和国际联合办学等职业教育国际合作模式，打造职业教育国际化发展共同体。此外，广州市技师学院入选南南合作技能开发网络第二批中方技工院校，广州市工贸技师学院入选"一带一路"首批技能筑梦培训基地，深入参与国际职业教育多边交流机制构建。第47届世界技能大赛广州选手获金牌数占全国近1/5，居全国城市首位，广州职教示范品牌享誉海内外。

三　2025年广州城市国际化发展的背景与形势分析

（一）全球格局深度调整，机遇与挑战交织并存

世界正经历前所未有的动荡与重构。地区冲突持续升级，传统安全威胁

与科技革命浪潮相互激荡，国际力量对比加速演变，产业链重组加剧经济分化，气候危机与数字鸿沟等考验全球治理智慧。在这新旧秩序交替的十字路口，国际社会既面临阵营对抗风险，也孕育着合作变革的新机遇。广州城市国际化发展前路也因此充满无限的可能。

1.世界经济韧性复苏，变革与风险交织塑造未来

世界经济在2024年呈现曲折中前行的韧性复苏态势，通胀回落与货币政策转向为增长提供支撑。尽管地缘冲突和贸易保护主义抑制国际贸易，但服务贸易回暖与新兴市场活力成为亮点——亚洲继续扮演核心增长引擎角色，印度凭借内需扩张与基建投资实现6.5%~6.8%的强劲增长，中国则以4.5%~4.9%的增速为全球供应链稳定提供关键支撑（见表14）。发达经济体分化显著：美国消费韧性推动经济超预期扩张，欧元区却因地缘政治冲击与能源成本高企陷入低迷。国际货币基金组织指出，全球债务风险与货币政策分化加剧金融脆弱性，新兴市场资本外流压力隐现。

表14 2024~2025年主要经济体增速预测

单位：%

国家（地区）	联合国经社理事会		世界银行		国际货币基金组织	
	2024年	2025年	2024年	2025年	2024年	2025年
世界	2.8	2.8	2.7	2.7	3.2	3.3
发达经济体	1.7	1.6	1.7	1.7	1.7	1.9
美国	2.8	1.9	2.8	2.3	2.8	2.7
欧元区	0.7	1.1	0.7	1.0	0.8	1.0
新兴市场和发展中经济体	4.1	4.3	4.1	4.1	4.2	4.2
中国	4.9	4.8	4.5	4.5	4.8	4.6
印度	6.8	6.6	6.5	6.7	6.5	6.5
俄罗斯	3.8	1.5	3.4	1.6	3.8	1.4
巴西	3.0	2.3	3.2	2.2	3.7	2.2
南非	1.0	1.4	0.8	1.8	0.9	1.5

资料来源：联合国经社理事会《世界经济形势与展望》（2025年1月）、世界银行《全球经济展望》（2025年1月）、国际货币基金组织《世界经济展望报告》（2025年1月）。

展望2025年，世界经济预计维持温和增长，但结构性矛盾与不确定性持续发酵。世界金融论坛预测全球经济将延续3.0%左右的中低速增长，呈现三大特征。一是增长引擎深度重构。亚洲新兴经济体贡献率超60%，东南亚承接产业链转移催生新制造中心。二是技术革命重塑格局。据国际货币基金组织测算，在人工智能技术快速扩散和广泛应用的情况下，全球总要素生产率（TFP）预计在五年内增长1.8%，十年内增长2.4%。氢能储能、量子计算等前沿领域或诞生新增长极[1]。三是风险变量显著增加。美联储政策转向可能引发资本流动震荡，地缘冲突推高能源与粮食价格，全球债务与GDP比率攀升至350%，埋下系统性风险[2]。气候变化议题因美国政策回调面临不确定性，而"全球南方"国家推动气候合作与能源转型的诉求更趋强烈，国际社会对《巴黎协定》履约机制的改革呼声高涨。多边合作与结构性改革成为破局关键。世界银行强调，唯有平衡短期政策调整与可持续发展目标，方能破解"低增长—高债务"的恶性循环，为全球经济注入持久动能。这对广州而言既是挑战也是机遇。广州的传统产业需应对世界市场需求疲软和成本压力，而全球技术革命和亚洲市场的发展为广州产业升级与转型、对接新兴市场需求提供了新空间，"全球南方"绿色转型诉求与"一带一路"绿色项目合作需求也为其新能源装备出口和低碳技术标准输出开辟了新赛道。

2. 地缘政治裂变加速，全球秩序重构进入深水区

2024年，国际格局在多重危机叠加中剧烈震荡。俄乌冲突持续超过1000天，战事从常规对抗升级为"高技术消耗战"。中东地区地缘板块加速重组，巴以冲突外溢效应显著，美俄在叙利亚军事中面临重新洗牌。特朗普再次当选美国总统，其"美国优先2.0"政策导向引发跨大西洋联盟裂痕扩大。技术民族主义催生新型壁垒，WTO争端解决机制濒临失效。"全球南方"国家集体行动能力显著增强，金砖机制扩员至11国后经济总

---

① Eugenio Cerutti et al. *The Global Impact of AI*: *Mind the Gap*, Intternational Monetary Fund, Apr. 2025.

② 世界金融论坛（WFF）:《2025年世界经济金融展望报告》。

量全球占比达 37%①,非盟加入 G20,发展中国家在国际经济和气候融资谈判中的影响力也将有所提升。

展望 2025 年,国际秩序将进入深度调适期。俄乌冲突短期内或通过"临时停火协议"实现局部冻结,但双方在领土主权、北约东扩等结构性矛盾上仍无妥协空间,长期和平进程仍存变数。美国政策转向成最大不确定性,控制格陵兰岛、巴拿马运河等扩张性主张可能冲击现有地缘规则。北约凝聚力下降,欧盟防务自主加速但内部整合乏力,短期内"战略迷茫"持续。全球经济治理格局加速重构,区域性本币结算削弱美元主导地位,非洲自贸区释放增长潜力,技术竞争重构全球秩序,但人工智能军事化、量子计算突破可能加剧地缘风险。历史经验表明,秩序重构期的阵痛往往孕育制度创新,如何在对抗中管控风险、在竞争中保留合作通道,将成为塑造未来格局的关键命题。

3. "全球南方"持续发力,国际关系民主化进程加速

2024 年,"全球南方"国家以团结协作的集体力量,在全球治理体系变革中发挥了关键作用。国际力量多极化进程加速,扩员后的金砖国家经济总量按购买力平价计算已超七国集团,人口占全球近一半、贸易占全球 1/5,新兴市场和发展中国家在多极化进程中话语权显著提升②,成为推动国际关系民主化的核心力量。《2024 年亚太经济组织领导人马丘比丘宣言》力推世贸组织改革,G20 峰会首次写入支持发展中国家工业化承诺,为重塑国际经济秩序注入新动能。在安全治理实践层面,中巴联合提出的乌克兰危机六点共识获百余国响应,《金砖国家领导人第十六次会晤喀山宣言》倡导巴以停火对话,体现发展中国家以和平方式破解安全困局的创新思维。在应对全球性挑战层面,发展中国家在气候融资、能源转型等议题强化协同,APEC 会议促成供应链合作框架,展现出超越地缘博弈、聚焦共同发

---

① "BRICS Economies to Surpass Half of Global GDP", BRICS, February 21, 2025, https://infobrics.org/post/43503.

② 《从"金砖四国"到"金砖十国"为什么"金砖"越来越受欢迎?》,央视网,2024 年 10 月 20 日,https://news.cctv.com/2024/10/20/ARTISWSlXmLXEvXRGXjYng2H241020.shtml。

展的治理智慧。

展望 2025 年，"全球南方"国家在全球治理方面的发展呈现多方面的积极态势，为构建更加公平、包容的国际秩序继续贡献力量。一是"全球南方"国家在全球治理机制中的影响力将持续扩大。随着金砖国家扩员以及更多发展中国家的发展，"全球南方"国家在国际舞台上的话语权不断提升。例如，2025 年 1 月 7 日，巴西作为金砖主席国宣布印度尼西亚成为金砖正式成员，哈萨克斯坦、马来西亚、古巴、玻利维亚等多国成为金砖伙伴国，这标志着金砖合作机制迈入"大金砖合作"的新时代。"全球南方"国家将继续推动多边主义，倡导构建更加公平、包容的国际秩序。通过参与和推动联合国、世界贸易组织、二十国集团等多边机构的改革，"全球南方"国家将努力构建更加公正合理的全球经济治理体系。二是"全球南方"国家在经济领域的合作将进一步深化。以"一带一路"倡议为例，中国与"全球南方"国家在基础设施建设、绿色发展、农业技术转移等领域开展了广泛合作，推动了区域经济一体化和南南合作的深入发展。此外，"全球南方"国家在应对气候变化、能源转型等全球性问题上也将发挥更大作用，通过推动绿色金融和生态项目，为全球可持续发展目标的实现注入新动能。三是"全球南方"国家在国际金融领域的合作也将不断加强。例如，新开发银行等多边金融机构将继续为"全球南方"国家的基础设施建设和可持续发展提供支持。把握"全球南方"国家的发展诉求，为广州充分发挥自身与这些国家的关系优势，推动南南合作、促进自身发展、服务国家战略都提供了广阔的空间和无限的可能性。

（二）中国高水平开放纵深推进，发展新优势加速形成

面对复杂多变的国际局势，中国始终秉持人类命运共同体理念，以元首外交为引领，以多边合作平台为依托，以高水平开放为支撑，推动全球治理体系朝更加公正合理的方向发展。中国外交在维护世界和平、促进共同发展、深化文明互鉴中展现大国担当，为动荡变革中的国际社会提供了稳定性与确定性。

1. 元首外交擘画全球治理新格局，战略实践彰显大国时代担当

2024 年，习近平主席通过三大主场外交与四次重要出访，以元首外交引领中国特色大国外交，构建起全方位、多层次的国际协作网络。在中非合作论坛北京峰会上，习近平主席与 50 余位非洲领导人达成中非携手推进现代化十大伙伴行动共识①，设立中非和平安全合作基金并启动"中非高校百校合作计划"，为非洲工业化进程注入新动能。在中阿合作论坛第十届部长级会议开幕式上，习近平主席宣布愿同阿方构建"五大合作格局"②，推动中阿数字化与能源合作深化。欧洲、中亚、金砖及拉美之行，不仅升级了中法、中塞、中匈等双边关系，更推动了金砖机制扩容至 12 国，吸纳埃及、沙特等新兴经济体，构建更广泛的"全球南方"合作网络。在和平共处五项原则发表 70 周年纪念大会上，习近平主席宣布支持"全球南方"合作的八项举措③，彰显中国式现代化的普惠价值。

当前国际体系的"确定性赤字"，本质上是发展模式与治理理念的竞争。中国元首外交通过构建"双向奔赴"的伙伴关系网络、提供非零和博弈的解决方案、创新全球治理工具，正在将"中国之治"转化为"世界之治"。这种变革不是简单的权力转移，而是以文明互鉴超越文明冲突、以共同安全取代绝对安全、以合作共赢替代零和博弈的范式创新，为人类应对不确定性开辟了新路径。

展望 2025 年，中国元首外交将继续在中国外交关系中发挥定向把舵作用，推动中国特色大国外交守正创新、稳健前行。随着上海合作组织峰会等主场外交活动陆续举办，中国将通过多边机制深化与"全球南方"国家的团结协作，在全球治理体系改革中提供更多中国方案。中国国家元首预定开展的数起重要外访，将进一步巩固中俄新时代全面战略协作伙伴关系，探索

---

① 《习近平在中非合作论坛北京峰会开幕式上的主旨讲话（全文）》，中国政府网，2024 年 9 月 5 日，https://www.gov.cn/yaowen/liebiao/202409/content_6972495.htm。
② 《习近平：中方愿同阿方构建"五大合作格局"》，中国政府网，2024 年 5 月 30 日，https://www.gov.cn/yaowen/liebiao/202405/content_6954500.htm。
③ 《习近平在和平共处五项原则发表 70 周年纪念大会上的讲话（全文）》，中国政府网，2024 年 6 月 28 日，https://www.gov.cn/yaowen/liebiao/202406/content_6959889.htm。

与欧洲、中亚、拉美等地区国家的合作新路径，并在纪念中国人民抗日战争暨世界反法西斯战争胜利 80 周年之际，弘扬正确历史观，捍卫国际公平正义。中国式现代化道路的成功经验将更广泛地转化为国际共识，通过共建"一带一路"、全球发展倡议等实践，中国在应对气候变化、维护地区稳定等全球性挑战中发挥的建设性作用将愈加凸显。中国元首外交将秉承"双向奔赴、相互成就"的理念，以开放包容的姿态深化文明互鉴，推动构建人类命运共同体，为动荡变革的世界注入更多确定性与正能量。广州将更积极地承办重大主场外交活动，助力中国特色大国外交行稳致远，既是其城市国际化战略的应有之义，也是其进取之途。

2. 创新驱动擘画合作新图景，开放融合谱写发展新篇章

2024 年，"一带一路"倡议以高质量发展为核心动力，在经贸合作、基础设施建设和新兴领域探索中实现全方位突破。中国与共建国家货物贸易额达 22.1 万亿元，同比增长 6.2%，其中 54%的进口商品来自共建国家①。技术密集型设备出口推动沿线产业链升级。中欧班列累计开行突破 10 万列，货值超 4200 亿美元，通达欧洲 25 个国家 227 个城市②。西部陆海新通道班列通达全球 124 个国家和地区的 523 个港口，形成覆盖亚欧非的立体物流网络。标志性工程如秘鲁钱凯港正式启用，成为连接拉美与亚洲的枢纽，对吸引南美国家参与共建"一带一路"有极强的示范效应；中老铁路通车三周年，累计运输旅客超千万人次，带动沿线热带水果出口规模增长。民生领域实施 700 余个"小而美"项目，包括中老铁路沿线的 23 个医疗教育站点和缅甸昂达村清洁饮水工程，惠及超 200 万名民众。双向投资持续深化，中国对共建国家非金融类直接投资达 2146.6 亿元，新签 36 份绿色、数字领域合作协议。数字丝绸之路建设也取得了显著成果，中国与新加坡数字政策对话

---

① 《2024 年中国与共建国家货物贸易额达 22.1 万亿元》，光明网，2025 年 1 月 15 日，https：//economy. gmw. cn/2025-01/15/content_37800209. htm。

② 《新华社权威快报丨10 万列！中欧班列开行量实现新突破》，"新华社新媒体"百家号，2024 年 11 月 15 日，https：//baijiahao. baidu. com/s? id=1815753382124643237&wfr=spider&for=pc。

机制启动，首次会议就数据跨境领域合作展开交流；中马"两国双园"推动产业数字化转型，形成定制化发展模式①。

未来，中国在对外经济交流合作方面将持续深化与世界的融合发展，以自身的开放稳定应对世界经济的动荡和不确定性。在对外贸易领域，政策将更加注重质量提升与结构优化，通过拓展跨境电商、数字贸易等新业态，依托"一带一路"倡议深化与共建国家的产业链协同，推动中欧班列、海外综合服务体系等合作机制提质增效。同时，自贸试验区制度型开放将迈入新阶段，金融、医疗等服务领域试点将进一步扩大，为外资企业创造更便利的准入环境，吸引全球创新资源汇聚。在"一带一路"建设中，绿色发展与数字经济将成为合作重点，新能源技术、智慧城市解决方案等领域的联合项目将深化战略对接，助力全球可持续发展实践。随着自贸协定网络不断扩展和规则标准深度接轨，中国正从商品流动向制度开放升级，为全球经济治理贡献更多中国方案，并通过多边合作平台增强发展中国家协同发展能力，共同应对全球性挑战。在此背景下，广州作为粤港澳大湾区的核心引擎，需打好"五外联动"组合拳，通过深化南沙自贸区建设、打造高水平对外开放门户和规则衔接机制对接高地，书写中国制度型开放的广州实践，无疑任重而道远。

3. 外交为民筑就和平发展新格局，多边主义实践书写全球治理新范式

2024年，中国外交在"外交为民"理念的指引下，通过务实行动切实维护海外公民权益并增进民生福祉。面对复杂的国际形势，中国成功斡旋巴勒斯坦内部14个派别在北京签署《关于结束分裂加强巴勒斯坦民族团结的北京宣言》，实现和解，为中东地区和平进程注入新动力；在拉美地区，中国帮助秘鲁建设的钱凯港正式投入运营，该项目不仅重构了西半球物流网络，更通过创造就业和产业升级直接惠及当地民众，被评为"改变拉美发展格局的战略性工程"。在践行全球安全倡议方面，中国海军"和平方舟"

---

① 《开拓造福各国、惠及世界的"幸福路"——高质量共建"一带一路"实现新跨越新发展》，中国政府网，2024年12月1日，https：//www.gov.cn/yaowen/liebiao/202412/content_6990503.htm。

号医院船赴非洲开展医疗援助，维和部队在南苏丹等任务区高标准完成保护平民、协助人道救援等联合国授权行动，以行动诠释大国担当。这些成就生动体现了中国外交始终将人民利益置于首位，通过发展合作与安全治理的双轮驱动，让世界共享和平发展红利。

2025年是中国人民抗日战争暨世界反法西斯战争胜利80周年、联合国成立80周年，中国将以此为契机，深化多边合作，推动国际秩序朝更加公正合理方向演进。外交部长王毅明确表示，中国将坚定维护联合国核心地位，反对单边主义和"小圈子"政治[①]。通过积极参与世界贸易组织、国际货币基金组织、世界银行等国际组织的改革，提升"全球南方"在国际金融机构中的话语权等方式，继续推动全球治理体系朝着更加公正合理的方向发展，为应对全球经济波动和保护主义抬头带来的风险贡献力量；通过主办第24届上海合作组织峰会，推动地区稳定与发展；通过参加法国人工智能行动峰会及主办2025世界人工智能大会，推动构建广泛共识的治理框架。正如巴西媒体所观察，中国正通过推动平等有序的世界多极化和践行真正的多边主义，为破解"安全失序、发展失衡、治理失效"三大全球难题提供东方智慧，这种既坚守原则又与时俱进的治理思路，将持续为动荡变革的世界注入稳定性，也为广州城市国际化发展注入新动能。

（三）广州城市能级跨越提升，"中心型世界城市"建设迈入新阶段

在粤港澳大湾区建设纵深推进与全球城市格局重构的背景下，广州作为国家中心城市与湾区核心引擎，将紧扣"中心型世界城市"战略目标，以新质生产力培育为突破，持续深化高水平制度型开放，推动城市能级与国际影响力实现系统性跃升。

1. 锚定全球坐标升级开放枢纽，聚合湾区势能重塑发展动能

2024年，广州以建设"中心型世界城市"为战略牵引，在全球城市坐

---

① 《王毅谈全球治理：中国将坚定做多边体系的中流砥柱》，外交部网站，2025年3月7日，https：//www.fmprc.gov.cn/wjbzhd/202503/t20250307_11570159.shtml。

标中实现历史性突破。国务院批复的《广州市国土空间总体规划（2021—2035 年）》明确了广州建设"美丽宜居花城、活力全球城市"，打造"具有经典魅力和时代活力的中心型世界城市"的发展目标，通过推动更强大的区域协同发展，推动城市能级跃升。全球权威机构 GaWC 发布的"世界城市分级 2024"显示，广州排名跃升至全球第 22，跻身 Alpha 级世界一线城市。白云机场三期扩建工程投用，广州港的国际航运枢纽地位进一步巩固。南沙区作为粤港澳大湾区的重要节点，成为制度型开放的试验田，试点跨境数据流动等多项创新政策，推动实际利用外资增长。以广交会、国际金融论坛、第五届中非地方政府合作论坛以及"读懂中国"国际会议（广州）为纽带，广州全年举办多场高端国际会议。截至 2024 年底，在穗投资的世界 500 强企业达 362 家，国际友好城市数量增至 108 个，国际友好港口增至 60 个，城市外交网络密度位居全国第 2，城市的国际地位持续提升①。

展望未来，广州建设"中心型世界城市"的态势将锚定"全球—国家—湾区—省会"四维坐标系，以《广州市国土空间总体规划（2021—2035 年）》为战略框架，依托"一带一轴、三核四极"的空间格局重塑发展动能。珠江高质量发展带将串联先进制造集群与东部中心，活力创新轴则向南链接粤港澳科创资源，形成中心城区、东部中心与南沙新区三大核心功能互补的"黄金三角"，推动商贸、科技、制造三大引擎深度融合。面向全球，广州正从传统商贸枢纽向"全球供应链配置中枢"跃升，通过培育跨境电商链主企业整合东南亚制造网络，并以南沙为试验田探索 RCEP 数字贸易规则，构建数据跨境流动的新型枢纽，将千年商都的"流量优势"转化为国际经贸的"规则话语权"。

2. 开放创新深化规则衔接，新质动能重塑产业格局

2025 年，广州将以粤港澳大湾区建设为核心抓手，加速推进制度型开

---

① 《实干，一座超大城市的奋进之路——写在广州市委十二届九次全会暨市委经济工作会议召开之际》，《广州日报》百家号，2025 年 1 月 3 日，https：//baijiahao.baidu.com/s？id=1820180090864017341&wfr=spider&for=pc。

放与国际规则深度衔接。依托南沙"高水平对外开放门户"定位，广州将深化与海南自贸港、雄安新区等区域的合作，并重点对接《区域全面经济伙伴关系协定》（RCEP）、《全面与进步跨太平洋伙伴关系协定》（CPTPP）等国际高标准经贸规则。例如，南沙将试点跨境服务贸易负面清单管理模式，推动与港澳在法律、会计等领域进行规则对接，探索"湾区通"工程升级版，促进科研物资跨境自由流动和金融市场互联互通。同时，广州期货交易所计划新增上市期货品种至 5 个以上，推动大宗商品交割仓和期货保税交割仓建设，打造全球资源配置枢纽。此外，广州还将借助中国企业"走出去"综合服务基地，深化与"一带一路"共建国家的产业合作，构建"国际投融资综合服务体系"，为全球产业链供应链优化提供"广州方案"。

在产业格局重塑方面，广州将以"坚持产业第一、制造业立市"为纲领，加快建设"12218"现代化产业体系。2025 年，广州将聚焦智能网联与新能源汽车、生物医药与健康等支柱产业，推动工业投资连续增长，并加速布局具身智能、低空经济等未来赛道。例如，南沙将依托全球首个无人体系超级场景和飞行汽车基地，抢占低空经济制高点；人工智能领域则通过"人工智能+"行动和大模型应用示范，赋能传统产业"两化转型"（数智化、绿色化）。在现代服务业方面，广州将发挥金融、物流等支撑作用，加快东部公铁联运枢纽等国家物流枢纽建设，并依托广州数据交易所激活数字经济新业态。《2025 年广州市政府工作报告》明确，2025 年将推动 998 个市重点项目落地，年度投资超 3815 亿元，以"市场牵引场景开放"模式吸引新技术、新产品首试首用，为新质生产力培育注入强劲动能。通过制度型开放与产业创新的双轮驱动，广州正以"全球城市"愿景为引领，加速从国际规则"跟随者"向"制定者"跃升，为粤港澳大湾区乃至全国高质量发展提供"广州样本"。

3.厚植人文品牌贯通全球网络，融汇开放创新焕新城市魅力

2025 年，广州将以人文品牌为纽带加速全球资源链接，以开放创新为引擎重塑城市发展格局。在消费与文化融合领域，天河路商圈通过引入

LVMH 集团亚太旗舰店等国际首店，联动珠江新城打造"千亿级消费地标群"。同时，广州正推进白云机场免税城业态升级，引入更多国际知名品牌，创新"免税预购+口岸提货"模式，推动跨境商品交易额增长。依托RCEP 区域商品集散中心，广州将致力于实现东南亚农产品 48 小时冷链直达、日韩美妆 72 小时通关分拨，形成覆盖亚太的供应链网络。跨境电商与直播电商深度融合，搭建相关平台，推动跨境直播发展，构建"买全球、卖全球"数字贸易枢纽。文化软实力向产业硬实力转化取得突破，海上丝绸之路史迹点联合申遗进入关键阶段，修缮南海神庙、十三行遗址等核心节点，策划"重走海丝路"国际巡展。广州以国际非遗节为载体引入联合国教科文组织非遗名录项目，打造粤剧元宇宙剧场等数字文化 IP。在全球治理与城市品牌升级领域，广州正构建"国际组织+高端会议+民间纽带"立体网络。城市品牌传播体系实现"数据驱动+场景创新"突破。同步推进"经典与活力共生"城市更新，活化永庆坊、沙面岛等历史街区。通过相关载体输出"老城市新活力"治理经验。这种融汇历史底蕴与时代精神的发展模式，正使广州从"千年商都"蜕变为全球城市网络中的重要节点，为世界城市文明互鉴提供"中国方案"的广州实践路径。

四 2025年广州城市国际化发展的对策建议

立足国家战略新坐标，国务院批复的《广州市国土空间总体规划（2021—2035 年）》以"6+4"城市性质和核心功能锚定广州发展新方位。该规划不仅明确定位广州为全国综合性门户、国家中心城市、国际商贸中心、综合交通枢纽等核心功能承载地，更从战略视角擘画了广州建设"中心型世界城市"的蓝图。广州将"中国式现代化"的政治要求具象化为城市发展的实践，紧扣"高质量发展"这一核心命题，在"全国综合性门户"功能定位与"城市国际化路径"的辩证统一中找准发力点。通过制度型开放打造国际经贸合作高地，提升全球资源配置能力；通过立足大国外交战略支点定位，以国际组织集聚、主场外交承办、全球议题引领为抓手，提升城市国际事务参与度；通过立体多元的国际城市品牌形象打造，建设对外文化交流门户；通过强化国际化软联通，提升国际综合交通枢纽地位，促进融入共建"一带一路"进程，推动城市能级跃升与国家战略实施同频共振。

（一）高水平构建开放型经济新体制，拓展全球资源配置网络的广度

以南沙开发开放为牵引，携手港澳建设发展动能最强湾区，打造国内国际资源要素门户，构筑吸引全球资源要素流向的高地。

1. 着力增强重大平台贸易影响力

用足用实各类重大平台先行先试功能，营造有利于新业态新模式发展的制度环境。一是借助港澳制度环境国际认可度高的优势，对接国际高标准经贸规则，推出跨境数据流动、数字贸易、环境标准等领域的"先行先试"政策包。争取知识产权跨境交易证券化试点，升级互联网仲裁"广州标准"，推出"广州版"国际商事纠纷解决规则。联合中外智库建立国际规则动态监测与本地化适配机制，打造粤港澳大湾区制度创新"试验田"。二是完善要素交易平台功能，支持广期所上市新品种，支持全球溯源中心纳入国家数据基础设施试点，推动大湾区航运联合交易中心落地，推进设立大湾区国际商业银行，推动银行试点代理跨境保险售后服务。在南沙探索设立国际技术交易市场，推出科技成果跨境拍卖、专利保险等创新产品，建设"湾区要素配置枢纽"。三是建设大宗商品配置枢纽，实施"广交会+"行动，大力发展中间品贸易，加快跨境电商综合试验区、出口海外仓建设，推动市场采购贸易扩区拓品。建成运营知识城综保区，加快国际金融城、期货产业园建设，打造一批内外贸融合发展平台，推进国际集散中心建设。四是深化服务业扩大开放综合试点，积极发展服务贸易、绿色贸易、数字贸易，加强国家数字服务、文化出口基地建设，培育外贸新增长点。通过系统化制度突破与平台联动，为构建新发展格局提供"湾区样本"，将广州建设成为我国对接国际高标准经贸规则的"南方枢纽"，力争建成亚太地区重要的规则制定参与中心、资源配置中心和组织汇聚中心。

2. 着力夯实投资服务支撑力

依托粤港澳大湾区作为全国开放程度最高区域的优势，通过服务创新、广结伙伴、配套出海等多管齐下，将大湾区打造成为"中国引资与对外投资第一门户"。一是深化穗港两地服务联动机制。提升中国企业"走出去"综合服务基地运营服务水平，完善涉企全生命周期服务体系，引入香港专业服务业力量与广州企业"拼船出海"，共同打造"湾区出海"标杆案例。二是筑牢"投资广州"合作伙伴关系网络。充分发挥合作伙伴的全球资源优势，在城市宣传推介和投资促进方面强化交流对接，吸引 UNIDO（联合国工业发展组织）、ICC（国际商会）等机构设立华南办事处，为广州汇聚更多全球高端优质资源和项目，挖掘更多商机。三是创新前沿产业双向投资服务模式。针对前沿产业双向投资痛点堵点，创新推出经营个性化增值服务，形成面向不同产业的差异化营商环境新优势。例如，搭建"数字贸易出海导航系统"，实时推送目标市场政策动态和商机；支持南沙试点"知识产权证券化+离岸人民币融资"模式，为科技企业提供低成本融资渠道；推动"产业链+国际园区"协同出海，以"技术+资本"模式参与海外项目，形成"广州总部+海外基地"布局。四是大力推动国际标准对接。与香港生产力促进局合作搭建"穗港国际标准互认平台"，推动大湾区制造业产品认证、知识产权保护等规则衔接。鼓励智能制造、跨境电商等优势领域企业或行业协会牵头制定国际行业标准。

3. 着力提高创新驱动引领力

通过系统构建"跨境协同创新—创新成果转化—全球资源链接"三位一体发展模式，建设粤港澳大湾区国际科技创新中心重要承载地，加速成为全球创新要素配置的战略支点。一是深化广深港澳科技创新平台协同机制，构建粤港澳创新联合体。用好科研要素跨境流动试点政策，整合南沙科学城、香港科学园、澳门国家重点实验室资源，建立"穗港澳联合实验室集群"，共建粤港澳大湾区大数据中心和国际化创新平台，推进粤港澳大湾区高水平人才高地建设，推动"广州—深圳—香港—澳门"科技创新走廊形成具有全球竞争力的开放创新生态，共同迈向世界科技创新集群顶端。二是支撑粤港澳大湾区建设成为具有国际竞争力的科技成果转化基地。建设大湾区中试服务总部基地，提供"概念验证—中试熟化—产业对接"全链条服务；推进大湾区国际先进技术应用推进中心暨场景创新中心建设；支撑构建粤港澳大湾区多元化、国际化、跨区域的科技创新投融资体系，探索"港澳募资+广州投资+湾区落地"模式，重点支持颠覆性技术创新项目；加快南沙三大先行启动区等重点区块科技产业导入，推动海洋科技与装备、邮轮游艇产业集聚发展，推进海陆空全空间无人体系建设。三是创新全球科创网络合作方式。推动中新广州知识城上升为中新政府间合作项目，打造具有全球影响力的国家知识中心。争取承接国际大科学计划，吸引国际顶尖科学机构来穗设立分部或联合实验室，开展深度研发合作。构建"离岸创新飞地"体系，探索"海外预研—广州迭代—全球推广"研发模式，以获取尖端技术。

（二）高水准发挥城市国际交往功能，挖掘国际交往合作的深度

强化国际交往中心城市功能，发挥向世界展示改革开放成果和中国式现代化建设重要成就的窗口作用，为构建人类命运共同体展现广州担当。

1.扎实做好国家主场外交服务保障

深度挖掘中国式现代化的广州实践内涵，积极承办更多主场外交活动，打造服务"元首外交""主场外交"等国家级重大外交活动的接待点和参访点，做好"外商走进广州""领团读懂广州"等延伸品牌，打造面向世界的城市会客厅和中国特色大国外交前沿阵地。积极落实"未来5年邀请5万名美国青少年来华交流学习"和"推动未来3年法国来华留学生突破1万人、欧洲青少年来华交流规模翻一番"重大倡议，邀请欧美友好城市和地方青少年代表团及高校代表团来穗开展友好交流活动、体验中华岭南文化，通过亲身感受真实、立体、全面的中国，感知中国式现代化的广州样板。

2.提供受国际社会欢迎的国际公共产品

一是推动"外事特区""外事+港澳"模式机制创新，优化国际化营商和语言环境，推进大湾区市场一体化建设，携手建设世界级湾区、发展最好

的湾区。二是深入实施国际友城"百城+"行动,持续构建更富活力的全球城市朋友圈。全力推动友城工作提质扩容,以发展新友城拓展交往空间。搭建更多务实合作的桥梁,以具体合作项目提高友好质量、共享发展成果。三是用好用足国际城市多边交往优势,充分发挥广州在世界城地组织、世界大都市协会等国际组织中的引领作用,强化与联合国人居署等国际组织机构交流合作,以加强广州与"一带一路"共建国家、"全球南方"国家城市合作为重点,通过多边平台与有关国际组织、外国城市合作开展更多"小而美"民生友好合作项目。四是深化广州奖案例价值挖掘和经验落地应用。持续完善试验城市创新评估体系,推动全球市长论坛与广州奖奖项相关的更多活动走向海外举办,开展国际城市治理培训,进一步实现创新实践源自全球、案例成果服务全球、平台运作全球参与,为全球治理创新提供更高质量的国际公共产品。

3. 持续提升国际交流平台载体运作水平

一是持续增强高端交往的资源集聚功能,做强广交会、"读懂中国"国际会议（广州）、从都国际论坛、大湾区科学论坛等高层次会议品牌,持续提升广州奖和全球市长论坛国际影响力,发挥世界大都市协会亚太区办公室、广州国际交流合作中心等重点国际交流平台的作用,打造世界读懂中国的城市窗口。二是持续推动广州国际化街区建设,继续办好广州地区中外友人运动会,努力打造"身边的国际社会"感知广州品牌,为居住在广州地区的中外人士进一步搭建友好之桥,打造民间对外交往经典品牌。三是加强国际组织机构引进及互动合作。与外国驻穗总领馆交流合作,争取更多外国机构或国际组织在穗设立分支机构。聚焦"中心型世界城市"建设目标,加强与 GaWC、世界城市文化论坛、德勤中国等国际组织和智库联动,推动区域国别研究。支持更多海外院校加入广州国际友城大学联盟、高职联盟,大力推动职业教育国（境）外"岭南工匠学院"建设。

（三）高品质打造国际城市品牌,彰显对外文化交流的厚度

以"十五运"体育盛会为牵引,系统推进未来一段时间的国际文化交流和传播工作体系化建设，擦亮"一城二都三中心"城市名片①，发挥好向世界展示岭南文化魅力的窗口作用，增强岭南文化中心和对外文化交流门户影响力。

1. 讲好全运故事，展现大湾区积极向上的精神风尚

用好"十五运·十五城"系列活动平台，联动东京、纽约、旧金山等15个国际体育名城，构建"赛事+"资源整合新范式。一是策划主题传播。展现大湾区共同筹备全运盛会的热闹景象，分享体育魅力。推动海内外共同上线"全运记忆"AI数字博物馆，开发AI虚拟主播、AR城市漫游等数字产品。还可以开发"冠军文化手信"系列，将全红婵、苏炳添等知名运动员形象与广州塔、木棉红等城市符号创新融合，通过跨境电商渠道覆盖百万名海外用户。二是打造"赛事搭台、经济唱戏"的复合型传播矩阵。整合经贸、文旅、外事、外宣、体育等领域资源，深入实施"城市合伙人"计划，推出"体育消费护照"，联动广交会、美博会等平台，实现"观赛—购物—投资"链条化导流。三是依托"十五运"观赛平台引流，助力广州文化品牌展示传播。与"十五运"赛期相配合，打造世界级艺术名家、名团、名作、名剧展演平台，办好湾区音乐汇、广州艺术季、羊城之夏市民文化季、湾区城市足球系列赛、广州马拉松赛等活动，高标准推进公共文化共同体升级改造。

2. 以赛事宣推为契机，提高国际传播力量协作能力

一是构建国际传播联合体。整合各级媒体在穗国际传播中心资源，建立外宣平台共享机制和选题策划联动机制，针对"体育外交""湾区经济"等主题共同策划，结成国际传播的"一致行动人"。二是创新"Z世代"传播范式。用好社交平台、短视频、City Walk等当今中外民众喜闻乐见的交流方式，开展国际传播活动，发起"我的十五运挑战"全球挑战赛及短视频大赛，开发"City Walk with Champions（跟着冠军游城市）"数字导览系

---

① 资料来源：《2025年广州市政府工作报告》，"一城"指国家历史文化名城，"二都"指国际美食之都、国际时尚之都，"三中心"指国际演艺中心、国际赛事中心、国际会展中心。

统。三是培育特色文创 IP。在运动员村或媒体中心搭建"岭南文化会客厅",于每日赛事间歇展演岭南文艺精品剧目,配合社交媒体直播、二创等方式,增加传播趣味性。还可以配合推出"醒狮运动员"系列数字盲盒,在 OpenSea 等国际数字藏品交易平台上架,促进广州与外国民众"心相近、情相通"。

3. 提前谋划承接赛事遗产,升级"文化丝路"品牌体系

将"体育无国界"与"海上丝绸之路"这一国际影响力较深的文化品牌相衔接。以体育元素为"丝路花语——海上丝绸之路文化之旅"注入更丰富内涵,在柏林和迪拜等国际联动城市、广州海外文旅推广中心设立"十五运海外体验中心",通过全息投影技术实时转播赛事盛况,同步开展广绣、醒狮等非遗动态展演。在南汉二陵博物馆上线"千年竞技场"元宇宙空间,运用数字孪生技术复原南越国御苑蹴鞠场景,设置线上蹴鞠挑战赛。推进海上丝绸之路文化遗产考古与合作。打造"广州文交会"、"广州过年花城看花"、"广州文化周"、广州国际友城文化艺术团等文化交流重点品牌,推动岭南文化精品"走出去"。通过系统化整合"体育势能"与"文化动能",广州将开创大型赛事国际传播的"湾区范式",为构建人类命运共同体注入新活力。

(四)高标准建设国际性综合交通枢纽,提升连接全球的通达度

建设国际性综合交通枢纽,畅通对外综合运输通道,服务国内国际互联互通,发挥枢纽对区域经济的辐射带动作用。

1. 加强国际航空枢纽建设

一是构建广州市多机场体系。加快广州白云机场和珠三角枢纽(广州新)机场建设,尽早谋划向"一市两场"协同发展模式转型,优化空域资源分配,形成大湾区世界级机场群。二是拓展航点航线。重点发展欧美直飞航线,加密东南亚、日韩航线,形成全球主要城市"12 小时航空交通圈",提升大湾区机场群全球城市连通能力。三是强化国际航空枢纽全方位门户复合型功能。谋划推动广州北站枢纽改造升级,推进空铁一体化建设,完善集

疏运系统。引入高铁、城际、城市轨道等多种轨道交通方式，拓展机场腹地，实现大湾区城市 1 小时可达、邻近省会城市 3 小时可达。

2. 提升国际航运枢纽领先水平

一方面，强化南沙港核心功能。重点开通欧美等远洋集装箱班轮航线，拓宽"21 世纪海上丝绸之路"国际航运通道。加强与"一带一路"共建海港合作，强化南沙港与东南亚及"一带一路"共建港口的联动协作。另一方面，优化广州港功能布局。打造南沙港区驳运中心，加快建设珠江、西江内河集装箱和以北部湾等为重点的沿海集装箱驳船运输网络，形成江海联运核心枢纽。开通粤桂、粤湘赣、粤黔滇川渝铁水联运通道，拓展"无水港"口岸功能。

3. 增强陆路枢纽的国内外联通能力

向区外，构建 10 个方向的对外高铁通道，形成辐射全国、连接东南亚、衔接欧亚大陆的国际铁路枢纽。强化西部陆海新通道与东南亚地区连接通道的空间保障，推动广州至欧洲、中亚、东南亚等国际班列提质扩量。向区内，铁路客运实现中心城区高铁直通港澳，与大湾区其他城市中心地区 1 小时互达，与省内城市 2 小时互达，与邻近省会城市 3 小时互达，与京津冀城市群、长三角城市群和成渝地区双城经济圈 5~8 小时互达。加快推进珠江口东西两岸跨江通道建设，促进广州、深圳、香港、澳门之间高速直达，共建 100 公里"黄金内湾"。

参考文献

习近平：《以中国式现代化全面推进强国建设、民族复兴伟业》，《求是》2025 年第 1 期。

《中共中央关于进一步全面深化改革 推进中国式现代化的决定》，《人民日报》2024 年 7 月 22 日。

王文涛：《推进高水平对外开放》，《学习时报》2024 年 8 月 16 日。

王毅：《高举人类命运共同体光辉旗帜 实现中国特色大国外交更大作为》，《求

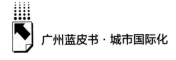
是》2025 年第 2 期。

蒋殿春:《美国经济政策及中美经贸关系的前景展望》,《人民论坛·学术前沿》2025 年 3 月 25 日。

《持续深耕中国,与中国经济共同成长》,《人民日报》2025 年 3 月 18 日。

金观平:《稳步扩大制度型开放》,《经济日报》2025 年 3 月 15 日。

裴长洪、赵静:《在扩大制度型开放中建设更高水平开放型经济新体制》,《国际贸易问题》2025 年第 1 期。

李竹兵等:《中国自由贸易试验区影响外资进入模式的机制与效果研究》,《南开经济研究》2024 年第 12 期。

石光宇:《全球城市在世界经济中的节点功能研究》,《上海师范大学学报》(哲学社会科学版)2023 年第 6 期。

广州市规划和自然资源局、广州市交通规划研究院有限公司:《2023 年广州市交通发展年度报告》,2024。

杨海深:《粤港澳大湾区国际性综合交通枢纽集群建设报告》,载郭跃文、王廷惠主编《粤港澳大湾区建设报告(2022)》,社会科学文献出版社,2023。

《中国特色大国外交为世界注入强大信心和力量》,《新华每日电讯》2024 年 11 月 24 日。

《以广东经济高质量发展服务全国经济行稳致远》,《南方日报》2025 年 3 月 14 日。

高建生:《开放是中国式现代化的鲜明标识》,《人民日报》2024 年 8 月 30 日。

普华永道、中国发展研究基金会:《机遇之城 2024》。

世界知识产权组织:《全球创新指数报告》,2018~2024。

A. T. Kearney, "Global Cities Report", 2008-2024.

Department of Economic and Social Affairs, United Nations, "World Economic Situation and Prospects Report", January 2025.

GaWC, "The World According to GaWC", 2000-2024.

International Monetary Fund, "World Economic Outlook", January 2025.

United Nations Conference on Trade and Development, "Global Trade Update", January 2025.

World Bank Group, "Global Economic Prospects", January 2025.

Z/Yen, China Development Institute (CDI), "The Global Financial Centers Index", 19th-36th edition.

主题篇

B.2
2024年全球城市发展评价分析报告

姚阳　林可枫*

摘　要：　2024年，世界呈现复苏与重构、竞争与合作并进的时代特征，科技涌现和文明冲突持续引发全人类的深度思考，面临着更加复杂多变的世界政治经济格局和全球化新挑战。全球化与世界城市研究网络世界城市分级、科尔尼管理咨询公司全球城市系列指数、森纪念财团全球实力城市指数、德勤国际交往中心城市指数、全球金融中心指数和世界知识产权组织全球创新指数科学技术集群相继更新了研究成果，各类数据反映了全球城市的复苏情况，也间接地体现了全球大环境的发展趋势。数字化和科技创新正在重塑全球竞争格局，开放合作仍是全球城市活力源泉，文化软实力赋能国际城市品牌建设，可持续发展理念不断实践深化，治理创新引领着城市发展转型。

关键词：　全球城市　城市发展　城市评价

---

* 姚阳，广州市社会科学院城市国际化研究所所长、副研究员，研究方向为全球城市发展与治理、城市国际化；林可枫，广州国际城市创新研究中心研究助理，研究方向为全球城市评价、人文地理。

2024 年，全球化与世界城市研究网络（GaWC）世界城市分级、科尔尼管理咨询公司全球城市系列指数、森纪念财团全球实力城市指数、德勤国际交往中心城市指数、全球金融中心指数和世界知识产权组织全球创新指数科学技术集群相继更新了研究成果。综合各大全球城市评价研究情况并与往年进行比较分析，可以更加清晰地揭示出不同的全球城市发展路径及优缺点，为城市管理者和政策制定者的发展决策提供有益的参考。

一 GaWC 世界城市分级

世界城市分级于 2000 年首次发布，至 2024 年已发布了 10 期。作为目前存续时间最久的权威全球城市研究成果，世界城市分级已经成为当前衡量全球主要城市在全球经济网络中影响力的重要参考。2024 年 8 月，GaWC 编制发布"世界城市分级 2024"（The World According to GaWC）。[①]

（一）世界城市分级2024：入围城市进一步减少

世界城市分级研究的城市范围较广，本期共 335 个城市入选，继 2022 年榜单减少 51 个城市后，再次减少 8 个城市，减少的城市主要分布在榜单中后部。不同城市通过分类和排名两种方式呈现其在全球化经济中的位置及融入度，从高到低被划分为 Alpha、Beta、Gamma、Sufficiency 四个类别。本期排名中 Alpha 类有 49 个城市、Beta 类有 71 个城市、Gamma 类有 70 个城市、Sufficiency 类有 145 个城市。Beta 类和 Gamma 类城市数量进一步增多，城市体系的"橄榄型"特征愈加显著。

2024 年，Alpha 类城市数量总体减少 3 个，其中 Alpha+级扩增 1 个，

---

① GaWC 聚焦全球城市发展的核心竞争力——全球要素配置能力，构建了一套完整、成熟的定量研究方法，即通过采集分析会计、金融服务、广告、管理咨询、法律等高端生产性服务业知名跨国企业在全球城市中的办公室分布及其相互业务联系数据，分析全球城市的连通性，从而反映城市对全球资本、技术、人力、信息等生产要素的控制和配置能力。

Alpha 级缩减 1 个，Alpha-级缩减 3 个。[①] 在排名前十的城市中，排名前四的城市保持稳定，其余部分城市出现小幅位次调整（见表 1）。

表 1　"世界城市分级 2024" Alpha 类城市变动情况

分级	城市	较上期	分级	城市	较上期
Alpha++			20	马德里	−3
1	伦敦	0	21	华沙	−2
2	纽约	0	22	广州	+12 ↑
Alpha+			23	伊斯坦布尔	0
3	香港	0	24	阿姆斯特丹	−2
4	北京	0	25	曼谷	+14 ↑
5	新加坡	+2	26	洛杉矶	−14
6	上海	−1	27	吉隆坡	−7
7	巴黎	+1	Alpha−		
8	迪拜	−2	28	卢森堡	−2 ↓
9	东京	0	29	台北	0
10	悉尼	+1 ↑	30	深圳	+11
Alpha			31	布鲁塞尔	−4 ↓
11	首尔	+14	32	苏黎世	+1
12	米兰	−2	33	布宜诺斯艾利斯	−5
13	多伦多	+5	34	墨尔本	+1
14	法兰克福	+2	35	旧金山	+11
15	芝加哥	0	36	利雅得	+2
16	雅加达	+6	37	圣地亚哥	+8
17	圣保罗	−4	38	杜塞尔多夫	+22 ↑
18	墨西哥城	+2	39	斯德哥尔摩	−7
19	孟买	−5	40	华盛顿特区	+2

[①] Alpha 类是全球连通性最强的城市类别，一般由各大发达国家首都和新兴经济体枢纽性中心城市组成，其变动趋势最受国际社会关注。Alpha 类细分为四个级别：Alpha++级全球连通性最强，高度融入全球经济，位于世界城市分级顶端；Alpha+级次之，弥补特定的服务业缺口，拥有重要的全球经济地位；Alpha 级是重要的区域桥梁，有效联结所在区域经济和全球经济；Alpha-级具有一定的全球连通性，在联结区域经济和全球经济方面表现中等。

续表

分级	城市	较上期	分级	城市	较上期
41	维也纳	-5	46	柏林	+2
42	里斯本	-5	47	约翰内斯堡	-17
43	慕尼黑	+1	48	波士顿	+2
44	都柏林	-4	49	新德里	+2
45	休斯敦	+18 ↑			

注：箭头为等级升级（↑）或降级（↓）。

资料来源：GaWC"世界城市分级2024"，https://gawc.lboro.ac.uk/gawc-worlds/the-world-according-to-gawc/world-cities-2024/，由笔者整理。

（二）欧洲城市占比增大，亚太地区、北美地区城市表现突出

欧洲城市占比增大，但表现不尽如人意。Alpha类城市中，欧洲城市17个，亚洲城市（除中东外）15个，北美洲城市8个，南美洲城市4个，中东地区城市3个，非洲城市与大洋洲城市均为1个。欧洲进入Alpha类的城市数量维持不变，但排名上升的城市只有6个，10个城市排名出现下降。亚太地区、北美地区城市表现突出。东亚地区城市总体进步明显，首尔上升14位、曼谷上升14位、广州上升12位、深圳上升11位。北美洲城市总体呈上升态势，除洛杉矶下降14位，纽约、芝加哥维持原位次，其余城市均有所上升，如休斯敦大幅上升18位、旧金山上升11位。南美、中东地区入围城市各减少1个。非洲与大洋洲入围城市数量维持不变，墨尔本上升1位，约翰内斯堡较2022年下降17位。

（三）中国城市稳中有进，新一线城市成绩亮眼

本期中国共上榜42个城市，较上期增加3个，其中内地城市37个，港澳台城市5个。Alpha类保持6个城市上榜，香港、北京、上海同为Alpha+级，广州入围Alpha级，台北、深圳城市位于Alpha-级。Beta类有17个城市、Gamma类有7个城市、Sufficiency类有12个城市，其中台中、无锡、

西安、珠海等城市等级有所提升，澳门、唐山、银川、温州首次入选
Sufficiency 类（见表 2）。

表 2 "世界城市分级 2024" 中国城市概况

级别	该级别城市总数量	该级别中国城市数量	中国城市
Alpha++	2	0	无
Alpha+	8	3	香港、北京、上海（-1）
Alpha	17	1	广州（+12↑）
Alpha-	22	2	台北、深圳（+11）
Beta+	20	3	成都（+13）、天津（+14）、杭州（+8）
Beta	23	9	重庆（+23）、南京（+10）、武汉（+29↑）、厦门（+25↑）、济南（+4）、郑州（+31↑）、沈阳（+23↑）、大连、（+26↑）、苏州（+36↑）
Beta-	28	5	青岛（+50↑）、长沙（+17）、西安（+47↑）、昆明（+16↑）、合肥（+31↑）
Gamma+	20	2	福州（+40↑）、太原（+35↑）
Gamma	25	3	海口（+20↑）、宁波（+41↑）、哈尔滨（+41↑）
Gamma-	25	2	南昌（+7↑）、长春（+18↑）
High sufficiency	26	3	澳门（新上榜）、珠海（+45↑）、石家庄（+33↑）
Sufficiency	119	9	无锡（+55）、台中（+57）、贵阳（-33）、南宁（-24）、佛山（+7）、兰州（-12）、唐山（新上榜）、银川（新上榜）、温州（新上榜）

资料来源：GaWC "世界城市分级 2024"，https：//gawc. lboro. ac. uk/gawc - worlds/the - world - according-to-gawc/world-cities-2024/，由笔者整理。

　　与上期相比，中国城市整体表现逆势上行。在 Alpha 类、Sufficiency 类城市总量均有缩减的情况下，这两类中国城市都保持了原有的规模，尤其是 Sufficiency 类还新增 4 个城市。42 个上榜城市中表现上升的有 31 个，下降的只有 4 个。新一线城市与二线城市进步突出，如无锡、青岛、西安、宁波、哈尔滨等。这主要是由于城市间技术、人才、资本、信息和数据等生产要素的自由流动，推动各地更大范围、更高水平、更深层次的开放合作，有效促进经济增长与市场繁荣。

二 科尔尼全球城市系列指数

科尔尼全球城市系列指数首次发布于 2008 年，每年更新一次，包括全球城市指数（Global Cities Index，GCI）和全球潜力城市指数（Global Cities Outlook，GCO）。2024 年科尔尼更新发布《2024 年全球城市指数报告》。[①]

（一）2024年全球城市系列指数：在重重挑战之中探寻复兴崛起之路

《2024 年全球城市指数报告》榜单保持 156 个城市不变，但是对全球城市力量对比格局作出了大胆的判断。《2024 年全球城市指数报告》以"因变求新"命名，提出"随着全球地缘政治和宏观经济格局的变化，传统意义上的全球化进程持续减退，而全球城市的发展与变化趋势预示着新一轮全球互联互通与交流浪潮的兴起"。世界正处于一个危机四伏的关键时期，面临不断扩大的地区冲突、动荡不安的经济局势和频频出现的环境灾难等复杂挑战。但挑战总是与机遇并存，全球城市正是在重重挑战之中探寻复兴崛起之路，以或新或旧的方式持续推动着全球化的进程。值得注意的是，尽管全球城市指数和全球潜力城市指数的评估维度有所不同，但它们均从各自的独特视角，揭示了城市在面对持续乃至日益加剧的地缘政治与经济不稳定性时所采取的应对策略。这些领先城市正展现出越来越强的适应性，部分原因得益于其先进的数字基础设施和卓越的国际人才吸引力，因此该两项指标被纳入今年的评价体系中。

---

① 科尔尼联合国际顶级学者与智库机构发起了全球城市指数的研究，通过年度对比分析，聚焦全球连通性最强、影响力最大的城市发展轨迹的动态趋势，探究影响全球城市发展最深刻的因素。全球城市指数评价城市当下发展水平，全球潜力城市指数评估城市未来 10 年发展潜力。全球城市系列指数始终强调城市发展的重要性，围绕城市聚集的多样化商业活动、人力资本、信息交流、政治事务、文化体验等方面对城市进行评估和预测，并探讨短期内影响城市战略运营环境的变革性力量，以此反映不断变化的全球环境动态，为城市领导者战略转型决策提供了依据，同时可以帮助企业和人才识别以及布局适宜发展的城市。

（二）全球城市发展迎来新一轮复兴

1. 全球城市指数：全球城市发展体现强大韧性

2024年全球城市指数新增了衡量城市数字能力的指标。纽约、伦敦、巴黎、东京仍然延续了其领先地位，凭借"数据中心数量"和"互联网速度"两项指标的出色表现进一步巩固了原有优势。此外，新加坡在几乎所有维度上的得分均有所提升，在新指标上也有强劲表现，最终超越北京，首次跻身榜单第5名。北京下降1位，位居第6，洛杉矶、香港、芝加哥各上升1位，位居第7、第9、第10（见表3）。值得一提的是，上海重回榜单前十，并取得了本报告历史上的最好位次，位居第8，这在很大程度上要归功于信息交流维度下的新增指标。作为中国的科技中心，上海的"数据中心数量"排名全球第8，"互联网速度"排名全球第2，充分展示了上海为众多科技企业提供支持的强大能力。在全球城市指数排名前三十的城市中，米兰和伊斯坦布尔的排名上升7位和6位，是排名上升最多的两个城市。在去全球化趋势以及复杂的政治经济关系交织的大背景下，全球城市能展现出卓越的应变能力与非凡的韧性。它们积极探索更多创新的贸易机制，充分利用数字经济的发展，敏锐捕捉地缘政治博弈中的机遇，把握新兴商业契机与资本流动方向。2024年全球城市指数各维度榜首城市如表4所示。

表3　2020~2024年全球城市指数排名前十的城市

排名	2020年	2021年	2022年	2023年	2024年
1	纽约	纽约	纽约	纽约	纽约
2	伦敦	伦敦	伦敦	伦敦	伦敦
3	巴黎	巴黎	巴黎	巴黎	巴黎
4	东京	东京	东京	东京	东京
5	北京	洛杉矶	北京	北京	新加坡
6	香港	北京	洛杉矶	布鲁塞尔	北京
7	洛杉矶	香港	芝加哥	新加坡	洛杉矶

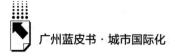
续表

排名	2020 年	2021 年	2022 年	2023 年	2024 年
8	芝加哥	芝加哥	墨尔本	洛杉矶	上海
9	新加坡	新加坡	新加坡	墨尔本	香港
10	华盛顿	上海	香港	香港	芝加哥

资料来源：A. T. Kearney，"2024 Global Cities Report"。

表 4　2024 年全球城市指数各维度榜首城市

指标	榜首城市	指标	榜首城市	指标	榜首城市
商业活动维度	纽约	医学院校数量	伦敦	美食	东京
全球财富 500 强企业	北京	入境政策的便利性	迪拜、阿布扎比*	友好城市	圣彼得堡
领先的全球服务企业	伦敦	信息交流维度	纽约*	政治事务维度	华盛顿特区*
资本市场	纽约	新闻机构	纽约	大使馆和领事馆	布鲁塞尔
航空货运	香港	宽带用户	苏黎世*	智库	华盛顿特区
海运	上海	言论自由	奥斯陆	国际组织	日内瓦
ICCA 会议	巴黎*	电子商务	新加坡	政治会议	布鲁塞尔
独角兽企业数量	旧金山	互联网速度	阿布扎比*	全球影响力的本地机构	巴黎
人力资本维度	纽约	数据中心数量	纽约*		
非本国出生人口	纽约	文化体验维度	伦敦		
高等学府	波士顿	博物馆	莫斯科		
高等学历人口	东京	艺术表演	纽约		
留学生数量	伦敦*	体育活动	伦敦		
国际学校数量	香港*	国际游客	伦敦		

注：＊号表示 2024 年新晋领先城市。

资料来源：A. T. Keamey，"2024 Global Cities Report"。

2024 年全球城市指数榜单区域数量结构不变，亚洲（不含中东地区）及大洋洲城市 62 个、欧洲城市 29 个、中东地区城市 21 个、北美洲城市 17 个、拉丁美洲城市 15 个、非洲及其他地区城市 12 个，总体上延续了新兴经济体城市多、欧美城市少的分布格局。从城市表现上看，北美洲、非洲及其他地区城市与亚洲（不含中东地区）及大洋洲城市等经济体城市波动较明显。58.1%的亚洲（不含中东地区）及大洋洲城市、82.4%的北美洲城市排名上升，得益于数字基础设施的领先优势，强大的数据处理能力成为城市适应全球变化的重要保障。91.7%的非洲及其他地区城市排名下降，这与非洲缺乏与全球市场联系紧密相关。

2. 全球潜力城市指数：地方治理作用显著

全球潜力城市指数根据城市目前的状况和政策，评估城市未来10年成为全球中心的潜力。如表5所示，近年来全球潜力城市指数各个层级城市均呈现更明显的波动性，预示着未来一段时间可能是重塑全球城市体系的关键期。在2024年的榜单中，旧金山排名蝉联第1，其中创新维度得分持续位居榜首，居民幸福感和治理维度排名也有所提升。慕尼黑上升7名，位居第2，其经济状况维度排名的上升主要得益于外商直接投资得分的提高和人均GDP的大幅增长，体现了慕尼黑作为巴伐利亚经济中心在面对地缘政治紧张局势时的经济韧性。哥本哈根治理维度排名蝉联第1，创新维度排名上升9位，居民幸福感和经济状况维度排名的小幅下滑使这座"尖塔之城"的排名被慕尼黑超越，但出色的创业活力和强劲的私人投资推动了该城市在创新维度上取得卓越的成绩。得益于创新维度的亮眼表现，卢森堡连续两年位列全球潜力城市排行榜第4。首尔从2023年的第14名跃升至第5名，主要源于居民幸福感和外商直接投资排名的上升，有效的地方治理使首尔克服国际贸易和全球资本流动带来的挑战。在全球潜力城市指数排名前三十的城市中，法兰克福和杜塞尔多夫表现出色，有望成为新的创新增长枢纽。

表5 2020~2024年全球潜力城市指数排名前十的城市

排名	2020年	2021年	2022年	2023年	2024年
1	伦敦	伦敦	伦敦	旧金山	旧金山
2	多伦多	巴黎	巴黎	哥本哈根	慕尼黑
3	新加坡	慕尼黑	卢森堡	伦敦	哥本哈根

排名	2020 年	2021 年	2022 年	2023 年	2024 年
4	东京	阿布扎比	慕尼黑	卢森堡	卢森堡
5	巴黎	都柏林	斯德哥尔摩	巴黎	首尔
6	慕尼黑	斯德哥尔摩	纽约	都柏林	斯德哥尔摩
7	阿布扎比	东京	都柏林	赫尔辛基	巴黎
8	斯德哥尔摩	多伦多	哥本哈根	斯德哥尔摩	都柏林
9	阿姆斯特丹	悉尼	阿布扎比	慕尼黑	赫尔辛基
10	都柏林	新加坡	阿姆斯特丹	新加坡	杜塞尔多夫

资料来源：A. T. Kearney，"2024 Global Cities Report"。

（三）中国城市发展前景广阔

1. 全球城市指数：中国城市动力强劲

从 2023 年和 2024 年中国城市的全球城市指数表现变化来看，在 31 个上榜城市中，几乎所有城市均实现进步，而近七成的城市排名上升 5 位及以上，如上海、深圳、南京、武汉、天津等；近三成的城市排名上升 10 位及以上，如重庆、青岛、郑州、东莞等。在具体城市上，上海升至全球第 8 位，不仅是疫情后重新回到前十，更是上海在全球城市指数中的历史最好位次。当前全球前十的城市中，北京、上海、香港占据三席，并分别代表了中国最重要的三大城市群。此外，作为新一线城市的领头羊，杭州和成都双双进入全球城市前 50% 的第二梯队之列。中国的城市在国际舞台上的竞争力不断实现新的飞跃，且预期将维持增长势头，进一步巩固和提升中国在全球版图中的竞争力。

2. 全球潜力城市指数：中国城市发展风险与机遇并存

全球潜力城市指数根据过去 5 年每个标准的变化幅度平均值进行测定。2024 年中国城市表现总体呈下降趋势。在后疫情时代的前半程，中国在商业活动和政治事务上的重启节奏相对缓慢。虽然在科尔尼年中发布的

《2024 年外商直接投资信心指数报告》中，企业的首席执行官们表现出对中国短期投资前景高度乐观的态度，但过去一年，在多重因素的共同作用下，中国的外资流入面临明显压力。这些因素包括外资企业对中国数据出境管理政策的顾虑、地缘政治紧张局势给西方企业带来的"去风险"压力，以及对宏观经济下行压力逐渐增大的担忧。在这种情况下，城市创新能力与商业内生增长力的重要性正在日益凸显，这种能力可以减少城市对外资和国际贸易等外部因素的影响，也是中国未来需持续发力攻克的重点课题。

三 森纪念财团全球实力城市指数

日本森纪念财团城市战略研究所自 2008 年起每年发布全球实力城市指数（Global Power City Index，GPCI）。① 2024 年底最新一期指数榜单发布。

（一）顶级城市表现稳定，全球复苏进程平缓

2024 年全球实力城市指数研究范围保持在全球 48 个领先城市，排名前十的城市出现一定微调，排名前五的城市——伦敦、纽约、东京、巴黎和新加坡仍然延续了其领先地位，而首尔上升 1 位、柏林上升 1 位、马德里上升 4 位、阿姆斯特丹下降 1 位（见表 6）。城市环境与工作方式的改变重塑了城市经济与结构的发展趋势。在经济维度，随着国际交往逐渐恢复，全球实力城市指数榜单中所有城市的国际旅客人数回升，带动全球经济复苏，其中东亚城市复苏态势尤为明显。在研究和开发维度，东京和首尔分别上升至第 3 名和第 5 名，这主要与城市研究人员与研究成果的增加、国际学生的增多相关。在文化和交流维度，由于 2024 年奥运会的举办，巴黎在外国游客数

---

① 全球实力城市指数通过经济、研究和开发、文化和交流、宜居、环境、交通六大领域 70 个小项目的分值指标综合测量城市对人才、资本和企业的吸引力，定期观察 40~50 个全球领先城市的综合竞争力发展状况和对世界各地有创造力人士与企业的吸引力。该研究旨在使城市管理者、研究者掌握全球城市发展的目标，观察各种发展样板路径的优缺点和面临的挑战。

量与文化活动数量中表现良好，在该指标中保持第 2 名。在宜居维度，排名前四的城市——巴黎、马德里、东京、巴塞罗那保持不变，零售店数量、工作环境、餐厅数量成为城市宜居环境提升的重要指标。自 21 世纪以来，全球城市快速发展在带来经济发展与生活便利的同时，也滋生了各种环境问题，为了确保城市的可持续发展，越来越多的城市开始针对可再生能源利用、气候变化应对与生态环境保护等方面采取政策措施。

表 6　2020~2024 年全球实力城市指数部分城市表现

排名	2020 年	2021 年	2022 年	2023 年	2024 年
1	伦敦	伦敦	伦敦	伦敦	伦敦
2	纽约	纽约	纽约	纽约	纽约
3	东京	东京	东京	东京	东京
4	巴黎	巴黎	巴黎	巴黎	巴黎
5	新加坡	新加坡	新加坡	新加坡	新加坡
6	阿姆斯特丹	阿姆斯特丹	阿姆斯特丹	阿姆斯特丹	首尔
7	柏林	柏林	首尔	首尔	阿姆斯特丹
8	首尔	首尔	柏林	迪拜	迪拜
9	香港	马德里	墨尔本	墨尔本	柏林
10	上海	上海	上海	柏林	马德里

资料来源：Institute for Urban Strategies：The Mori Memorial Foundation，"Global Power City Index"，2020-2024.

（二）全球实力城市指数评分总体呈上升趋势，亚洲城市成绩斐然

2024 年全球实力城市指数评分总体呈上升趋势，大部分城市排名出现波动。其中亚洲（不含中东地区）城市表现出色，除曼谷下降 1 名外，其余城市排名皆有上升或维持不变，如上海上升 4 名，排名第 12，台北上升 5 名，排名第 30。随着疫情对亚洲经济的负面影响逐渐消退，亚洲在全球经济和国际事务中的影响力不断增强。北美洲城市发展略显疲态，仅剩下纽约维持在榜单前十。在入榜的 8 座北美洲城市中，有 6 座城市排名下降。虽然纽约此次仍保持在第 2 名，但它的得分较 2023 年有所下降，与东京、巴黎

和新加坡之间的差距显著缩小。欧洲城市整体表现平稳，伦敦连续 13 年位居榜首，综合得分继续提高。都柏林成为此次排名上升最多的城市，从第 28 名上升至第 21 名，得益于其在企业税率、经济自由方面的优势，以及作为英语城市的地位吸引着众多跨国公司，都柏林连续 2 年保持 GDP 增长率排名第 1。中东地区维持上升态势，在就业人数与工作场所选择方面的显著改善促进了整体排名的提高。澳大利亚的墨尔本和悉尼排名皆有下降，整体表现不佳。

（三）中国城市表现出色，整体稳中有升

2024 年上榜的中国城市整体表现出色，其中上海积极推动国际交流合作，逐步恢复其作为国际大都市的吸引力。

综合来看，疫情对中国中心城市经济的负面影响依然存在。在研究和开发维度，近 5 年除台北外，其他上榜的中国城市排名均稳居全球前十五。在文化和交流维度，近 1 年，中国城市排名稳中向好，反映中国恢复对外交往的各项举措取得一定成效。在宜居维度，凭借工作环境、住房费用等指标的改善，北京得分大幅上升。在交通维度，上榜的中国城市排名皆有所提升，反映出中国城市不断加强国际交流合作、推进高水平对外开放的强劲势头。

四　德勤国际交往中心城市指数

国际交往中心城市指数是由清华大学中国发展规划研究院与德勤中国国际交往中心研究院共同开展研究并发布的成果。该指数基于吸引力、影响力和联通力 3 个维度，构建了由 11 个二级指标和 25 个三级指标构成的评估框架，自 2022 年起每两年发布一期，迄今共发布两期。2024 年样本城市由 37 个增至 43 个，报告突出地缘冲突、科技革命等时代特征，着力刻画后疫情时代国际交往活动的新特点，透视了国际交往中心城市发展的新趋势，强调了城市治安和营商环境的意义、国际组织和创新能力的价值、数字技术对城市转型的影响。

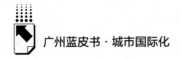
（一）国际交往逐步复苏，数字技术带来新发展机遇

国际交往中心城市是能够集聚国际高端要素、能够在全球事务中发挥重要作用、具备联通和服务世界功能的全球性或区域性中心城市，是国际交往动态网络中的关键性节点和枢纽性平台。国际交往中心城市至少需要具备三方面基本功能：一是能够集聚国际化高端发展要素，如高端人力资源、商务资源、创新资源、文化旅游资源等；二是能够在全球事务中发挥重要作用，如在国家外交、全球治理、经济发展、科技创新、文化教育等领域具有较强的影响力和话语权；三是具备联通和服务世界的功能，如为跨国人流、物流、资金流和信息流提供便利，服务全球商贸活动和人文交流等。

2024年国际交往中心城市指数排名前十的城市出现一定微调，伦敦连续两年荣登榜首，彰显了其作为国际交往中心城市的强大实力。巴黎超过纽约升至第2位。香港超越新加坡和首尔升至第4位，但三座城市的分值相差不大。马德里上升2位至第9位，排名首次跻身前十（见表7）。

表7   2022~2024年国际交往中心城市指数部分城市表现

排名	2022年	2024年
1	伦敦	伦敦
2	纽约	巴黎
3	巴黎	纽约
4	新加坡	香港
5	首尔	新加坡
6	香港	首尔
7	北京	北京
8	东京	东京
9	旧金山	马德里
10	哥本哈根	旧金山

资料来源：《国际交往中心城市指数》（2022、2024）。

（二）欧洲城市活力强劲，亚洲城市稳步发展

从地域分布来看，最活跃的国际交往中心城市主要集聚在欧洲、亚洲和

北美洲三大地带，而且亚洲城市正在稳步发展。排名前二十的城市中，欧洲有9座城市上榜，新增的斯德哥尔摩位列第19。近代史上的欧洲曾经是世界的政治经济中心，欧洲主要城市依托其深厚的历史积淀，在当今依然展现出强劲的国际交往活力。尤其是原本发达的旅游业出现强劲复苏，令巴黎、阿姆斯特丹等城市大放异彩。亚洲有7座城市上榜，上海从第17位跃升至第11位，迪拜从第25位跃升至第15位。亚洲城市呈现的国际交往优势主要集中在联通力方面，如得益于海上交通要道的新加坡，以及数字基础设施联通力领先的上海。北美洲有4座城市进入前20名，包括纽约、旧金山、洛杉矶和波士顿，各个城市风格特征各异，反映出美国在政治、经济、科技、文化和教育等领域国际交往中的全面影响力，尤其是科技领先方面。

（三）中国城市整体向好，香港、北京稳定发展

入选2024年国际交往中心榜单的中国城市共5个，香港和北京稳定在全球前十。香港的综合排名从第6升至第4，主要得益于城市吸引力的提升，尤其是宜居性的显著改善。根据经济学人智库发布的《全球宜居城市指数2023》，香港教育服务和医疗服务从2022年的91.7分和54.2分提升至2023年的100分和87.5分。此外，2023年香港入境游客数量约3400万人次，数量和增幅均位居参评城市第1。北京数字网络表现进步显著，北京持续推进数字基础设施建设，加快建设全球数字经济标杆城市，并自2021年起连续主办三届全球数字经济大会，打造数字时代全球交流合作的新平台。上海的进步主要源于科技创新势头迅猛，近十年高被引科技论文数量高达6719篇；PCT国际专利申请总数相比上一轮评估期提升44%，远高于10.6%的平均增幅。广州的总排名较2022年下降2位至第37，主要源于2024年新增城市斯德哥尔摩、布鲁塞尔、伊斯坦布尔综合排名均高于广州，剔除新增城市后，广州实际提升1名。

五　全球金融中心指数

全球金融中心指数（Global Financial Centres Index，GFCI）由英国智库

Z/Yen 集团自 2007 年起创设，现与中国（深圳）综合开发研究院共同编制，是对全球范围内各大金融中心竞争力最为专业和权威的评价。① 全球金融中心指数于每年 3 月和 9 月定期更新，2024 年已发布第 35 期、第 36 期报告，有 121 座城市入选正式榜单，与 2023 年保持一致。

（一）GFCI 36：世界经济缓慢复苏

GFCI 36 显示，世界主要经济体发展稳中有降，整体评分小幅下滑。第 36 期的全球金融中心数量保持在 121 个，平均评分较第 35 期降低了 0.42%。纽约仍占据排名榜首，伦敦排名第 2，香港上升 1 名重回第 3。深圳、法兰克福分别提升 2 名、3 名，排名第 9、第 10。在排名前四十的城市中，15 座城市排名上升，8 座城市保持上期的位置，17 座城市排名下降。其中，都柏林排名增幅最大，提升 11 名至第 14，泽西岛上升 10 名，卢加诺上升 9 名。这表明，即使在国际形势变乱交织、地缘冲突延宕升级、"脱钩断链"愈演愈烈的背景下，金融中心发展仍展现出强大韧性（见表 8）。

表 8　2020～2024 年全球金融中心指数排名前十的城市

排名	2020 年		2021 年		2022 年		2023 年		2024 年	
	第 27 期	第 28 期	第 29 期	第 30 期	第 31 期	第 32 期	第 33 期	第 34 期	第 35 期	第 36 期
1	纽约	纽约	纽约	纽约	纽约	纽约	纽约	纽约	纽约	纽约
2	伦敦	伦敦	伦敦	伦敦	伦敦	伦敦	伦敦	伦敦	伦敦	伦敦
3	东京	上海	上海	香港	香港	新加坡	新加坡	新加坡	新加坡	香港
4	上海	东京	香港	新加坡	上海	香港	香港	香港	香港	新加坡
5	新加坡	香港	新加坡	旧金山	洛杉矶	旧金山	旧金山	旧金山	旧金山	旧金山
6	香港	新加坡	北京	上海	新加坡	上海	洛杉矶	洛杉矶	上海	芝加哥
7	北京	北京	东京	洛杉矶	旧金山	洛杉矶	上海	上海	日内瓦	洛杉矶

---

① 全球金融中心指数采用主客观相结合的研究方法对国际金融中心城市发展状况进行评价排名，先通过全球金融从业者对金融中心地位的主观评分选择研究对象城市，再以营商环境、人力资本、基础设施、金融业发展水平及声誉五大维度构建"要素评估模型"，对各金融中心的人才与商业环境、金融市场灵活度、适应性以及发展潜力等方面进行客观量化评分，综合得出排名结果。

续表

排名	2020 年		2021 年		2022 年		2023 年		2024 年	
	第 27 期	第 28 期	第 29 期	第 30 期	第 31 期	第 32 期	第 33 期	第 34 期	第 35 期	第 36 期
8	旧金山	旧金山	深圳	北京	北京	北京	芝加哥	华盛顿	洛杉矶	上海
9	日内瓦	深圳	法兰克福	东京	东京	深圳	波士顿	芝加哥	芝加哥	深圳
10	洛杉矶	苏黎世	苏黎世	巴黎	深圳	巴黎	首尔	日内瓦	首尔	法兰克福

资料来源：Z/Yen，China Development Institute（CDI），"The Global Financial Centres Index"，27th-36th edition。

（二）传统优势地区表现平稳，中东、拉美地区升势显著

北美金融中心整体稳定，亚太金融中心排名回落，西欧金融中心波动较大。北美洲城市中，纽约、旧金山、芝加哥和洛杉矶跻身世界前十，其中，芝加哥、洛杉矶排名分别上升 3 位、1 位，位列全球第 6、第 7，进一步巩固了美国金融中心的国际地位。亚太地区的香港超越新加坡，重返全球前三，与新加坡的得分差距扩大至 2 分，并与排名第 2 的伦敦仅差 1 分，反映出顶级金融中心的整体格局虽然较为稳定，但竞争异常激烈。亚太地区共 7 座城市跻身世界前二十，来自西欧和北美地区的受访者给予亚太金融中心更高的评价。西欧城市出现分化，排名上升、下降的城市约各占一半，其中都柏林、卢加诺、泽西岛、根西岛和马恩岛的排名提升超过 9 位。中东和拉美的金融中心城市表现更为亮眼，迪拜、阿布扎比、特拉维夫保持在中东和非洲板块排名前三，其中迪拜排名上升 4 位至第 16，阿布扎比排名上升 2 位至第 35，特拉维夫排名则保持在第 48。利雅得、多哈逆转下滑趋势，分别大幅提升 21 位、24 位。拉丁美洲城市平均评分上升了 0.65%，成为唯一一个评分上升的地区。东欧和中亚地区绝大多数金融中心出现退步，首位城市阿斯塔纳在该地区保持领先地位，排名上升 4 位至第 62。

（三）中国金融中心竞争破局

GFCI 36 显示，2024 年国际金融发展信心主要聚焦在亚太地区。区域竞

争加剧，中国头部金融中心面临竞争挑战。香港超过新加坡，领跑亚太地区城市，香港、深圳、成都和武汉表现进步。深圳作为中国金融科技创新的领头羊，在金融科技的发展中扮演至关重要的角色。深圳在金融科技领域基础优、起步早、政策支持力度大，已形成较为完整的金融科技生态体系。同时，深港两地在金融科技发展、人才培训、经验交流等方面紧密合作，签署了合作备忘录，深港澳金融科技联盟秘书处落地深圳，与各地的互动交流合作日益密切。在第36期报告中，香港、深圳、上海和北京四座城市入选全球15个"有望进一步提升影响力的金融中心"榜单，其中深圳首次跻身该榜前十（见表9）。

表9　全球15个"有望进一步提升影响力的金融中心"榜单

排名	第29期	第30期	第31期	第32期	第33期	第34期	第35期	第36期
1	古吉拉特邦国际金融科技城（GIFT）	古吉拉特邦国际金融科技城（GIFT）	古吉拉特邦国际金融科技城（GIFT）	首尔	古吉拉特邦国际金融科技城（GIFT）	首尔	首尔	首尔
2	首尔	首尔	首尔	新加坡	首尔	新加坡	新加坡	迪拜
3	斯图加特	新加坡	新加坡	古吉拉特邦国际金融科技城（GIFT）	新加坡	迪拜	迪拜	新加坡
4	上海	上海	上海	香港	上海	香港	香港	伦敦
5	青岛	斯图加特	香港	基加利	香港	伦敦	伦敦	香港
6	新加坡	北京	纽约	伦敦	纽约	上海	上海	基加利
7	北京	香港	基加利	上海	基加利	釜山	釜山	阿布扎比
8	深圳	青岛	北京	纽约	北京	纽约	纽约	卡萨布兰卡
9	广州	纽约	伦敦	迪拜	伦敦	卡萨布兰卡	卡萨布兰卡	深圳
10	香港	广州	迪拜	巴黎	迪拜	巴黎	基加利	上海
11	纽约	伦敦	法兰克福	法兰克福	阿布扎比	阿布扎比	毛里求斯
12	巴黎	迪拜	巴黎	阿布扎比	巴黎	基加利	巴黎	利雅得
13	伦敦	基加利	深圳	北京	深圳	北京	北京	纽约

续表

排名	第29期	第30期	第31期	第32期	第33期	第34期	第35期	第36期
14	迪拜	深圳	斯图加特	斯图加特	斯图加特	深圳	古吉拉特邦国际金融科技城（GIFT）	北京
15	法兰克福	法兰克福	阿布扎比	阿姆斯特丹	阿布扎比	法兰克福	深圳	巴黎

资料来源：Z/Yen，China Development Institute（CDI），"The Global Financial Centres Index"，29th—36th edition。

2024年，中国城市在全球金融科技中心排名持续上升。中国发展金融科技不仅是技术驱动的必然趋势，更是实现经济转型、社会治理创新和提升国际影响力与竞争力的关键路径。在GFCI 36全球金融科技中心排名前二十的城市中，中国城市占据6席，包括深圳、香港、北京、广州、上海、成都，数量与美国并列第一。中国城市全球金融科技中心排名普遍高于其综合排名，部分城市全球金融科技中心排名比综合排名高出10位以上，成为城市综合排名的有效引擎。其中，深圳排名上升1位至第3，作为国内最早关注和支持金融科技发展的城市之一，深圳的金融科学技术不断创新，金融科技场景应用广泛普及、科技人才培育初具成效、金融科技生态持续优化，目前深圳已经成为全球重要的金融科技中心之一。

六 世界知识产权组织全球创新指数科学技术集群

全球创新指数（Global Innovation Index，GII）是世界知识产权组织、康奈尔大学、欧洲工商管理学院于2007年共同创立的年度排名，用于衡量全球120多个经济体在创新能力方面的表现。[①] GII观测到创新活动地理区位

---

① 全球创新指数根据80项指标对经济体进行排名，包括知识产权申请率、移动应用开发、教育支出、科技出版物等，反映出在全球经济越来越以知识为基础的背景下，创新驱动的经济发展与社会增长之间的关系，有助于全球决策者更好地理解如何激励创新活动，以此推动经济增长和人类发展。

的相对集中性，从 2017 年起设置"创新集群"排名，后更名为"科学技术集群"，观测对全球创新能力贡献突出的城市群发展状况。

（一）全球创新指数2024：创新投资不确定性增加

《2024 年全球创新指数报告》（GII 2024）介绍了全球创新趋势和 133 个经济体的创新表现，利用专利申请、科技论文发表等数据确定全球最活跃的科技活动集聚地区。报告显示，在 2020～2022 年的繁荣之后，科学创新投资在 2023 年经历了显著的下滑，尤其在拉丁美洲和非洲等新兴地区的影响最为显著。风险投资和科学出版物指数急剧下降到疫情前的水平，2023 年论文发表量减少了 5%，偏离了 10 年来平均增长约 4% 的水平。企业研发支出增速有所放缓，收入增长停滞。尽管全球研发水平仍然较高，强度稳定，保持在 5% 的年增长速率，但国际专利申请量出现了自 2009 年以来的首次下降，下降了 1.8%。在 2020～2021 年疫情和相关的经济低迷期间，创新投资一直保持韧性，但创新投资疲软的情况首次出现在 2022 年，并在 2023 年加剧，使 2024 年和 2025 年的投资前景不确定性增加。从区域分布来看，欧洲有 16 个国家跻身榜单前 25 强，创新领先者数量最多；东南亚地区、东亚地区和大洋洲有 6 个国家跻身榜单前 25 强；北美洲有 2 个国家跻身榜单前 25 强；北非和西亚地区有 1 个国家跻身榜单前25 强。

（二）科学技术集群格局优化重塑

新的科学技术集群不断形成，中等收入经济体科学技术集群增长强劲。2024 年，入选全球排名前十的科学技术集群与 2023 年基本保持一致，北京超越首尔重回第 3（见表 10），南京首次跻身前十，加利福尼亚州圣迭加集群下降 1 位至第 10。位于中等收入经济体的集群经历了最强劲的科技增长。

表10　2020～2024年全球排名前十的科学技术集群

排名	2020 年	2021 年	2022 年	2023 年	2024 年
1	东京—横滨	东京—横滨	东京—横滨	东京—横滨	东京—横滨
2	深圳—香港—广州	深圳—香港—广州	深圳—香港—广州	深圳—香港—广州	深圳—香港—广州
3	首尔	北京	北京	首尔	北京
4	北京	首尔	首尔	北京	首尔
5	加利福尼亚州圣何塞—旧金山	加利福尼亚州圣何塞—旧金山	加利福尼亚州圣何塞—旧金山	上海—苏州	上海—苏州
6	大阪—神户—京都	大阪—神户—京都	上海—苏州	加利福尼亚州圣何塞—旧金山	加利福尼亚州圣何塞—旧金山
7	波士顿—剑桥	波士顿—剑桥	大阪—神户—京都	大阪—神户—京都	大阪—神户—京都
8	纽约	上海	波士顿—剑桥	波士顿—剑桥	波士顿—剑桥
9	上海	纽约	纽约	加利福尼亚州圣迭加	南京
10	巴黎	巴黎	巴黎	纽约	加利福尼亚州圣迭加

资料来源：世界知识产权组织2020～2024年《全球创新指数报告》。

中国（26个）连续第二年成为进入全球前100位科学技术集群数量最多的国家。美国（20个）位居第二，德国（7个）位居第三，最大的科学技术集群是慕尼黑。日本有3个集群入选全球前100位，东京—横滨和大阪—神户—京都的排名保持在全球前十。2024年，中国科学技术集群的科技产出再次显著增长。中国拥有全球科技产出增长最快的两个集群——合肥（+22.7%）和郑州（+18.9%）。合肥的增长主要得益于PCT申请的显著增加，而郑州的快速增长是由发表的科学文章数量推动的。除中国外的其他中等收入经济体科学技术集群也有强劲的增长，如埃及的开罗（+10.9%）、印度的金奈（+7.8%）和土耳其的伊斯坦布尔（+7.5%）。高收入经济体科学技术集群的增长速度整体低于中等收入经济体，63个高收入经济体科学技术集群中有37个同期的科技产出增幅为负数，但也有表

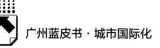

现亮眼的集群，如韩国的大田（+6.9%）与首尔（+4.1%）、美国的圣地亚哥（+4.2%），以及波兰的华沙（+3.1%）。

（三）中国创新发展水平不断提高

在全球创新投资下滑的大趋势下，中国坚守创新驱动发展战略，取得了显著的进步。GII 2024 中，中国创新能力综合排名第 11，在 34 个中高收入经济体中居于首位，是世界上进步最快的国家之一。中国在多个指标上表现出色，稳居榜单前列。在市场成熟度方面，中国的国内市场规模排名第一；在业务成熟度方面，集群发展状态排名第一；在创新产出方面，中国的本国商标申请量、高科技产品出口、实用模型 3 个细分指标排名第一；在知识与技术产出方面，中国的劳动力产值增长、高科技出口等指标排名第一。

科学技术集群领先优势不断强化。本期上榜的中国集群达 26 个，在全球排名前十中，深圳—香港—广州集群继续稳居全球第二、国内第一，北京回升至全球第三，上海—苏州集群保持在全球前五，彰显了中国的创新领先实力。昆明、镇江和南昌是本期全球进步最快的三个集群，分别上升 15 位、13 位和 12 位。

七　全球城市发展及对广州的启示

全球城市发展正经历深刻变革，六大权威评价体系——GaWC 世界城市分级、科尔尼全球城市系列指数、森纪念财团全球实力城市指数、德勤国际交往中心城市指数、全球金融中心指数和世界知识产权组织全球创新指数科学技术集群，共同揭示了全球城市竞争的新范式。这些排名不仅反映了城市竞争力的动态调整，更指向未来发展的核心逻辑。以下从数字化、开放合作、文化软实力、可持续发展和治理创新五大维度，总结全球城市发展的最新趋势及其对广州的启示。

（一）数字化与科技创新重塑全球竞争格局

数字化与科技创新的深度融合，已成为全球城市竞争力的核心引擎。GaWC世界城市分级排名显示，高连通性城市普遍具备强大的数字基础设施和科技产业集群；科尔尼全球城市指数新增的"数据中心数量"和"互联网速度"指标，直接关联城市在人工智能、云计算等领域的参与度；世界知识产权组织全球创新指数科学技术集群则强调专利转化效率与产学研协同能力。全球领先城市如旧金山、深圳—香港—广州集群，均通过数字基建与产业融合抢占战略制高点。

对广州而言，把握这一趋势参与全球城市竞争需要实施三大战略举措。一是应着力打造"数字新基建+"生态系统，重点建设高性能计算中心、工业互联网平台等关键基础设施，推动琶洲人工智能与数字经济试验区向具有全球影响力的创新策源地转型。二是需构建面向未来的产业创新体系，在量子信息、生物医药等前沿领域布局一批重大科技专项，形成"基础研究—技术攻关—成果转化"的全链条创新生态。三是要探索建立适应数字经济特征的新型治理框架，在数据要素流通、算法监管等领域形成制度性突破，为全球数字治理贡献"广州方案"。

（二）开放合作仍是全球城市活力源泉

在全球治理体系深度调整的背景下，开放型经济仍是城市发展的生命线。GaWC世界城市分级排名中，香港、新加坡等枢纽城市凭借制度弹性与区域合作保持优势；国际交往中心城市指数显示，国际航班恢复与多边机制深化显著提升城市影响力；全球金融中心指数则揭示金融中心的开放需兼顾规则衔接与风险管控。这些排名数据共同揭示：在逆全球化思潮抬头的大环境中，那些能够保持制度弹性、深化区域协作、优化营商环境的城市，反而获得了更大的发展空间和战略主动。

广州要提升国际竞争力，需在开放合作方面实现三个突破。其一，打造"双循环"战略支点，充分发挥南沙自贸区政策优势，构建连接粤港澳

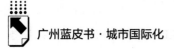

大湾区与东盟国家的经贸合作网络。其二,提升国际交往能级,通过引进国际组织分支机构、举办高端国际会议等方式,增强在全球治理中的话语权和影响力。其三,建设开放型经济新体制,对标新加坡等先进城市,在投资便利化、贸易自由化等方面进行制度创新,营造更具吸引力的国际营商环境。

(三)文化软实力赋能国际城市品牌建设

文化正从辅助要素升级为城市竞争力的核心资产。森纪念财团全球实力城市指数中,东京通过文化遗产活化与现代表达提升吸引力,墨尔本以生活方式创新跻身全球最佳城市。那些善于挖掘文化资源、创新文化表达、优化文化体验的城市,正在全球城市体系中赢得独特优势。

广州需要从三个维度提升文化软实力:第一,构建特色文化标识体系,深入挖掘海上丝绸之路、岭南文化等独特资源,打造具有全球辨识度的文化符号;第二,推动文化产业数字化转型,发挥本土互联网企业优势,培育数字创意、电子竞技等新兴业态;第三,提升城市文化空间品质,借鉴国际先进经验,将历史文化保护与现代城市更新有机结合,营造更具魅力的城市文化环境。

(四)可持续发展理念的实践深化

随着气候变化问题日益严峻,可持续发展已从理念倡导转向实践深耕。科尔尼全球城市系列指数新增的绿色金融指标,世界知识产权组织关注的低碳技术专利,以及全球城市在韧性建设方面的创新实践,都表明绿色转型正在重塑城市发展模式。那些能够将生态理念转化为具体项目、将环境约束转化为发展机遇的城市,正在新一轮竞争中赢得先机。

广州推进可持续发展需要重点着力三个方面:一是构建绿色基础设施体系,将海绵城市、通风廊道等理念融入城市规划建设;二是创新发展绿色金融,依托广州期货交易所探索碳金融产品创新;三是提升气候适应能力,针对沿海城市特点完善防灾减灾体系,实现安全发展与生态保护的有机统一。

（五）治理创新引领城市发展转型

在全球不确定性加剧的背景下，城市治理能力的重要性日益凸显。GaWC世界城市分级排名中城市应急管理水平的权重提升，全球金融中心指数对金融监管环境的重点关注，以及各地在政策创新方面的积极探索，都反映出治理效能已成为城市竞争力的关键指标。那些能够建立敏捷响应机制、创新政策工具、优化服务体系的政府，正在为城市发展注入新的活力。

广州需要在治理创新方面实现三个转变：一是从被动应对转向主动预防，建立完善的风险预警和应急管理体系；二是从普惠政策转向精准施策，针对不同主体需求提供差异化服务；三是从传统管理转向智慧治理，运用数字技术提升治理效能和服务水平。

八　总结：迈向多维平衡的全球城市竞争新秩序

全球城市排名的变迁，本质上是世界权力格局调整的微观呈现。传统欧美中心城市依然强大，伦敦、纽约和巴黎在各类全球城市排名中仍位居前列，但亚太城市的集体发展正逐渐改变单极化的城市体系。上海、新加坡和墨尔本的成功，证明了全球化并未退潮，而是进入了以区域合作为特征的新阶段。与此同时，成都、班加罗尔等新兴枢纽的进步，则预示着多中心网络的形成。未来的城市竞争，将更加注重综合平衡：经济活力需与环境可持续性结合，硬实力需与软实力互补，开放合作需与风险管控并重。在这一过程中，排名不仅是成绩单，更是战略指南。那些能够整合数字化、绿色化、文化多样性和治理创新的城市，将在不确定的时代赢得先机，塑造全球发展的新范式。

参考文献

伍庆等：《全球城市评价与广州发展战略》，中国社会科学出版社，2018。

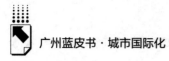

清华大学中国发展规划研究院、德勤中国国际交往中心研究院：《国际交往中心城市指数 2024》。

世界知识产权组织：《全球创新指数报告》，2018~2024。

A. T. Kearney，"Global Cities Report"，2008–2024.

GaWC，"The World According to GaWC"，2000–2024.

Institute for Urban Strategies：The Mori Memorial Foundation，"Global Power City Index"，2008–2024.

Z/Yen，China Development Institute（CDI），"The Global Financial Centres Index"，19th–36nd edition.

B.3

世界城市分级与广州建设中心型
世界城市的核心支撑力提升研究

邹小华 覃 剑 本·德拉德 黄颖敏*

摘 要： 根据 2024 年 GaWC 的研究结果，广州已稳居 Alpha 级世界一线城市之列，全球排名第 22，凸显了其快速发展的城市综合实力和持续提升的全球连通度，也意味着其在全球贸易投资和文化交流等方面发挥日益重要的作用，作为世界城市的影响力不断增强。面向未来，广州要持续提升其在世界城市网络的中心地位，迈向具有经典魅力和时代活力的中心型世界城市，必须以内联外通遍布全球的交通与通信联系网络、跨国公司引领的强大全球贸易与投资网络、广泛全面的全球金融与专业服务支持网络、强大的专业化人才培育力和国际化人才吸引力、发达的全球交往网络与国际声誉传播能力为导向，以建设全球商业联系重要门户城市为基石，塑造开放、友好和互联的国际大都市形象。

关键词： 中心型世界城市 世界城市网络 全球连通度 广州

在全球化和信息化背景下，世界城市作为全球经济运行的控制中心和各种信息流、要素流的汇集中心，提升城市对全球各种"流"的控制和配置能力，对于城市发展至关重要。当前，世界百年未有之大变局加速演进，国

---

* 邹小华，博士，广州市社会科学院区域研究所副研究员，研究方向为城市全球化与区域发展；覃剑，博士，广州市社会科学院区域研究所所长、研究员，研究方向为城市与区域经济；本·德拉德，博士，比利时鲁汶大学公共管理学院教授，研究方向为城市全球化与城市网络；黄颖敏，博士，江西理工大学建筑与设计学院副教授，研究方向为产业集群与区域发展。

际政治经济格局、国际关系形态错综复杂，国际交往模式、国际经贸合作方式面临重大变革，世界城市网络新一轮历史性结构调整进入关键窗口期，世界城市的变革转型和战略策略制定都必须主动响应这一趋势。在此背景下，广州提出建设"具有经典魅力和时代活力的中心型世界城市"，是未来进一步提升城市全球竞争力，维持城市可持续发展的重要举措。当前，广州已稳步迈入全球一线城市行列，未来如何进一步提升全球连通度，进而向世界城市网络的核心迈进，还有待进一步探索。加强与国际组织和机构合作交流，是提高广州国际影响力和城市全球竞争力的重要渠道。本报告基于世界城市网络新变化以及世界城市网络中心城市发展的核心支撑，分析广州迈向世界城市网络中心的潜力空间，并从进一步巩固核心支撑力的角度，提出广州迈向世界城市网络中心、加快建设中心型世界城市的对策建议。

一 世界城市网络演变与广州的地位变化

（一）西欧、亚太和北美地区是世界城市网络三大极地

全球化与世界城市研究网络（GaWC）对世界城市网络的研究方法主要是利用包括金融、会计、广告、法律和管理咨询等高端生产性服务业的企业总部—分支机构网络，来分析城市在世界城市网络中的地位。GaWC2024 年的世界城市分区榜单显示，高连通度城市密集分布在西欧、亚太和北美等地区，凸显了这些区域在全球城市网络中的重要地位。事实上，在 49 个世界一线城市中，[①] 欧洲与北美城市占比超过半数，比重达到 51.02%。亚太城市的占比也达到 24.49%，相比之下，非洲、南美洲和南亚部分地区等区域

---

① GaWC 通过计算各样本城市在世界城市网络中的连通度，将所有城市划分为 Alpha（A）、Beta（β）、Gamma（Γ）和 Sufficiency4 个层级、12 个亚级，其中 A 级分为 A++、A+、A 和 A-4 个亚级，β 级分为 β+、β 和 β-3 个亚级，Γ 级分为 Γ+、Γ 和 Γ-3 个亚级，Sufficiency 级分为 High Sufficiency 和 Sufficiency2 个亚级。本报告根据该划分标准，将 A 级的城市定义为世界一线城市。

的城市分布较为稀疏，且其全球网络连通度较低。这反映了世界城市在全球的空间分布版图特征以及不同地区融入全球一体化的程度差异。

（二）世界城市网络在城市竞争与合作中不断分化重组

在 GaWC 历年世界城市分级榜单中，伦敦、纽约、香港三大城市排名长期占据前三，体现其在世界城市网络中的核心地位。除此之外，其他大部分世界一线城市的排名均在不同时期发生了变化，凸显出世界城市之间竞争的激烈性以及世界城市网络的持续更新演进特点。整体上看，在世界城市网络变局中，欧美地区一些老牌城市的排名呈下降趋势，来自新兴经济体的部分城市排名上升明显，尤其是以中国城市为代表的亚太地区城市排名快速上升。2024 年，亚太地区有 12 个城市进入世界一线城市行列，数量仅次于欧洲地区，其中在全球前十的城市中占据 5 席、达到半数。全球排名前十的城市中，中国城市占据 3 席，香港、北京、上海、广州、台北和深圳 6 个中国城市进入世界一线城市行列（见表 1）。

表 1　2024 年世界一线城市排序及变化情况

排序	城市	国家	全球区域	2000~2024 年排序变化	2020~2024 年排序变化
1	伦敦	英国	欧洲	0	0
2	纽约	美国	北美	0	0
3	香港	中国	亚太	0	0
4	北京	中国	亚太	32	2
5	新加坡	新加坡	亚太	1	−1
6	上海	中国	亚太	25	−1
7	巴黎	法国	欧洲	−3	1
8	迪拜	阿联酋	中东/北非	46	−1
9	东京	日本	亚太	−4	0
10	悉尼	澳大利亚	澳大拉西亚	3	0
11	首尔	韩国	亚太	30	15
12	米兰	意大利	欧洲	−4	3
13	多伦多	加拿大	北美	−3	−1
14	法兰克福	德国	欧洲	0	2

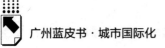

续表

排序	城市	国家	全球区域	2000~2024 年排序变化	2020~2024 年排序变化
15	芝加哥	美国	北美	-8	4
16	雅加达	印度尼西亚	亚太	6	7
17	圣保罗	巴西	拉美	-1	1
18	墨西哥城	墨西哥	拉美	0	-1
19	孟买	印度	南亚	2	-6
20	马德里	西班牙	欧洲	-9	1
21	华沙	波兰	欧洲	18	4
22	广州	中国	亚太	87	12
23	伊斯坦布尔	土耳其	中东/北非	12	7
24	阿姆斯特丹	荷兰	欧洲	-12	-10
25	曼谷	泰国	亚太	3	6
26	洛杉矶	美国	北美	-17	-15
27	吉隆坡	马来西亚	亚太	-1	-7
28	卢森堡	卢森堡	欧洲	35	11
29	台北	中国	亚太	-9	7
30	深圳	中国	亚太	170	16
31	布鲁塞尔	比利时	欧洲	-16	-7
32	苏黎世	瑞士	欧洲	-13	-4
33	布宜诺斯艾利斯	阿根廷	拉美	-10	4
34	墨尔本	澳大利亚	澳大拉西亚	-10	-5
35	旧金山	美国	北美	-18	3
36	利雅得	沙特阿拉伯	中东/北非	59	11
37	圣地亚哥	智利	拉美	20	6
38	杜塞尔多夫	德国	欧洲	12	22
39	斯德哥尔摩	瑞典	欧洲	-12	-7
40	华盛顿	美国	北美	-3	11
41	维也纳	奥地利	欧洲	-1	-8
42	里斯本	葡萄牙	欧洲	0	6
43	慕尼黑	德国	欧洲	6	-2
44	都柏林	爱尔兰	欧洲	-14	-9
45	休斯敦	美国	北美	17	12
46	柏林	德国	欧洲	5	12
47	约翰内斯堡	南非	非洲	-4	-20
48	波士顿	美国	北美	12	-4
49	新德里	印度	南亚	3	-49

资料来源：根据 GaWC 历年世界城市分级整理所得。

（三）广州在世界城市网络中地位持续上升

近年来，广州作为经济文化和国际交往枢纽中心的功能日趋凸显，在促进国际贸易、投资和文化交流等方面的影响力不断增强，在世界城市网络中的地位持续上升。2024 年，广州以 45.5 的全球连通度得分在全球排名第 22（见图 1）。在中国城市中，广州位列香港、北京和上海之后，但表现优于台北和深圳等其他主要城市。在亚太地区，广州排名第 8，居香港、北京、新加坡、上海、东京、首尔和雅加达之后。

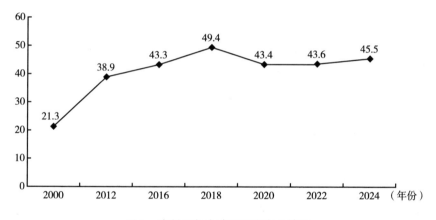

图 1　广州历年全球连通度变化情况

资料来源：根据 GaWC 数据计算得出。

从世界城市网络各城市连通度变化来看，广州的增长幅度位居全球前列。从 2000 年到 2024 年，广州的全球连通度呈现显著的上升态势，增幅在世界一线城市中仅低于深圳。具体来看，2000 年广州在世界城市分级榜单中排名第 109，国际影响力相对有限。到 2018 年广州排名大幅提升至第 27，2024 年更是跃升至第 22，持续巩固了其在世界城市网络中的关键地位（见表 2）。

表 2 广州与中国其他城市全球连通度变化情况

城市	2000 年	2010 年	2018 年	2020 年	2022 年	2024 年
香港	3(A+)	3(A+)	3(A+)	3(A+)	3(A+)	3(A+)
北京	36(β+)	12(A)	4(A+)	6(A+)	4(A+)	4(A+)
上海	31(A-)	7(A+)	6(A+)	5(A+)	5(A+)	6(A+)
台北	20(A-)	43(A-)	26(A)	37(A-)	29(A-)	29(A-)
广州	109(Γ-)	67(β)	27(A)	34(A-)	34(A-)	22(A)
深圳	200(Sufficiency)	106(β-)	55(A-)	46(A-)	41(A-)	30(A-)
成都	—	252(Sufficiency)	71(β+)	59(β+)	71(β+)	58(β+)
杭州	—	262(Sufficiency)	75(β+)	91(β)	73(β)	65(β+)
天津	259(-)	188(High Sufficiency)	86(β)	77(β)	74(β)	60(β+)
南京	298(-)	245(Sufficiency)	94(β)	87(β)	84(β)	75(β)

资料来源：根据 GaWC 数据计算得出。

总体而言，广州在世界城市网络中的地位演变大致经历了三个阶段。第一阶段是 2000 年以前，城市全球连通度排在全球主要城市 100 名之后，处于世界城市网络的边缘地带。第二阶段是 2000~2018 年，城市全球连通度排名快速上升，并在 2018 年成为"Alpha 级"的世界城市，正式迈入世界一线城市行列。第三阶段是自 2018 年以来，虽然城市全球连通度排名出现小幅波动，但基本稳定在"Alpha 级"世界城市行列，在世界城市网络中的地位得以巩固。

二 网络联系下中心型世界城市建设的核心支撑要素

（一）内联外通遍布全球的交通与通信联系网络

内联外通的综合交通体系与通达全球的交通通信网络，是世界城市发挥其中心功能的重要基础。依托交通运输和物流枢纽功能，世界城市集散配置全球人员、货物和服务流，成为全球产业链、供应链、价值链的核心节点。具体来看，航空运输是高端跨国资本、人才、技术和高附加值货物运输的首选方式。纽约、伦敦、东京等全球经济连通度高的城市，也是重要的国际航空枢纽，拥有通达的国际航空运输网络，始终与世界各地尤其是世界市场保持紧密的联系。海运是世界城市拓展全球联系最早的方式之一，是全球贸易中心的重要依托，新加坡、东京、上海等世界城市都是国际海运枢纽。还有一些世界城市，如上海、新加坡、迪拜等是重要的全球海空枢纽，同时拥有发达的全球航空与航海连通度。随着互联网的发展和数字化时代的到来，包括光纤网络和数据中心在内的大型信息和通信技术基础设施，构成了联系水平不断提升的世界骨干网络，并促进了数据、思想和商业的快速联通交流。事实上，在数字时代，世界城市处于跨境数据流和信息流交汇的关键节点，全球连通度最高的城市几乎都拥有最大规模和最先进的ICT 基础设施。

（二）跨国公司引领的强大全球贸易与投资网络

国际商贸功能是世界城市发展历史中发挥得最早、最重要的国际性功能之一。如阿姆斯特丹和鹿特丹等城市，均凭借建立在发达海运网络基础上的国际贸易成长为重要的世界城市。世界城市的国际商贸业还往往与发达的会展业相伴而生，如在法兰克福建设世界城市过程中，会展业发挥了重要作用。与此同时，随着国际贸易的数字化与金融化转型，全球贸易中的货物运输、存储与交易出现空间分离，这在一定程度上影响了传统港口城市在全球商贸网络中的地位。自 20 世纪 80 年代以来，跨国公司不断进入新市场、建立全球运营网络，逐渐发展成为全球经济运行最重要的行动主体，对城市经济全球联系与竞争力产生了重要影响。在 2024 年 GaWC 世界城市网络中的175 家跨国生产性服务公司中，伦敦、纽约和香港分别有 152 家、140 家和129 家设有总部或分支机构。跨国公司庞大的全球分支机构网络，有力地支撑了世界城市的全球要素资源辐射和集聚能力。

（三）广泛全面的全球金融与专业服务支持网络

世界城市一般都是全球性的金融及高端商务服务中心。金融市场的全球化意味着金融机构越来越多地在全球范围内运营，可为城市在获取资金方面提供显著优势，尤其是当这些城市作为全球化银行和风险投资公司的所在地时。作为重要的国际金融中心，世界城市正是凭借实力雄厚的金融企业及其遍布全球的庞大分支机构网络，集聚和配置全球资本；同时依托发达的全球金融网络，为城市的生产部门及其在全球生产网络中的地位巩固提供支撑，进一步增强其在世界城市网络中的控制力。与金融服务相似，包括律师服务、会计服务、广告服务、管理咨询服务等在内的高端商务服务是世界城市不可或缺的重要功能。一方面，高端商务服务业提供高端知识服务，本身位于价值链的高端；另一方面，高端商务服务业通过其全球经营网络，汇聚全球创意资源和人才，为现代化产业体系提供不可或缺的专业服务支撑。

（四）强大的专业化人才培育力和国际化人才吸引力

随着知识经济的兴起、发展以及创新驱动的深入推进，科技创新日益成为世界城市可持续发展和竞争力提升的重中之重。人才作为创新最关键的要素，普遍受到世界城市的高度重视。事实上，几乎所有世界城市的繁荣发展和竞争力提升均与其对国际化、多元化和专业化人才的培养和吸引能力密切相关。如旧金山作为全球顶尖科创中心，与其对美国国内以及全球人才的吸引能力密不可分。世界城市往往通过营造高质量的生活环境、优越的工作条件、繁荣的商业气息、完善的创新生态、现代化的基础设施和周到专业的人才服务等，提升对国际化人才的吸引力。苏黎世在全球人才竞争力指数中一直名列前茅，其政府在城市安全环境、文化设施、互联网及公共交通基础设施、医疗保障等方面的投入力度很大，并专门设有融合办公室和接待处，收集采纳相关意见，提供多语言的信息、课程、咨询和欢迎活动来支持新居民融入本地社会，有效缓解国际人才初来乍到的不适和过渡期压力。

（五）发达的全球交往网络与国际声誉传播能力

20 世纪 90 年代以来，塑造和传播城市在国际上的正面形象、拓展城市国际影响力并提升城市"软实力"，成为世界城市在全球舞台上开展竞争与合作并保持城市繁荣的重要策略。一是通过强化城市外交联系提升城市全球影响力，如日内瓦充分发挥作为红十字国际委员会、国际劳工组织、世界卫生组织以及世界贸易组织等二十余个知名国际组织全球总部所在地的优势，积极影响和参与国际事务。此外，全球性的城市间协作网络，如世界城地组织、世界大都市协会等也是世界城市拓展全球交往网络的重要媒介。二是通过宣传机构打造城市品牌与传播城市形象，如"巴塞罗那全球"（Barcelona Global）作为一家由巴塞罗那市主要企业、大学、研究机构以及文化机构共同组成的非营利性协会，在巴塞罗那的全球化与城市形象传播中发挥重要作用。"伦敦与合作伙伴"（London & Partners）作为一家公私合作机构，在伦敦全球城市的国际形象推广上发挥重要作用。三是通过举办重要国际赛事活动提升城市的国际关注度与认可度，如悉尼通过举办 2000 年夏季奥运会，以悉尼歌剧院等标志性建筑为世界所熟知，并在此基础上举办悉尼灯光音乐节（Vivid Sydney）、"悉尼双年展"（Biennale of Sydney）等文化活动，进一步吸引全球目光。

三 广州提升世界城市网络中心地位的潜力空间

（一）航空和航运国际网络连通性空间

根据国际机场理事会 2023 年的世界机场数据，白云机场旅客吞吐量排在全球主要机场第 13 位，货物吞吐量排在全球主要机场第 11 位。根据《2024 新华·波罗的海国际航运中心发展指数报告》，广州综合实力继续排在全球航运中心城市第 13 位，均高于其在世界城市网络中的综合排名。虽然白云机场即将建成全球最大单体机场，但与纽约、伦敦、东京、新加坡等国际领先的航空枢纽相比，其货机数量、航线覆盖范围以及航班频率等运力资源相对有限。广州港还处于进一步建设期，与新加坡、伦敦、上海、香港等城市还有较大差距。当前能够满足大型船舶靠泊的泊位码头数量还不够多，出海航道宽度有限，需要进一步完善以适应世界海运船舶大型化和超大型化发展趋势。国际班轮航线覆盖面不够广，铁水联运、江海联运等多式联运发展也还有待加强，以进一步提升货物集散能力和扩大辐射范围。

（二）全球贸易与投资的控制与影响力空间

广州的全球贸易通达 200 多个国家和地区，特别是跨境电商领域，2017~2024 年进出口规模增长 93 倍，进口规模保持 9 年全国第一，已构建链接全球的商贸投资网络。① 近年来，由于受到国际地缘政治、全球经济贸易碎片化及自身国际贸易结构等因素的影响，广州对外贸易增长势头有所放缓，在中高端商品和服务进出口比重逐步提高的同时，规模仍需进一步扩大。广州会展业具有一定的基础和优势，根据中国会展经济研究会 2024 年发布的《2023 年度中国城市会展业竞争力指数报告》，广州会展业竞争力位居国内城市第二，其中会展综合服务竞争力高居全国首位。但与知名国际会展中心城市相比，广州在高端国际会议和国际活动数量方面仍有一定差距。广州作为我国外商投资高地，展现出对外商投资的强大"磁吸力"。据华南美国商会报告，广州连续 8 年获评外商投资首选目的地；截至 2025 年 3 月，广州集聚了超 5 万家外资企业扎根发展，其中世界 500 强企业投资企业达 362 家。② 但广州目前缺乏具备广泛国际影响力的跨国公司全球总部和区域总部，导致广州在世界城市网络中的控制功能发挥有限。根据 2024《财富》世界 500 强榜单，广州拥有的世界 500 强企业为 6 家，与国际城市或国内一

① 《2024 世界城市名册第 22 名！广州"升舱"》，"珠江经济台"微信公众号，2024 年 11 月 5 日，https://mp.weixin.qq.com/s?__biz=MjE5OTQ1NjU2MQ==&mid=2656981182&idx=3&sn=f3180628b6aa5733aea27d60455c0224&chksm=b1e01190475e0c45f54d21a87e763e99abe540aa783e48c645e73ddb6a52eb102ff39fcd9d5c&scene=27。

② 《释放吸引外资扎根发展信号！广州举办生物医药与健康外资沙龙》，大洋网，2025 年 3 月 18 日，https://news.dayoo.com/finance/202503/18/171077_54800343.htm。

线城市相比仍存在明显差距。在 GaWC 对世界城市网络研究选取的 175 家高端生产性服务企业中，无一家企业的全球总部位于广州。

（三）高端金融和专业服务总部吸引空间

广州的全球金融体系具有较好的基础和一定的优势。在 GaWC 分行业的世界城市网络中，广州金融业连通度位列全球第 8，远高于其全球综合排名以及在其他高端生产性服务行业中的排名。但由于缺乏国家级乃至具有国际影响力的金融机构和平台，广州主要通过吸引国内外金融机构设立分支机构，强化其在全球金融网络中的地位，金融总部和金融资源的国际集聚、配置、控制能力还有待提升，在国际金融中心体系中的地位还不够稳定、优势还不够明显。根据英国智库 Z/Yen 集团与中国（深圳）综合开发研究院于 2024 年 9 月发布的第 36 期《全球金融中心指数报告》，广州在全球主要金融中心中排名第 34，在中国金融中心中排名第 5，低于其全球金融网络连通度排名，与纽约、伦敦、香港、新加坡、上海、北京、深圳等城市差距明显。在会计和广告服务业方面，广州凭借繁荣的商业环境以及较好的产业基础，吸引全球主要会计师事务所和广告公司入驻，但本土规模化、国际化企业培育仍显不足。全球化的法律服务与管理咨询服务历来是国内城市在全球化专业服务方面的短板，广州亦然。虽然近年来广州在律师服务业以及涉外法律服务方面已取得长足进步，但相关专业服务的国际竞争力与影响力仍与欧美城市存在较大差距。

（四）专业化国际化人才的吸引力空间

近年来，广州在制定国际化人才引进政策、建设国际化人才集聚平台、营造国际化人才工作生活环境等方面取得了显著成效。根据人力资源和社会保障部国外人才研究中心发布的 2024 年度"魅力中国—外籍人才眼中最具吸引力的中国城市"，广州在中国城市中排名第 4，仅次于北京、上海、杭州，凸显出城市的开放性、包容性和国际化水平。但与世界城市网络的标杆城市相比，广州在国际人才总量、国际旅客到访量、留学生数量等方面仍有不小差距。广州拥有大量的高等院校和科研院所，科研产出在全球城市中居于前列。根据全球性出版机构施普林格·自然集团发布的"2024自然指数—科研城市"，广州在全球科研城市及都市圈100强中排名第8。但从国际化人才来看，广州对留学生的吸引力还不够强。根据国际高等教育研究机构QS发布的2025最佳留学城市排名，广州排在全球主要城市第133位，国内排名落后于北京、上海、南京和武汉。

（五）城市品牌的国际知名度和影响力空间

广州是古代海上丝绸之路的起点和发祥地，自唐代以来一直是我国对外商贸重镇，在19世纪中叶跻身世界第四大贸易中心，商贸业影响遍及东亚、南亚、中东、非洲、欧洲等全球各地，"Canton"在全世界广为人知。但是，近代以来广州的城市国际关注度、知名度和影响力有所下降，在国际媒体和社交平台上的显示度不足，外国公众对广州的了解有限。在以《纽约时报》《时代周刊》等为代表的国际知名媒体上，针对广州的报道次数也远远少于纽约、伦敦、北京、上海和深圳等城市，在Google Trends上的搜索热度也远低于上述城市。根据Brand Finance发布的《2024年全球城市品牌指数报告》，广州的城市品牌位列全球第88。近年来，广州通过举办"读懂中国"国际会议、从都国际论坛、全球市长论坛等一系列国际性高端会议和活动，广泛开展民间外交和城市外交，搭建影响广泛的国际交流平台，提升国际影响力。但总体来看，目前广州在国际舞台上的话语权相对较弱，缺乏国际性组织进驻，本土各类组织也较缺乏组织开展国际性活动的能力和经验，发布具有世界影响力和约束力的研究成果、行动宣言、思想共识和技术标准等不多。

四 广州建设中心型世界城市的方向

支撑中心型世界城市发展的核心要素为世界城市提升全球地位指明了方向。但是，每个大城市在成为世界城市的道路上，还需深深植根于其独特的历史和经济背景之中。广州作为中国乃至世界上最古老、最重要的贸易枢纽之一，通过历史积淀逐渐成长为全球商业联系重要门户，成为当代中国全球连通度最高的城市之一。展望未来，巩固并发挥这一历史底蕴优势，塑造开放、友好和互联的国际大都市形象，仍将是广州提升在世界城市网络中的中心地位、建设中心型世界城市的重要基石。

（一）构建全球综合交通联系网络

1. 织密国际航空联系网络，提升国际航空枢纽服务能力

锚定国际航空枢纽定位，持续拓展"飞出去"的国际航空网络。进一步强化与东南亚、东亚城市的区域性航线联系，巩固与欧美之间的航线联系，积极开拓与非洲、南美等潜力市场之间的航线网络，以高效高速的航空网络服务于广州与全球的投资贸易和人员往来。进一步加快提升国内国际互转、国际转国际中转能力，建成连接国内与国际航空运输网络的关键节点，强化国际航空枢纽全方位门户复合型功能。加快白云机场对外轨道交通建设进度，强化空铁联运等民航与其他交通方式的衔接，加快提升国际航空枢纽综合交通集疏运能力。加快发展通用航空，积极探索建立"民航运输+低空飞行"融合发展示范区，拓展与粤港澳大湾区各城市间的直升机摆渡航线网络，强化与港澳等境外地区商务航空的联系，提升大湾区城市间的商务出行便利度。

2. 持续提高全球海运承载力，提升国际航运枢纽能级

持续推进南沙港区港航升级建设工程，提升港口吞吐能力。加大外贸集装箱班轮航线拓展力度，重点聚焦"一带一路"共建和 RCEP 沿线市场布局和覆盖，巩固非洲和东南亚国际集装箱运输航线枢纽地位，加大欧美、日韩、印巴等航线拓展力度。支持南沙港区拓展外贸滚装班轮航线、干散货准班轮航线。加强与国内外沿海港口合作，借助广州港遍及全球的港口"朋友圈"，拓展国际航线网络。

3. 提升空铁海铁联运能力，强化全球海空枢纽建设

强化白云机场与国家铁路、城际铁路、城市轨道、高（快）速路等的

联系，实现与各种交通方式的深度融合。加快建设白云机场至广州北站专用轻轨线路，推进广州北站 T4 航站楼的规划建设，结合 T3 航站楼规划建设 T3 高铁站。立足广州海港枢纽功能突出、空港枢纽优势明显、铁路及公路港枢纽高效贯通优势，构建以空港与海港为核心的综合立体交通体系，形成空港、海港、铁路港、公路港"四港联动"协同发展格局。支持广州港加强与国内外海运和物流公司的合作，积极链接西部陆海新通道，提升海铁联运水平。积极推进南沙国际通用码头铁路专用线规划建设。加密南沙—中亚—欧洲的中欧直达集装箱班列，促进海铁班列与国际班列融合。建设海铁联运物流信息平台，扩大海铁联运规模。

4. 强化新一代互联网与数字新基建，提升信息化支撑能力

加快 5G 基站、智算中心、工业互联网等新型数字基础设施建设，探索并推进数据、算力、算法基础设施化。推进全域宽带互联网改造，扩容升级骨干网络，加快国际互联网根服务器镜像节点等国际化信息基础设施建设，争取扩大国际互联网出口带宽，进一步巩固广州国际信息枢纽地位。提升工业互联网建设水平，稳步推进工业互联网标识解析国家顶级节点（广州）扩容增能和二级节点建设，加快国家工业互联网大数据中心广东分中心建设。抢先部署下一代互联网等传输类基础设施建设，做好南沙国际 IPv6 根服务器及根解析服务体系运营工作，提升 IPv6 网络性能和服务能力。

（二）巩固拓展全球商贸投资网络

1. 挖掘培育外贸新增长点，主动拓展外贸市场

推动电子信息、现代轻工纺织、智能家电、新型储能等产业和产品出口，打造一批万亿级、千亿级出口产业集群，提升出口产品的竞争力和附加值。进一步深化与"一带一路"共建国家、RCEP 成员国等地区的经贸合作。通过建设跨境电商产业园、海外仓等基础设施，大力支持跨境电商发展，完善跨境电商生态系统，打造跨境电商国际枢纽城市。围绕主要交通枢纽，加快生产型物流服务发展，为跨境电商发展提供更加坚实的物流保障。鼓励和支持企业"走出去"参加各类国际知名博览会，积极拓展外贸市场。

2. 聚焦数字化服务化趋势，推动外贸转型升级

推动广州国际消费中心城市数字化转型，促进传统行业与直播电商等新业态融合发展，鼓励具备条件的商贸企业拓展网络零售和跨境电子商务业务，构建"互联网+"新消费生态体系。引导传统产业通过跨境电商开拓新兴海外市场，实现"穗货卖全球"。积极发展智慧商圈商街，推动天河路、北京路、长隆万博等重点商圈商街基础设施智能化升级，打造海珠区江南文商旅融合圈省级示范商圈。发展数字会展服务，支持广交会、广州博览会、广州国际汽车展览会等线上线下融合发展。支持传统行业领域专业市场与产业数字化服务平台合作。积极开展数字贸易国际规则对接和参与制定国际规则，打造数字贸易制度型开放的"广州模式"。

3. 注重双向联动结合，推动外资外经高质量发展

引导外资投向新一代信息技术、人工智能、新能源汽车、高端装备、生物医药与健康、新材料与精细化工等先进制造业领域，持续优化外资利用结构，以提升产业链供应链水平。持续优化市场化、法治化、国际化营商环境，通过简化审批流程、提高政府服务效率、加强知识产权保护等措施，为外资企业提供更好的投资环境。有序引导优势产业和企业在东南亚、欧洲、非洲等地投资布局，培育国家级和省级境外经贸合作区。积极参与国际经贸合作与交流，推动与欧美等发达经济体的经贸关系稳定发展，同时深化与俄罗斯、中亚、中东等地区的经贸合作。

（三）强化金融与专业服务支撑

1. 鼓励发展特色金融，助力产业高质量发展

加大金融科技研发应用力度，加快大数据、人工智能、区块链、云计算、5G等核心技术的研发攻关和应用，助力金融科技更高质量发展。更好发挥绿色金融的带动作用，鼓励金融机构研发差异化的绿色金融产品，服务经济绿色低碳转型。推动与香港等国际知名航运中心之间的合作，大力发展航运金融，重点聚焦在建船舶抵押贷款、船舶融资、金融租赁等航运金融业务，提升航运金融服务能力。

2. 持续加强金融市场对外开放与全球联系

充分利用广州服务业扩大开放综合试点契机，吸引符合条件的外资机构到广州设立或参股证券公司、基金管理公司、期货公司，扩大外资金融机构经营范围。支持本地金融企业做大规模、走向全球，力争在银行、证券、保险、基金、信托、融资租赁等领域打造具有全球影响力的本土金融机构。支持金融机构和大型企业集团通过资源整合和市场运作发展成为具有重要影响力的金融控股集团，并开展国际化经营布局。

3. 提升专业服务企业能级与国际影响力

鼓励全球大型会计师事务所和广告公司提升其在广州所设立的分支机构或成员所的等级，提升会计与广告机构全球联系能级。支持本土注册会计师和广告从业人员参加国际业务的培训，引导行业标准和专业化水平与国际接轨。鼓励和支持本土大型会计师事务所和广告公司扩大规模，并通过自主设立分支机构、并购和开展国际合作等多种方式，主动走向全球。在加大涉外律师培训力度、壮大自身法律服务国际化力量的基础上，鼓励更多本地律师事务所"走出去"，补齐法律业全球联系短板。鼓励设立穗港澳合伙联营律师事务所，创新联营所的执业模式，进一步吸引境外律师事务机构，特别是港澳律师事务所入驻。

（四）夯实创新与产业的人才支撑

1. 提升本地高校国际影响力与吸引力

加大对本地高校建设世界一流大学和一流学科支持力度，提升广州高校国际影响力与吸引力。加强国际合作与交流，进一步推广与境外高水平院校合作办学、异地办学等模式，不断提升本地高校国际化水平，吸引国际高端人才来穗。鼓励广州高校举办更多具有全球影响力的国际学术会议，吸引更多国际人才来到广州、了解广州、留在广州。

2. 鼓励高校培养面向产业需求的人才

鼓励和支持广州本地高校聚焦理论前沿、技术前沿、产业创新前沿开展源头性创新研究，并重点围绕战略性新兴产业、未来产业以及高端专业服务业，设置相关专业，有针对性地培养产业人才。加强高校与产业界的合作，共同制定人才培养方案和教学计划，实现教学内容与产业需求的无缝对接；共同推动科研成果的转化和应用，促进产业转型升级，增强经济发展内生动力。

3. 营造国际人才友好的工作生活环境

完善多层次、多领域的人才引进体系，针对城市发展急需紧缺的高科技人才，实施精准化引才策略。建立政企联合的引才平台，增设海外人才工作站，拓展国际引才渠道。加强城市基础设施建设，打造具有广州特色的国际化街区，提升城市国际化水平，为国际人才提供更加宜居宜业的环境。鼓励企业、高校、科研机构等加强创新合作，加大创新成果和知识产权保护力度，营造良好的创新氛围，激发国际人才的创新活力。

4. 完善国际人才服务与信息反馈机制

建设国际化社区，完善国际化服务体系，帮助国际人才快速融入本地社区。举办针对不同文化的节日庆祝活动，提升城市文化多样性和包容性。强化国际人才的信息资讯支持服务，为城市国际新居民提供移民、教育、住房、医疗和就业等全面指导。建立与完善针对国际人才的反馈机制，不断改进国际人才政策和服务。强化国际人才的信息和支持服务，为城市新居民提供全面的信息和支持服务。建立便捷的反馈渠道，完善信息反馈机制，收集国际人才意见，不断改进城市的政策和服务。

（五）提升全球交往与品牌传播力

1. 持续拓展国际交往的广度与深度

扩大国际交往"朋友圈"。加大城市层面多边交流合作力度，持续增加国际友好城市、友好城区、友好港口等的数量，拓展国际友好联系的广度和深度。充分发挥智库作用，进一步加强与国际组织之间的合作与交流，广泛参加世界城地组织、世界大都市协会、世界城市文化论坛、C40城市气候领导联盟等国际城市多边组织的活动，发出广州声音，讲好广州故事，提升广州的国际显示度与影响力。充分利用广州丰富的使领馆资源和综合性门户城市优势，吸引和争取国际组织在穗设立机构或开展活动，进一步拓宽广州的国际交往渠道。

2. 创新城市品牌形象国际传播方式

加强与国内外知名影视公司合作，积极参与国际文化合作项目，通过联合创作、共同研究等在合作影视作品中加入广州传统文化和城市形象元素，在全球范围内传播广州形象。鼓励和扶持本土优质自媒体成长，利用社交媒体、短视频平台等新媒体渠道，广泛传播广州城市形象。推动广州的非物质文化遗产代表性项目申报国家级、世界级非物质文化遗产代表性项目名录。积极申办国际性大型赛事，利用举办第十五届全运会契机，联合粤港澳大湾区其他城市，共同谋划申办更多具有重大国际影响力的赛事，提升广州的城市全球品牌知名度与影响力。

3. 主动推动优秀传统文化国际传播

加强国际文化交流平台建设，充分利用广州大剧院、大湾区艺术中心、海心沙亚运公园等文化设施，邀请国际知名艺术家、歌手、团体来穗举办演艺活动。积极参与电影节、音乐节、艺术节等国际文化交流活动，展示广州优秀文艺作品，推动优秀传统文化的国际传播。加快推进历史街区的改造与活化利用，通过打造规模化历史文化街区，更好为国际游客展示岭南文化底蕴与美丽宜居花城。强化现代科技在文化国际传播中的应用，利用虚拟现实（VR）、增强现实（AR）等科技手段，将广州的传统文化以更加生动、直观的方式呈现，增强国际游客文化体验感。

参考文献

周振华、高鹏：《基于全球城市网络的城市竞合关系研究》，《上海经济研究》2024年第2期。

石光宇：《经济全球化视角下的中国全球城市形成及影响研究》，《全球城市研究（中英文）》2024年第1期。

赵可金：《百年变局中的"全球南方"》，《人民论坛·学术前沿》2023年第23期。

开欣、朱盼、董莉晶：《论全球城市网络结构的特征及发展演变趋势》，《全球城市研究（中英文）》2023 年第 3 期。

P. J. Taylor，B. Derudder，*World City Network*：*A Global Urban Analysis（the 2nd edition）*，London：Routledge，2015.

B.4
国际交往中心城市指标体系中的
广州表现及启示

联合课题组*

摘 要: 近年来,国内外有关国际交往中心的评价指标体系不断涌现,为全球国际交往中心城市建设与发展提供了重要参考借鉴。2024年7月,清华大学中国发展规划研究院与德勤中国国际交往中心研究院联合发布《国际交往中心城市指数2024》,以独特视角刻画了各入选城市的国际交往能力。广州在全球43个样本城市中排名第37。以该报告及其他城市国际化评价指标体系为参考,广州应积极对标和学习世界先进城市,巩固既有优势,加快补齐自身短板,推动建设更高水平的国际交往中心城市,不断提升全球美誉度和影响力。

关键词: 城市国际化 国际交往中心 广州

国际交往中心城市是指国际交往资源密集、国际交往活动集中、国际交往实力雄厚、国际交往范围广阔,从而在国内及全球价值网络和城市体系中占据领导和支配地位的城市,是经济中心、商贸中心、会议中心、文化中心、交通中心、信息中心和服务中心等的融合体。国际交往

---

* 联合课题组组长:伍庆,博士,广州市社会科学院副院长、研究员,研究方向为全球城市、国际交往;邓昌雄,中共广州市委外办副主任,研究方向为地方外事。课题组成员:刘放明,中共广州市委外办发展规划处副处长,研究方向为地方外事;鲍雨,广州市社会科学院城市国际化研究所助理研究员,研究方向为公共外交;张琳,博士,广州市社会科学院城市国际化研究所助理研究员,研究方向为城市国际化与区域发展;徐莹,中共广州市委外办发展规划处一级主任科员,研究方向为地方外事。

中心城市是城市发展的高级形态，借由城市交往的灵活优势，积极发挥服务国家、集聚要素、链接全球、辐射区域的重要功能。[①] 建立权威系统的评价指标体系，是对城市功能及各领域发展情况作出客观评价的必要参照标准。本报告对照清华大学—德勤发布的《国际交往中心城市指数2024》，研究广州建设国际交往中心城市的指标表现情况，分析存在的优劣势及原因，并在此基础上为广州进一步建设国际交往中心城市提出相应的对策建议。

一 《国际交往中心城市指数2024》评价中的广州

自2022年起，清华大学中国发展规划研究院与德勤中国国际交往中心研究院联合发布《国际交往中心城市指数》报告，截至2024年已发布两期，用于评价国际交往中心城市的发展现状和潜力。与以往国际交往中心评价指标体系或其他用于测算国际城市建设水平的指标体系不同，清华大学—德勤发布的《国际交往中心城市指数》报告选取国内外若干代表性城市进行评估并公开发布结果，通过城市画像反映各城市在国际交往功能方面的变化趋势及优势短板，为推动全球城市提升国际化水平提供参考。根据2024年的评估结果，排名前十的国际交往中心城市依次为伦敦、巴黎、纽约、香港、新加坡、首尔、北京、东京、马德里、旧金山。该报告是全球首个国际交往中心城市指数报告，对于世界各国城市如何处理本土化与国际化的关系、丰富国际交往模式、共同构建国际交往中心城市网络等方面具有较高的借鉴价值。《国际交往中心城市指数2024》立足全球疫情复苏的大背景，结合地缘冲突、科技革命等时代特征，分析后疫情时代国际交往活动的新特点和新变化。该报告总体沿用了《国际交往中心城市指数2022》的理论体系、指标框架和技术方法，一方面对部分指标的测算方式进行了调整，另一方面也发生了体系设计调整和城市样本增加等新变化。以此为

---

① 鲍雨、伍庆：《中国式现代化与广州建设国际交往中心城市建设》，中山大学出版社，2024。

参考，有助于广州找准自身在全球国际交往中心城市中的定位，并明确下一步改进的方向。

（一）《国际交往中心城市指数2024》主要内容

1. 评估框架

《国际交往中心城市指数 2024》对 2022 年指数体系进行了局部调整和优化，构建了由吸引力、影响力、联通力 3 个一级指标和 11 个二级指标、25 个三级指标构成的评估框架。样本城市数量从 2022 年的 37 个增加至 2024 年的 43 个。2024 年报告的绝大部分指标采用 2023 年底数据，少部分采用可获得的最新年份数据，缺失值约占 2%，按照 95% 置信度对所有原始指标采用缩尾处理。

2. 评估结果

排名前十的国际交往中心城市依次为伦敦、巴黎、纽约、香港、新加坡、首尔、北京、东京、马德里、旧金山。43 个城市中，欧洲 17 个，北美洲 11 个，亚洲 10 个，大洋洲、非洲各 2 个，南美洲 1 个，可见国际交往中心城市主要集聚在欧洲、北美洲和亚洲三大地域，普遍人力资源富集、高端要素资源充沛，首都城市具有先天优势。新增 6 个城市中，布鲁塞尔、斯德哥尔摩和伊斯坦布尔分别位列第 19、22 和 23。巴西里约热内卢、埃及开罗、南非约翰内斯堡等 3 个"全球南方"城市加入行列。

3. 趋势特点

一是"中升美降"趋势显现。考虑新增样本因素，与 2022 年排名相比，中国 5 个城市排名平均提升 2.4 名，美国 8 个城市排名平均下降 1.9 名。二是地缘政治因素影响凸显。地缘政治矛盾和地区冲突削弱了莫斯科国际交往能力，但更加凸显了北京、开罗、巴黎等城市的外交斡旋作用。莫斯科排名下降 10 名，德国 3 个城市平均下降 4 名，西班牙 2 个城市平均上升 2 名。三是激烈竞争中机遇与挑战并存。首批 37 个城市中只有 6 个排名没有变化，反映出全球城市竞争激烈。迪拜上升 10 名，幅度最大，主要得益于增强吸引力和联通力的主动作为；多伦多上升9名，幅度第2，主要得益于教育服务、医疗服务均排名第1，国际直航城市数量、移动网络连接速度均排名第11；上海上升5名，幅度第3，主要得益于数字网络、宜业、科技创新、商务交往、经济发展分别排名第2、7、8、8、9。

（二）《国际交往中心城市指数2024》评价中的广州表现

广州在43个样本中排名第37，考虑新增样本因素实际提升1名，总体看稳中有进。与北京、上海、香港、深圳四大中国城市相比，广州仅在联通力指标方面略高于深圳（见表1）。

表1　《国际交往中心城市指数2024》中国城市对比情况

一级指标	二级指标	三级指标	北京	上海	广州	深圳	香港
			得分	得分	得分	得分	得分
吸引力	宜居	教育服务	73.1	69.4	68.4	68.4	85.4
		医疗服务					
		PM2.5空气质量等级					
		犯罪率综合指数					
	宜商	营商便利度指数	83.0	82.0	82.4	82.4	98.1
	宜业	全球创业生态系统指数	77.7	71.8	61.9	65.8	63.0
	宜游	入境游客数量	61.6	67.0	67.3	74.6	100.0
		吸引力评估得分	75.8	74.6	71.7	75.3	93.5
影响力	国际事务	非政府国际组织总部数量	78.4	66.6	65.2	60.0	70.8
		政府间国际组织总部数量					
		驻本地外国使领馆数量					
	科技创新	PCT国际专利申请总数	96.7	90.1	72.9	93.3	91.1
		高水平科技论文指数					
	经济发展	GaWC世界城市分级评价	92.2	88.0	79.0	81.5	89.2
		全球金融中心指数					
		世界500强企业总部数量					
		人均GDP					

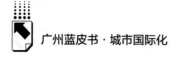

续表

一级 指标	二级 指标	三级指标	北京	上海	广州	深圳	香港
			得分	得分	得分	得分	得分
影响力	文化教育	高水平人文社科论文指数	100.0	74.2	68.9	67.2	79.6
		全球顶尖高校指数					
		世界遗产数量					
	影响力评估得分		98.5	82.4	72.4	76.3	86.4
联通力	交通联通	国际航班联通密度	71.0	83.6	71.0	65.5	87.7
		国际直航城市数量					
	数字网络	固定宽带连接速度	100.0	99.7	80.6	77.7	89.1
		移动网络连接速度					
	商务交往	UFI认可展览数量	69.8	81.8	69.4	76.1	80.1
		ICCA认可会议数量					
	联通力评估得分		84.6	97.2	75.1	73.4	93.8
综合评估得分			87.2	85.3	72.0	74.3	93.1

1. 城市吸引力指标

整体看，亚洲城市的入境游客数量恢复程度普遍不及预期。北京、上海、广州、深圳等城市在宜居性上表现总体落后，但全球创业生态系统指数优势明显，教育服务得分分别从2022年的83.3、75.0、66.7、66.7分提升至2024年的91.7、83.3、75.0、75.0分。广州在这方面的优势与不足表现为：全球创业生态系统指数被列入优势指标；教育服务、医疗服务指标增幅较大，分别为12.4%、13.3%；宜游指标位于中游；宜商指标高于上海；宜业指标得分最低。

2. 城市影响力指标

整体看，科技创新排名全球前十的城市总体稳定。北京仍排名第2，深圳、香港、上海也位列前十，体现中国在前沿科技领域的强劲追赶势头；广州、深圳等城市虽有一定数量的优质大学，但全球顶尖高校指数相对靠后。广州在这方面的优势与不足表现为：PCT国际专利申请总数增幅高达37.1%；高水平人文社科论文指数全球第6；《财富》世界500

强企业总部数量全球第9；国际事务、文化教育指标高于深圳但落后于北京、香港和上海。

3.城市联通力指标

整体看，亚洲的重要地缘支点城市正跻身新的联通枢纽行列。近年来，中国城市在数字联通方面进步很大。北京、上海、香港因ICCA（国际大会及会议协会）认可会议数量急剧减少导致商务交往排名大幅降低。广州在这方面的优势与不足表现为：UFI（国际展览联盟）认可展览数量位居第10；移动网络连接速度位居第8；固定宽带连接速度增幅高达104%、增速最快；国际直航城市数量新增27个、增量最多。

二 广州建设国际交往中心城市的基础优势

近年来，广州坚持以习近平新时代中国特色社会主义思想特别是习近平外交思想为指导，积极推进外事工作机制改革，全力服务中国特色大国外交、高水平开放与高质量发展，国际交往中心能级稳步提升。

（一）交流规格高，重大外事活动会议密集开展

广州以元首外交为战略引领，积极发挥地方外事在国家总体外交中的重要作用，配合做好各类高规格代表团访问和交流工作。2024年广州共接待副部级以上外宾68批951人次，其中正国级11位、副国级6位。越共中央总书记苏林访穗参观范鸿泰墓、越南青年政治训练班（越南青年革命同志会）旧址等地，并留言"祝越中友谊世代相传、万古长青"。意大利总统塞尔焦·马塔雷拉参观陈家祠、广州塔，高度赞赏广州千年灿烂文化和"东西方交流桥梁"作用。"读懂中国"国际会议（广州）、从都国际论坛、全球市长论坛、大湾区科学论坛等国际会议影响力逐年扩大，立体展示广州魅力与活力。全方位推进"一带一路"重要枢纽城市建设，为中国特色大国外交贡献更多广州案例。

（二）辐射区域广，全球各个区域交往日趋频繁

从欧美发达国家到"全球南方"国家，广州的交往合作对象覆盖全球，为推动构建人类命运共同体贡献地方力量。2024年，美国财政部部长耶伦将广州作为再次访华的首站，真切感受中国城市高质量发展成就。加利福尼亚州旧金山市市长伦敦·布里德一行访问广州，纽约青少年合唱团及芝加哥大学、"知行中国—美国华盛顿州中学生代表团"等青少年团组相继访穗，推动落实"5年5万青少年"倡议。广州承办第五届中非地方政府合作论坛，29个非洲国家政府官员、专家学者等约350人参会。落实针对太平洋岛国的工作计划，帮助相关国家改善民生福祉。接待"全球南方"国家安全智库学者考察团，承办太平洋岛国议员研讨班、东盟国家议员研讨班、南南合作"一带一路"妇幼卫生示范培训基地项目，传递中国式现代化城市经验。河内后备干部培养班、胡志明市党政干部培训班形成常态化机制，"越南青年政治训练班旧址修缮及基本陈列改造项目"获越南国家对外宣传奖项，广州打造中越友谊见证地、中越交流新高地。

（三）引领效用强，城市治理示范作用不断增强

广州持续发挥其在世界城地组织、世界大都市协会中的领导作用，在机制性国际会议上积极发声，携手国际组织开展"小而美"民生合作项目，推动全球城市治理创新做法获联合国副秘书长、人居署执行主任罗斯巴赫赞赏。广州与世界城地组织亚太区秘书处合作，在印度尼西亚北米纳哈萨市五所小学成功落地绿色健康校园试点项目；建设老挝万象塞塔尼区医院小型游乐场项目，为亚太地区妇女儿童事业添砖加瓦。推进广州国际城市创新奖（以下简称"广州奖"）与多边平台合作，在第十二届世界城市论坛上举办三场广州奖主题边会，实现"全球奖项全球办"，使其成为推动全球城市发展进步的国际公共产品。广州还与世界城市文化论坛、世界银行等建立常态化交流合作机制，2024年治水案例荣获"世界智慧城市大奖"，"广州番禺

市桥先锋社区微改造项目"获 2024 美国建筑大师奖"荣誉提名奖",亮点举措在国际重要舞台频频绽放光彩。

(四)友好层次多,国际"城友圈"加速布局拓展

广州持续开拓友好城市关系,"百城+"行动走深走实。截至 2024 年底,国际友城增至 108 个,外国驻穗领馆 68 家,数量走在全国城市前列;友好港口 60 个,位居全国第一。发起成立广州国际友城大学联盟(成员 27 家)、职教联盟(成员 15 家)、高职联盟(成员 45 家),国际姊妹学校 138 对,深度参与全球教育治理。组织 20 个团组 84 人赴五大洲 23 个国家开展"广州文化周""广州国际友城艺术团""丝路花语"等文化品牌活动,推动岭南文化"走出去"。举办广州国际龙舟邀请赛、"广州国际友城杯"青少年国际象棋友谊赛、广州国际女子网球公开赛、广州马拉松赛等国际体育赛事,携手港澳推进十五运会和残特奥会筹备工作,精心打造体育文化宣传品牌。举办广州地区中外友人运动会、中外友好交流故事会、侨界青年领袖研习班等品牌活动,涵养海外知华友好力量。

(五)社会参与深,身边的国际社会联系紧密

全国公共场所外语标识管理领域的首部地方性法规——《广州市公共场所外语标识管理规定》正式施行,全国第一条提供 7×24 小时服务的多语种公共服务热线"960169"话务量不断增长,在全国首创涉外服务创新模式。建成市、区、街、高校移民事务服务阵地,外管服务站 178 家,人才服务工作站数量全国第一。入境旅游目的地持续升温,广州入选 2024 Tripadvisor(猫途鹰)"中国十大海外游客心选城市""心选中国十大海外游客焦点路线"两大榜单。国际化街区旺人气、兴产业、聚人才、亲邻里效益显现,12 个街区累计吸引 448 家跨国企业、外资(含中外合资)企业入驻,引进 500 余名国际专业人才,试点工作入围广州第二届"最具获得感"改革案例。广州市文化馆、广州图书馆等机构为到

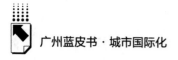

馆外国人提供岭南文化高质量讲解服务，共同营造"身边的国际社会"良好氛围。

三 广州建设国际交往中心城市的对策建议

以国际交往中心城市指标体系为参考，广州要积极吸收国内外一流城市先进经验，充分发挥自身基础优势，推动国际交往中心城市建设提质增效，努力在服务高水平开放和高质量发展中取得更亮眼成绩。

（一）增强重大活动承载力，打造大国外交前沿阵地

坚持系统观念，争取广州国际交往中心城市定位得到国家层面支持，探索建立与中央驻穗、省属在穗单位的对接协作机制。全力配合元首外交和重大外交行动，健全重大外交外事活动运行保障机制，争取承办 2025 年中新双边合作联合委员会第二十一次会议和 2026 年 APEC 领导人非正式会议。推动外事资源库和外事接待基地建设，精心做好重要外宾团组访穗接待工作，打造外国政党干部培训班品牌。高质量完成中央、省交办的对外工作任务，协调推进全球人道主义应急仓库和枢纽建设。扩大"读懂中国"国际会议（广州）、从都国际论坛等重要国际会议影响力，持续提升广州奖和全球市长论坛国际影响力，打造世界读懂中国的城市窗口。推出一批彰显广州特色的外宣品，讲好中国式现代化城市故事。

（二）激活开放发展驱动力，扩大高水平对外开放

推动"外事特区""外事+港澳"模式机制创新，推进大湾区市场一体化建设，携手建设世界级湾区、发展最好的湾区。提速建设南沙重大战略性平台，支持全球溯源中心纳入国家数据基础设施试点，提升中国企业"走出去"综合服务基地运营水平。推动中新知识城上升为中新政府间合作项目，打造具有全球影响力的国家知识中心。主动融入全球科技创新网络，统筹推进国际大科学计划工作，吸引跨国公司设立地区总部和研发中心，打造

具有全球竞争力的科技创新强市。完善"外事+""五外联动"赋能高质量发展机制,高水平建设国际消费中心城市,全面实施"广交会+"行动,持续做好"外商走进广州""领团读懂广州"活动,加快形成企业出海服务机制。加强与日韩、东盟国家的经贸合作,推动与欧盟和北美发达经济体在金融、科技创新等领域对接。

(三)增强友好网络联通力,发展更加多元的伙伴关系

紧抓金砖合作、南南合作等新机遇,聚焦"五外联动",务实开展与外国驻穗领馆的交往合作,争取更多外国机构或国际组织在穗设立分支机构。以机制化、平台化、项目化举措深化"百城+"行动,构建更富活力的全球城市朋友圈。深挖国际友好城市、友好城区、友好港口、友好单位等资源,积极拓展与"一带一路"共建城市的友好关系,推动广州与 RCEP 国家友城的经济互联互通和贸易投资合作,服务全球发展倡议。充分发挥世界城地组织、世界大都市协会等城市国际组织的领导作用,主动链接联合国教科文组织创意城市网络、全球学习型城市网络等多边合作网络,不断提升全球治理参与能力。创新推进国际合作中心、广州国际交流合作基金会、驻海外联络机构的建设与运营,用好"走出去"企业外事联络员机制,时机成熟时探索成立广州市民间组织国际交流合作联盟。深入开展民间外交,持续做好新时代"侨务"工作。

(四)提升城市形象吸引力,推动中外文明交流互鉴

积极把握中外建交、友城结好纪念等时间节点,策划主题文化交流活动,全面提升城市软实力,加快推动海丝联合申遗。做强"广州故事会""广州文化周""广州国际友城艺术团""丝路花语"等文化品牌,推动岭南优秀传统文化融汇湾区、走向世界。加大文商旅融合力度,建设粤港澳大湾区城市旅游联盟,擦亮"一城二都三中心"城市名片。以十五运为牵引,精心举办国际赛事活动,实现"观赛—购物—投资"链条化导流,盘活体育消费。争取高规格国际性青年交流活动落地广州,鼓励广州市青少年以各

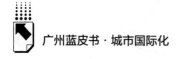
种形式开展对外友好对话。以分享城市治理创新经验为切入点，开展面向更多发展中国家的人员培训，实现以广州实践印证中国经验、以广州智慧丰富中国道理。深化主流媒体国际传播机制改革创新，充分用好"外脑、外嘴、外笔"，健全立体化海外传播矩阵。

（五）夯实全球枢纽支撑力，建设全球活力城市

建设综合性国际交通枢纽，畅通对外综合运输通道，强化枢纽门户对区域经济的辐射带动作用。加大力度推进国际航运枢纽建设，打造国际海事服务产业集聚区，推动国际海事组织设立分支机构。积极发挥"一带一路"律师联盟广州代表处、广州国际商贸商事调解中心等优质法律服务机构平台作用，深化国际商事仲裁中心试点，打造涉外法治人才培养高地。深入实施"城市合伙人"计划，优化完善在穗国际人士管理服务，扎实推进国际化街区、国际化语言环境建设。持续举办广州地区中外友人运动会等活动，为国内外居民搭建友好之桥，久久为功打造民间对外交往经典品牌。

参考文献

鲍雨、伍庆：《中国式现代化与广州建设国际交往中心城市建设》，中山大学出版社，2024。

清华大学中国发展规划研究院、德勤中国国际交往中心研究院：《国际交往中心城市指数》，2024。

刘波主编《北京国际交往中心发展报告（2023～2024）》，社会科学文献出版社，2024。

B.5
广州提升城市品牌形象国际影响力的发展战略

伍 庆 潘其胜 胡泓媛 伍霭云*

摘 要: 分析国内比较有代表性的五大城市品牌形象国际影响力指数评价发现,北京、上海位居第1梯队,广州稳居第2梯队前列。总体而言,广州城市品牌形象国际影响力与城市综合实力相匹配,全球城市指数评价排名好于国内城市品牌形象国际影响力指数评价排名,表明广州城市发展水平和城市能级尚未得到充分传播和展现,也进一步说明广州在城市品牌营销能力方面存在短板。要加快制定与广州城市能级相适应的城市品牌营销策略,加强城市国际传播能力建设,塑造城市品牌形象,大幅提升城市的国际影响力。当前要抓住城市品牌形象国际传播的核心要素、主要动力和关键环节,以锚定目标、对标先进、搭建平台、畅通渠道、创新内容为抓手,打造国际窗口、凝聚多方共识、打造聚合旗舰、建立多元矩阵、激发众创活力,构建具有广州特点、中国特色、国际风范的国际传播格局,提升城市品牌国际形象的辨识度、显示度、美誉度、通达度、知名度,讲好中国故事、广州故事,塑造城市品牌,提升城市魅力。

关键词: 城市品牌 国际传播 广州

---

* 伍庆,博士,广州市社会科学院副院长、研究员,研究方向为全球城市、国际交往;潘其胜,广州市发展与改革研究中心主任,研究方向为产业经济和科技创新;胡泓媛,广州市社会科学院城市国际化研究所副研究员,研究方向为城市国际化、城市国际传播、文化贸易;伍霭云,广州城市智库咨询有限公司助理研究员,研究方向为品牌传播。

一 城市品牌形象国际影响力研究及广州表现

国内多家研究机构围绕城市品牌形象国际影响力开展评估，形成系列评估报告，主要包括中国外文出版发行事业局下属单位当代中国与世界研究院的《中国城市国际形象评估报告》、参考消息报社的《中国城市海外影响力分析报告》、中国社会科学院财经战略研究院的《中国城市品牌影响力报告》、浙江大学传媒与国际文化学院的《中国城市国际传播影响力指数报告》和北京师范大学新闻传播学院的《中国城市海外网络传播力建设报告》等。从以上五大评估排名结果看，北京、上海位居第 1 梯队，广州稳居第 2 梯队前列，五大评估结果全部排名前 10，其中两项位列第 4、一项第 5、一项第 7、一项第 8（见表 1）。总体而言，广州城市品牌形象国际传播水平与城市综合实力和国际影响力相匹配。

表 1 中国主要城市国际形象评估前 10 的城市

序号	《中国城市国际形象评估报告》	《中国城市海外影响力分析报告（2023）》	《中国城市品牌影响力报告（2023）》	《中国城市国际传播影响力指数报告（2023）》	《2023 中国城市海外网络传播力建设报告》
1	北京	北京	北京	北京	上海
2	上海	上海	上海	上海	北京
3	重庆	深圳	杭州	杭州	杭州
4	广州	广州	重庆	重庆	深圳
5	武汉	成都	广州	西安	重庆
6	杭州	杭州	成都	成都	武汉
7	成都	武汉	天津	广州	成都
8	南京	南京	西安	深圳	广州
9	青岛	苏州	南京	青岛	韶关
10	宁波	西安	武汉	武汉	天津

注：本表统计内容未涉及港澳台。

（一）中国城市国际形象指数

中国城市国际形象指数由中国外文出版发行事业局下属单位当代中国与世界研究院发布，在十余年"中国国家形象全球调查"跟踪研究基础上，聚焦中国城市对中国话语和中国叙事体系的承载能力，基于数据挖掘、信息检索、数据建模等量化方法和文本分析而构建，从海外新媒体矩阵传播力、城市海外传播网站建设、城市国际朋友圈建设、国际媒体舆论影响力、海外网民关注热度等5个维度，对全国337座城市进行综合评估。广州总排名第4。在5个维度中，广州海外网民关注热度排名第4，国际媒体舆论影响力排名第5，城市海外传播网站建设排名第6，海外新媒体矩阵传播力排名第8，城市国际朋友圈建设排名第9。由于广州的国际友城已达到较大规模，新增速度放缓影响排名表现。《中国城市国际形象评估报告》指标体系以研判中国城市形象对国家形象塑造和传播的承载能力为导向，评估结果显示，广州受海外关注度较高，但叙事（"制造话题"）能力、新媒体传播力仍亟待提升。

（二）中国城市海外影响力指数

参考消息报社自2020年起开展中国城市海外影响力分析研究，《中国城市海外影响力分析报告（2023）》为第四次发布。该报告选取40个中国城市为样本，对其海外影响力关键要素进行系统分析，更全面地评估城市对海外政、商、文教、游客、网民等各个层次受众的影响，为中国城市群绘制海外传播画像、拓展海外传播空间、开展海外传播实践提供数据支撑。指标体系分为城市海外交往连接度、海外媒体呈现度、海外网络关注度、海外旅游美誉度和海外智库热评度等5个维度。广州总排名第4。在各分项排名中，城市海外旅游美誉度排名第3，其中旅游评价指标排名第1，反映了广州在海外游客中拥有良好口碑；城市海外媒体呈现度排名第4，其报道总量同比有近万篇的增幅；城市海外智库热评度排名第4；城市海外交往连接度排名第5；城市海外网络关注度排名第5，其中海外网络关注地区分布（新闻网站）指数指标排名第5、海外网络关注触达效果（社交媒体）指数指标排名第9。《中国城市海外影响力分析报告》指标体系旨在全面评估城市对海外各个层次受众的影响，评估结果显示，广州是一座来过就心心念念的城市，在"双向"信息交流、互动分享的智库热评度和交往连接度上较为占优，但在海外社交传播等渠道方面有所欠缺。

（三）中国城市品牌影响力指数

中国社会科学院财经战略研究院自2009年起推出城市营销发展指数（CMI），随着指标体系的优化调整，2016年起更名为城市品牌发展指数（CBDI），2021年起进一步更名为城市品牌影响力指数（CBII）。城市品牌影响力指数以城市品牌对城市高质量发展的贡献度为视角，围绕游客、市民、投资者和企业等需求的实现程度构建城市品牌影响力指数，并对288个样本城市进行测评。指标体系分为城市文化品牌、城市旅游品牌、城市投资品牌、城市宜居品牌和城市品牌传播等5个维度，综合评估国内288个城市的品牌影响力。广州总排名第5。在5个维度中，城市投资品牌和城市宜居品牌均排名第3，城市文化品牌排名第6，城市品牌传播排名第8，城市旅游品牌排名第12。《中国城市品牌影响力报告》侧重评估城市品牌对城市自身发展的服务能力，评估结果显示，广州城市旅游品牌和城市品牌传播对城市发展的贡献度有待提升。

（四）中国城市国际传播影响力指数

浙江大学传媒与国际文化学院自2018年起开展中国城市国际传播影响力指数研究，《中国城市国际传播影响力指数报告（2023）》为该项研究的第四次成果发布。该报告选取36座样本城市，评估城市各类国际传播渠道建设状况。以网络传播影响力、媒体报道影响力、社交媒体影响力、搜索引擎影响力、国际访客影响力等5个基本维度为一级指标，下设12个二级指标和29个三级指标。广州总排名第7。在5个维度中，城市搜索引擎影响力和城市国际访客影响力均排名第3，城市媒体报道影响力和城市社交媒体影响力均排名第6，城市网络传播影响力未进入前10。综上，广州的各类国际传播渠道建设效果有显著差异。

（五）中国城市海外网络传播力指数

北京师范大学新闻传播学院自2014年起开展"中国海外网络传播力建设"的研究，中国城市海外网络传播力是其中的重要组成部分。中国城市海外网络传播力指数围绕Google News传播力、X（Twitter）传播力、Facebook传播力、YouTube传播力、TikTok传播力以及ChatGPT传播力6个维度，综合评估全国337个城市（不含港澳台）海外网络传播力。广州总排名第8。在6个维度中，X（Twitter）传播力排名第3，ChatGPT传播力排名第4，Google News传播力排名第5，YouTube传播力排名第10（自然风光突出的旅游城市此项排名较高），Facebook传播力和TikTok传播力排名未进入全国前10。近年来，广州海外网络传播力建设，尤其是在国际传播渠道建设方面与北京、上海等先进城市的差距仍较大。

二 广州城市品牌形象国际传播的优劣势分析

总体上看，广州城市品牌形象的国际呈现、传播水平与广州经济社会发展的整体实力大致匹配，城市整体海外影响力较强，排名靠前，但是广州城市品牌形象存在多维呈现不够、传播渠道相对单一、传播力有待提升等问题，需要通过精准化定位、精品化设计、精细化管理，统筹加以解决。

（一）从传播内容看：商贸中心标识特征突出，但城市形象多维优势有待充分展现

通过对各评估报告中关于国际舆论的话题、词频进行分析发现，广州商贸、创新和岭南文化等方面资讯受关注度高，尤其是在贸易和经济发展方面（见表2）。得益于广交会等一大批国际知名的品牌展会，广州持续接待世界外商到访，自然而然形成相关的贸易环境、商旅信息等国际热搜和话题流

量。YouTube博主创作的广州服装街淘货攻略等视频，增添了城市形象的烟火气和趣味性。与品牌展会相关的产业发展状况，如时尚产业、消费电子、航空航天等产业相关话题保持较高的传播热度。商贸中心形象过于突出也反映了广州城市形象的局限性。作为综合性门户城市，广州的城市发展优势是多维度的，但在引领未来发展方向的科技创新形象等方面着墨较少，文旅形象呈现仅仅停留在饮食、景观等浅表层面，岭南文化传承与创新的传播相对有限。如广州在《中国城市海外影响力分析报告（2023）》二级指标"文化连接度"中排名第10，与整体排名偏差较大。

表2　四项评估提及的广州形象特征

报告名称	高频词	事件	话题
《中国城市国际形象评估报告》	广交会、友城"百城+"计划	2024年第135届广交会	创新科技、繁荣经济和独特的岭南文化
《中国城市海外影响力分析报告（2023）》	专利、商标、发明、航班、社交媒体等	中国式现代化的"南沙故事"	粤港澳大湾区之声，商业新闻、公司活动与管理，消费产品、电子产品，时尚服饰、餐饮、国防与航空等产业的发展则体现这座城市丰富的产业落点
《中国城市国际传播影响力指数报告（2023）》	贸易	—	全球贸易和国际关系中地位显著，故展现出较强的互联网搜索影响力
《2023中国城市海外网络传播力建设报告》	创新开放、中西文化交融	广交会	在Google News平台的新闻中，大多描述了广州积极召开科技会议、博览会等，吸引外国企业，开展国际合作，促进经济繁荣。YouTube视频内容则展现了广州的美食、音乐、建筑等景观，传统与现代碰撞，中西合璧风格

（二）从传播渠道看：主流媒体声望较高，社交媒体渠道有待拓展

在城市品牌形象的国际传播渠道中，国际主流媒体报道以及自建网络传播主体两种渠道的传播信息量较大，是城市国际形象传播主渠道。广州的国际主流媒体关注度与城市整体实力基本匹配，主流媒体排名在第4~6（见

表3）。近年来，广州国际交往载体质量、国际服务水平、国际影响力稳步提升，城市品牌形象塑造能力不断增强，尤其是大湾区（南沙）国际传播中心的建立，大大提高了广州国际媒体服务水平，有助于提升城市品牌形象的国际传播力。近年来，广州自建网站国际传播效率有所提升，市商务局、市文化广电旅游局均建有英文网站，用于推广城市形象、营商环境和文旅信息。同时，广州在各大海外社交媒体创建了账号群，但社交媒体的传播影响力显著低于整体传播水平，也远远低于重庆、杭州、成都等城市，海外网络社交媒体排名靠后，主要原因是广州海外社交媒体官方账号粉丝量、互动量少，影响力较小。

表3　五大评估反映的广州国际传播渠道建设情况

报告名称	整体排名	主流媒体	自建网站	社交媒体
《中国城市国际形象评估报告》	4	国际媒体舆论影响力排名第5	海外传播网站建设排名第6	海外新媒体矩阵传播力排名第8
《中国城市海外影响力分析报告（2023）》	4	海外媒体呈现度排名第4	新闻网站指数排名第5	社交媒体指标排名第7
《中国城市品牌影响力报告（2023）》	5	品牌传播影响力排名第8		
《中国城市国际传播影响力指数报告（2023）》	7	媒体报道影响力排名第6	—	城市网络传播影响力排名未入前10
《2023中国城市海外网络传播力建设报告》	8	Google News传播力排名第5	—	X传播力排名第3，ChatGPT传播力排名第4，YouTube传播力排名第10，Facebook传播力、TikTok传播力排名未入前10

（三）从传播效果看：城市整体影响力较强，但城市形象对国家形象的承载力有待加强

广州在网络传播渠道建设评估中表现欠佳，但实际传播效果较好。网民

主动搜索量、国际访客评价、精英人群关注度等指标显示：国际社会对广州的主动关注度较高，其中网民主动搜索量排名在第3~6；国际访客评价排名在第1~3；精英人群关注度排名在第4~9（见表4）。

表4　四项评估反映的广州国际传播效果

报告名称	整体排名	网民主动搜索量	国际访客评价	精英人群关注度
《中国城市国际形象评估报告》	4	海外网民关注热度排名第4	——	城市国际朋友圈建设排名第9
《中国城市海外影响力分析报告（2023）》	4	海外网民主动搜索度指标排名第6	旅游评价指标排名第1	海外交往连接度排名第5，海外智库热评度排名第4
《中国城市品牌影响力报告（2021）》	6	城市品牌"软实力"因素（基于指标中涉舆情、口碑、网络数据）排名第4		
《中国城市国际传播影响力指数报告（2023）》	7	搜索引擎影响力排名第3	国际访客影响力排名第3	

注：《中国城市品牌影响力报告（2023）》本项细分数据尚未公开，采用已公开的2021年数据比较；《2023中国城市海外网络传播力建设报告》未设传播效果维度的指标。

习近平主席在广州与法国总统马克龙进行非正式会晤时，以广州发展的历史轨迹为例向世界阐释中国式现代化，确立了广州作为中国式现代化代表城市的地位。从这一使命高度审视，广州国际传播能力建设仍有较大的进步空间，尤其在充分利用数字化、新媒体传播渠道，将文化、科技、商旅等领域的产业优势、技术优势、人才优势转化为城市品牌形象内容输出方面有待加强。当前国际传播场上呈现的广州城市品牌形象，还不能全面体现中国式现代化的特征，与讲好中国故事的要求仍存在较大差距。

三　先进城市品牌形象国际传播的经验借鉴

从国内城市经验看，不同城市基于资源禀赋和比较优势，围绕提升城市核心竞争力、精心打造传播内容、创新传播手段，形成相对固定的传播模式，对广州城市品牌形象塑造和国际传播具有重要借鉴价值。

（一）上海：资源共享平台带动模式

上海凭借数字化众创型平台建设，提升国际传播主体力量的参与度。上海作为中国经济实力最强的城市之一，在国际联系和国际传播上有着先天优势。上海通过打造资源共享数字平台，最大限度激发传播主体活力，彻底改变城市品牌形象传播由宣传部门单打独斗的窘境，汇聚讲好中国式现代化上海故事的传播合力。2021 年上海推出城市形象资源共享平台——IP SHANGHAI（www.ipshanghai.cn），这是国内首个广泛汇聚政府、媒体和社会创作资源，服务城市形象国际传播的资源共享平台。IP SHANGHAI 汇聚上海风土人情和时事热点的大量图文、音视频素材，供所有内容创作者下载、再创作及再发布。这一做法有效突出了上海形象视觉表达的主线并提升了内容质量，以素材供给等方式解决了城市形象仅依靠社会力量导致的传播分散、叙事零散等问题；以社群运营激发大众创作和民间叙事活力，探索众创型资源共享模式，壮大国际传播社群力量。推出"Z 世代在上海""上海：无限可能""机遇上海"等重大国际传播项目，发起"城市摄影大赛""SHANGHAI IN MY MIND"等系列主题活动，吸引 3 万名专业创作者、820 余家机构用户入驻，海外账号运营一年粉丝超过 60 万，触达海外账号数 6500 万。

（二）重庆：国际传播生态培育模式

重庆凭借构建城市国际传播业态生态圈，提升城市品牌形象的国际传播显示度。重庆外向型经济基础虽不及一线城市，但近年来通过大胆创新构建国际传播矩阵，城市国际传播能力大幅跃升。2018 年以来重庆逐步建构国际传播"1331"功能集群，形成城市国际传播业态生态圈。"1331"功能集群具体包括：1 个核心枢纽——西部国际传播中心（原重庆国际传播中心）；3 个融合型品牌——iChongqing 海外传播平台、Bridging News 陆海财经英文客户端、重庆国际新闻中心全球媒体服务平台；3个国际化机构——国际公关机构（重庆市对外文化交流协会）、国际公益机构（重庆陆海国际传播公益基金会）、国际文化机构（陆海书局）；1个国际传播产业孵化园区——重庆国际传播产业园。该集群搭建起从公益活动组织，到活动新闻传播，再到文化产品创作、出口等一体多元的国际综合传播架构。重庆国际传播产业园引入人权法治智库机构探索对外话语体系突破，引入联合国理事特别咨商地位单位加强文化输出，开展国际公益活动促进民间交往。拓展"外交使节+国际政要+KOL+国际组织+国际名城"多层次宽领域朋友圈，在重大活动节点，联动驻外使领馆、当地媒体、省市外宣旗舰号、文化团体以及亲华友华海外人士，打通海外媒体社交传播渠道，形成传播合力。

（三）杭州：重要活动助推模式

杭州凭借举办亚运会等重大国际活动，提升城市品牌形象国际传播的关注度。重大国际活动始终是国际关注的热点，也是城市形象国际传播的有效载体。近两年，杭州国际形象指数排名的快速上升与亚运会引发的新闻热度密不可分。杭州以科技产业蓬勃发展著称，凭借阿里巴巴等知名企业成为全球数字科技重要节点城市。借助亚运会的宣传推广，杭州成功将诗画江南、西湖美景等传统意象与现代科技融合，打造智慧宜居之城的形象。数字技术直接或间接融入亚运会各个方面，如电子竞技项目纳入正式比赛、开幕式上的数字人和数字烟花、比赛和生活场景中的数字化基础设施等。杭州人工智能应用成功吸引运动员、记者、技术官员以及体育爱好者主动向世界分享、展示和传播杭州科技动感的城市形象，杭州国际数创中心城市品牌逐渐形成。法新社在报道杭州亚运会时提到，"从自动灭虫器到机器人钢琴师，再到无人驾驶冰淇淋车，机器统治着世界——至少在中国亚运会上是如此"。

（四）成都：城市发展战略推动模式

成都以城市发展战略推动城市品牌形象国际传播，提升城市魅力，凝聚民众共识，进而加快推进城市创新发展，两者形成良好互动、互促互进的格局。在城市品牌塑造方面，成都立足"国家中心城市、美丽宜居公园城市、世界文化名城、国际门户枢纽城市"的发展定位，持续开展"三城三都"（世界文创名城、旅游名城、赛事名城和国际美食之都、音乐之都、会展之都）建设。通过城市品牌与产业联动，内做文化外做营销，激活城市国际传播对城市经济发展的辐射带动效应。探索城市国际传播体制机制，构建内外联通的传播平台；打通现有的体制障碍与行政壁垒，整合文化、旅游、商务资源，协作开展形象传播工作，实现对外文化交流一盘棋；统筹引导企业、高校、社会团体、海外机构为展示宣传成都发声；加强与中央、区域涉外媒体的联络互动，与世界知名专家、高校、智库建立合作关系，扩大国内外媒体朋友圈，形成上下联动、内外合力的国际传播格局。

四　提升广州城市品牌形象国际影响力的对策建议

提升广州城市品牌形象国际影响力是一项系统工程，需要统筹谋划、系统推进、久久为功。当前要抓住城市品牌形象国际传播的核心要素、主要动力和关键环节，以锚定目标、对标先进、搭建平台、畅通渠道、创新内容为抓手，打造国际窗口、凝聚多方共识、打造聚合旗舰、建立多元矩阵、激发众创活力，构建具有广州特点、中国特色、国际风范的国际传播格局，提升城市品牌国际形象的辨识度、显示度、美誉度、通达度、知名度，讲好中国故事、广州故事，塑造城市品牌，提升城市魅力。

（一）锚定目标，打造读懂中国式现代化的国际窗口

根据《广州面向 2049 的城市发展战略规划》提出的建设出新出彩的中心型世界城市总体愿景，对应体现中国式现代化的五大特征，构建广州城市品牌形象目标体系：突出超大城市治理体系实践，讲好人口规模巨大的国情故事；突出打造城乡融合发展典范，讲好全体人民共同富裕的故事；突出岭南文化传承和人文湾区建设，讲好物质文明和精神文明协调发展的故事；突

出绿美广州建设和推动山水林田湖草沙可持续发展，讲好人与自然和谐共生的生态文明建设故事；突出国际交往友好，讲好中国和平发展的故事。全面呈现中国式现代化时代主题，让国际社会从广州城市品牌形象中读懂中国式现代化的蓬勃生机和中华文明的旺盛活力。

（二）对标先进，凝聚共创城市品牌形象的多方共识

站在城市发展战略的高度有针对性地统筹工作、凝聚共识，是提升城市品牌形象国际影响力的根本路径。优化配置城市国际交往与传播资源，整合外宣、外事、招商、文旅等部门资源力量，加快构建全市统一、协调高效、上下联动的城市国际传播工作机制。制定市对外传播资源共享目录，促进各领域、各部门共享传播素材、共商传播策略、共创传播优势、共建传播链条，实现资源整合、优势互补，提升城市国际交往和国际形象传播能力。加强与境内外城市或区域的非政府组织、独立研究机构、智库等的交流合作，借助第三方资源打造城市品牌国际传播平台与渠道。

（三）搭建平台，打造统筹海内外传播资源的聚合旗舰

借鉴重庆等城市经验，以地方国际传播中心为核心枢纽推动建立政府—社会国际传播联动机制，整合对外交流和传播渠道资源，打造统筹海内外传播资源的聚合旗舰。建议设立广州国际传播中心，通过整合各级传媒集团、广电集团、出版集团、文投集团等国企，共建国际传播中心，汇聚国际传播的媒体、公关、文化交流、影视、出版发行、品牌营销、数字文化等各方资源，构建多维跨界的国际传播生态。或将大湾区（南沙）国际传播中心的发展定位由媒体服务保障机构提升为国际传播资源聚合平台。借鉴上海城市形象资源共享平台 IP SHANGHAI 经验，全力打造 CANTON IP。运用 5G、大数据、云计算、人工智能等技术，搭建全球可接入的城市国际形象传播资源共享平台，构建传播内容采集处理共享、传播线索交互对接、传播素材供应和多语种智能翻译等一站式综合性的线上支持系统，提升城市品牌形象创作便利性。

（四）畅通渠道，建立国内外主流媒体的多元矩阵

当前媒体运作大多采用市场推广和内容生产"两条腿走路"。借鉴重庆等地国际传播网络培育的经验，协调国家级、省级主流媒体，加大涉穗形象新闻的正面报道与传播力度，鼓励自媒体、新型社交媒体平台的 UGC 用户以生动的形式传播广州的国际形象。加强与中央媒体、港澳媒体、海外华文媒体、国际主流媒体记者群体的联系，完善新闻内容供给机制。举办或参与"世界媒体峰会""中国（广州）国际纪录片节"等国际性活动，加强与全球媒体的交流合作。通过搭建新闻媒体服务平台、组织记者开展采风活动等方式汇聚记者资源，建立并壮大国内外记者人才库，完善新闻线索素材常态化供给机制。探索建立以发稿量、传播量为标准的记者发稿激励机制，提升广州在媒体新闻中的关注度。

（五）创新内容，激发海外社交媒体传播的众创活力

海外社交媒体在跨地域传播中的作用日益显著，是广州必须重视培育的传播渠道。将 CANTON IP 平台面向社会开放，提高为个人传播产品创作的服务能力，鼓励自媒体人、跨境电商主播、留学生、文化创作单位、出海企业乃至高校、智库学者参与城市形象传播产品的创作和发稿，壮大国际传播社群力量。发掘境外公众认知层面具有认同度与亲和力的本土知名人物，作为城市品牌国际传播的形象代言人（如姚明之于上海），以放大晕轮效应。策划城市传播的热点事件和热点话题，提升城市热度，比如利用中法建交60周年以及巴黎奥运会契机，策划"珠江遇到塞纳河的故事"等系列主题活动，提升广州城市品牌国际知名度。

参考文献

当代中国与世界研究院：《中国城市国际形象评估报告》，2024 年 6 月。

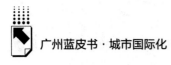

参考消息报社：《中国城市海外影响力分析报告（2023）》，2024年1月。

中国社会科学院财经战略研究院：《中国城市品牌影响力报告（2023）》，2023年12月。

北京师范大学新闻传播学院：《2023中国城市海外网络传播力建设报告》，2024年1月。

韦路、陈俊鹏：《2023中国城市国际传播影响力指数报告》，《对外传播》2024年第2期。

国际经贸篇

B.6
广州抢占全球人工智能创新高地的路径研究

张 琳 金俊渊*

摘 要： 放眼全球，人工智能呈现前所未有的创新活力和竞争态势。广州正全面加速推动国家新一代人工智能创新发展试验区和国家人工智能创新应用先导区建设，丰富拓展人工智能服务新场景，推进人工智能产业高质量发展。本报告在全球人工智能快速发展的背景下，提炼了国内外人工智能发展标杆城市的特色做法，重点聚焦广州人工智能产业的比较优势与关键挑战。在此基础上，提出了广州抢占人工智能创新高地的建设思路，强调通过构建"立体化生态协同、场景化生态培育和全球化生态链接"三位一体生态战略，以推动广州抢占全球人工智能创新高地，建设成为全球人工智能生态建设标杆城市。

---

* 张琳，博士，广州市社会科学院城市国际化研究所助理研究员，研究方向为城市国际化与区域发展；金俊渊，博士，韩中科技合作中心、韩国科技部软件政策研究所首席代表，汉阳大学客座教授，研究方向为尖端科技发展、国家技术赶超战略。

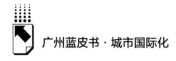
关键词： 人工智能　全球创新高地　广州

人工智能作为新一轮科技革命和产业变革的重要驱动力量，在全球科技和产业竞争中有着重要的战略地位。广州市紧跟国家发展战略和产业转型机遇，在2025年召开的高质量发展大会上提出，要以"12218"现代化产业体系有力支撑高质量发展，并将人工智能列为战略先导产业，加快建设更具国际竞争力的现代化产业体系，打造发展新质生产力的重要阵地。本报告结合全球人工智能产业发展概况，系统分析广州的产业优势和不足，并从生态协同、生态培育和生态链接等方面提出相应的对策建议，从而有效应对全球人工智能领域的激烈竞争，加速广州向全球人工智能创新高地的目标迈进。

一　全球人工智能产业发展概况

目前，全球人工智能发展迅速，生成式人工智能、多模态人工智能、智能算力等关键技术不断突破，人工智能已广泛渗透到医疗、教育、金融、制造业等关键领域，推动市场规模不断扩大、应用场景持续拓展。同时，不同国家和地区基于资源禀赋与战略目标，形成了差异化的布局模式，技术路径与产业生态的分化愈加显著。当前全球人工智能发展呈现技术突破加速、应用场景深化、治理框架重构与生态竞合交织的复合趋势。

（一）全球布局迅速展开，区域生态明显分化

2024年12月，由波士顿咨询集团（BCG）发布的《人工智能成熟度矩阵》显示，在全球73个接受评估的国家和地区中，"人工智能先驱"分别为加拿大、中国、新加坡、英国和美国，韩国、法国、德国、以色列、日本等23个国家和地区被列为"人工智能稳定竞争者"。整体来看，人工智能发展的主要区域集中在东亚、北美洲、欧洲和大洋洲。同时，不同国家和地区基于自身禀赋，在人工智能产业发展中形成了差异化的布局和代表性的模

式（见表1）。具体而言，美国通过"星门计划"构建"算力霸权"，强化闭源技术壁垒，在人工智能芯片、算法研发等核心领域占据领先地位。欧盟则注重人工智能技术的伦理规范和可持续发展，在制定人工智能道德准则和监管框架方面走在世界前列，为人工智能技术的健康发展提供了重要的制度保障。中国以庞大的市场需求和丰富的数据资源为依托，在人工智能应用场景和开源模型方面表现突出，并通过实施"东数西算"工程优化算力布局、降低碳排放强度，为全球可持续发展提供了重要实践范例。日韩则以在半导体、电子、机器人等硬件方面的优势突围，注重技术积累和伦理规范。多智能体系统与自主学习技术的突破，标志着人工智能从工具向协作伙伴演进，并推动区域智能生态实现跃迁；但其潜在的失控风险，亟须通过构建跨域治理框架加以应对。

表1 全球人工智能发展主要模式对比分析

代表模式	核心目标	优势	挑战
美国"星门计划"模式	技术标准与规则主导权	企业主导创新、全球化布局	监管分歧与地缘政治风险
欧盟"可信人工智能"模式	规则输出与伦理优先	风险分级监管与数据主权保护	企业创新成本上升，商业化效率低
中国"东数西算"模式	资源优化与区域协同发展	国家统筹、成本与可持续性优势	东西部技术转化与场景落地能力差异、合规问题
日韩模式	硬件层面突围	精密制造领先、社会信任与伦理规范	生态协同不足

资料来源：笔者根据各国发展情况归纳整理。

（二）关键技术加速迭代，创新能力持续升级

2025年全球人工智能技术呈现爆发式增长，核心体现在大模型能力的指数级提升与多模态融合的深化。中国科学技术信息研究所和北京大学联合发布的《2023年全球人工智能创新指数报告》显示，美国在人工智能领域以74.71分位居世界第一，中国以52.69分位居第二（见表2），其中固定宽带用

户数、PISA 测试成绩、人工智能顶级论文数量、国内市场规模、国际合作论文数量等 5 个指标中，中国位居世界第一。

表 2　2023 年全球人工智能创新指数 TOP10 一级指标

国家（创新指数）	基础设施	创新资源与环境	研发	工业与应用	国际合作
美国（74.71）	1	1	1	1	1
中国（52.69）	2	2	2	2	2
英国（37.93）	11	4	10	3	3
日本（34.42）	12	7	4	11	4
新加坡（33.84）	4	3	7	21	14
韩国（33.11）	21	8	3	17	6
加拿大（32.38）	3	10	15	5	11
德国（32.32）	9	11	13	4	7
法国（31.73）	6	9	25	6	5
荷兰（30.7）	7	16	11	9	10

资料来源：韩中科技合作中心，https://www.kostec.re.kr/sub0101/view/id/38124#u。

就细分领域而言，美国企业领跑算力投入，如马斯克旗下 xAI 发布的 Grok 3 模型，使用 20 万个 GPU 进行训练，计算能力较前代提升 10 倍，并在数学、科学和编程领域超越主流模型。中国深度求索公司推出的 DeepSeek-R1，通过纯深度学习提升高性价比推理能力，成为全球开源生态的重要参与者。另外，在多模态与垂直应用方面持续更新，谷歌的"双子座 2.0"系列模型通过增强多模态推理和编码性能，推动人工智能从文本向图像、视频等复杂场景渗透。法国米斯特拉尔公司发布的 Le Chat 助手，以每秒 1000 个单词的生成速度革新交互效率。与此同时，生成式人工智能的能耗问题凸显，GPT-4 级模型单次训练耗电超 1000 兆瓦时，推动绿色算力需求激增。

（三）市场规模持续扩大，行业应用走深向实

弈赫市场咨询的报告数据显示，2024 年全球人工智能市场规模约为

1364.5 亿美元，到 2033 年将达到 3289.3 亿美元，2024~2033 年的复合年增长率（CAGR）为 10.27%。应用层面，人工智能加速向实体经济渗透，生命科学、智能制造、金融等领域效率显著提升。美国拥有完善的人工智能产业生态，从芯片制造、算法研发到应用开发，各环节协同发展，凭借强大的技术实力和资金优势，在全球市场占据主导地位。中国人工智能产业发展迅速，企业数量众多，市场规模庞大，特斯拉 Dojo 超算与广汽、小鹏的垂直整合案例，推动车载数据闭环与制造流程优化，形成"硬件—算法—场景"协同范式。DeepSeek 的出现推动了中国人工智能产业生态的完善，吸引更多企业围绕其开源模型进行二次开发，促进了企业间的合作与交流。然而，技术扩散和行业应用加剧社会冲击，失业风险与数字鸿沟扩大成为隐忧。

（四）全球治理引发关注，区域规则持续推出

人工智能的全球治理已成为国际社会关注的重要议题，不同国家和地区呈现多样化的规则输出模式，欧盟的严格监管、美国的产业导向与中国的包容倡议形成多元格局。欧盟率先推出全球首部全面监管人工智能的《人工智能法案》，根据风险等级对人工智能应用进行分类管理，然而，该法案存在成员国规则协调困难、过度监管可能抑制创新等问题。英国采取温和的监管路径，计划通过立法平衡发展与安全，并对人工智能模型训练的版权法提出例外规定。美国尚未建立联邦层面的统一立法，而是通过州级法规拼凑监管框架，其政策以产业利益为导向，避免过度干预影响创新发展。中国主张包容性治理，通过国内规范、国际倡议和技术输出积极参与规则制定。国内规范方面，发布《生成式人工智能服务管理暂行办法》对生成式人工智能服务的提供与使用作出规范；国际倡议方面，通过《人工智能全球治理上海宣言》呼吁联合国主导治理，支持发展中国家参与规则制定，为世界提供基于人类命运共同体理念的人工智能治理新视角。实践角度，开源模型 DeepSeek-R1 以低成本和高性能推动技术普惠，成为全球治理的实践范例。但是，目前全球人工智能治理呈现"区域规则先行、国际合作滞后"的特点，治理矛盾争议主要围绕技术垄断与公平性、安全与发展的平衡以及版权

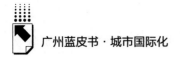

和数据伦理的挑战。

总体来看,全球人工智能竞争已从单一技术维度扩展至技术迭代、应用场景、伦理治理、产业生态等复合生态体系博弈,多元融合与加速演进趋势明显。开源协作、绿色算力与伦理治理或成破局关键,而国际合作的深度将决定技术红利能否转化为包容性增长。因此,如何在竞争与合作间寻求平衡、构建良性的人工智能创新生态,将成为全球人工智能发展的关键变量。

二 国内外人工智能发展标杆城市的特色做法

城市作为创新要素集聚的核心载体,其发展模式深刻影响技术演进与产业格局。综观国内外标杆城市,纽约、伦敦、东京、首尔等国际都市依托资本、规则与数据优势抢占技术制高点,北京、上海、杭州、深圳等中国城市则以场景开放与产业协同实现差异化突围(见表3)。解析其特色实践,一方面可以挖掘全球人工智能竞争从"技术霸权"向"生态主权"迁移的深层逻辑,另一方面可以为广州人工智能产业发展提供路径参考。

以上人工智能发展标杆城市的共性在于,通过政策杠杆撬动多方资源协同,最终形成技术突破、产业升级与城市发展的共振效应,具体而言,包括全链条生态构建、应用场景驱动、智慧城市融合和国际治理合作四个方面。

(一)全链条生态构建——打通"基础研究—产业转化—场景落地"闭环

通过整合高校、科研机构与产业资源,构建从基础研究到产业落地的完整链条,辅以算力基建与场景开放政策,形成技术研发与商业转化的正向循环。北京依托中科院、清华等顶尖科研机构,构建"基础算法—开源框架—行业应用"全链条产业体系,备案上线大模型105款,并开放政务、医疗等公共场景推动技术转化,如"北京通"智能问答系统。纽约集聚哥伦

表 3 国内外人工智能标杆城市发展概况

城市	政府角色	产业布局	高校资源	研究机构	应用场景	特色做法	代表案例
纽约	设立纽约人工智能行动计划，推动算法透明化立法，强调伦理治理	华尔街金融人工智能集群，IBM Watson 总部主导金融科技应用	哥伦比亚大学人工智能伦理研究中心，纽约大学数据科学学院	Facebook 人工智能研究（FAIR）、微软研究院和谷歌大脑（Google Brain）	金融风控，医疗影像诊断，智慧法庭	金融科技标杆与伦理治理结合	IBM Watson、Two Sigma（量化金融人工智能）
伦敦	实施"AI Sector Deal"国家战略，建立人工智能伦理委员会，推动跨国标准合作	Deep Mind 主导人工智能，生成欧洲最大人工智能初创孵化器	剑桥大学机器学习实验室，帝国理工学院机器人研究院	阿兰·图灵研究所国家研究院，弗朗西斯·克里克研究所生物医学人工智能中心	保险精算，药物研发，智慧博物馆	生物医疗人工智能领先，注重国际合作	Deep Mind(Alpha Fold)，Benevolent AI（药物研发）
东京	"社会5.0"战略规划，"自助管理+人工智能"智慧城市共建	丰田自动驾驶联盟，发那科工业机器人生态	东京大学松尾研究室（深度学习），早稻田人形机器人学科	RIKEN 理化学研究所，AIST 产业技术综合研究所	老龄化护理机器人，智能工厂，灾害预警	产学研结合，机器人技术突出	丰田 Toyota（自动驾驶）、发那科 FANUC（工业机器人）
首尔	元宇宙首尔基础计划，"人工智能首尔"计划建设数字孪生指挥中心	三星人工智能芯片研发，NAVER 语音识别系统	人工智能研究生院，首尔大学融合科技学院	ETRI 电子通信研究院，KIST 韩国科学技术研究院	智慧城市管理，K-pop 虚拟偶像，韩语自然语言处理	数据开放驱动文化科技融合	三星（Exynos 人工智能芯片）、NAVER（Clova 语音助手）
北京	国家新一代人工智能试验区，门头沟区设 5000 万元引导基金推动"人工智能+政务服务"	百度自动驾驶生态，字节人工智能实验室，中关村数智联盟	清华大学人工智能产业研究院，北京大学人工智能研究院	京西智合模型调优工场（大模型优化），智源研究院（大模型）	智慧政务，智能制造，人工智能算力网络	国家战略资源集中，重大工程牵引	百度（Apollo）、字节跳动（AIGC），趣丸科技（数字人平台）

续表

城市	政府角色	产业布局	高校资源	研究机构	应用场景	特色做法	代表案例
上海	张江人工智能赋能中心，上海技术交易所支持技术成果交易和转化	商汤科技视觉计算集群，特斯拉超级工厂人工智能应用	上海交通大学清源研究院，复旦大学类脑智能科学与技术研究院	上海人工智能实验室，徐汇西岸国际人工智能中心	金融风险监测，洋山港无人码头，进博会智能客服	国际化开放创新，场景驱动转化	商汤科技（Sense Time），特斯拉（智能制造）
杭州	城市大脑运营公司（国资控股），设立人工智能产业投资基金	阿里云城市人工智能中枢，海康威视智能安防生态	浙江大学CAD&CG国家重点实验室	之江实验室，浙江省北大信息技术高等研究院	交通信号优化，电商智能推荐，亚运元宇宙	民企主导创新，云智能基础设施领先	阿里巴巴（阿里云）、海康威视（智能安防）
深圳	鹏城实验室推动"中国算力网"建设，数据要素市场化改革	华为昇腾生态，腾讯优图实验室	香港中文大学（深圳）机器人与智能制造研究院	深圳湾实验室，人工智能与数字经济广东省实验室	发布"城市＋人工智能"应用场景清单	"硬件＋算法"垂直整合，快速商业化	华为（昇腾芯片）、腾讯（优图实验室）、大疆（无人机人工智能）

资料来源：笔者根据各城市公开资料归纳整理。

比亚大学人工智能伦理研究中心以及国际知名实验室，如 Facebook 人工智能研究（FAIR）、微软研究院和谷歌大脑（Google Brain）；持续打造金融风控等应用场景，如人工智能矩阵系统 IBM Watson、量化金融人工智能 Two Sigma 等，为建立更全面的人工智能生态系统提供支撑。

（二）应用场景驱动——以需求牵引技术迭代与商业化

以政府主导的场景开放清单为核心工具，将城市治理与民生需求转化为技术迭代动力，通过政策补贴、开源技术等方式降低企业试错成本和创新门槛，实现"场景定义技术"而非"技术寻找场景"，确保人工智能应用与真实需求高度契合。深圳累计发布四批《"城市+AI"应用场景清单》，涵盖近200个场景（如城市治理、公共服务），并通过"训力券"、"模型券"和场景补贴等方式降低企业研发成本。杭州培育 DeepSeek 等开源大模型企业，开展政务数据（交通、医疗）支撑模型训练。

（三）智慧城市融合——人工智能赋能精细化治理与可持续发展

将人工智能技术深度嵌入城市治理体系，通过跨部门数据整合与算法优化，实现从"经验决策"到"数据决策"的转型，其关键在于打破数据孤岛，建立动态响应机制，使城市管理更精准、更高效。深圳与上海均建立"城市大脑"，整合交通、环境、公共安全数据，通过人工智能算法优化城市运营。东京推行"自助管理+人工智能"的智慧城市共建模式，市民可自主解决城市生活问题，并在交通、环保、医疗三大领域实现精准化服务。首尔发布《元宇宙首尔五年计划》，明确打造元宇宙政务大厅，自动识别并核对个体信息，简化办理流程。

（四）国际治理合作——注重伦理原则和跨国合作

多个国际组织和国家间合作平台已开始推动人工智能治理框架的建立，强调人工智能伦理原则，倡导全球合作。伦敦实施"AI Sector Deal"国家战略，建立人工智能伦理委员会，推动跨国标准合作。上海技术交易所支持技术成果交易和转化，是国际技术转移网络和枢纽型技术交易的重要节点，并成立了徐汇西岸国际人工智能中心，集中布局以人工智能为主的头部企业、独角兽企业、瞪羚企业及生态链企业，推动人工智能产业的跨国合作。

三 广州人工智能产业的比较优势与关键挑战

（一）比较优势：从多元架构到深度融合

1. 技术创新：技术突破与人才集聚合力

广州强化算力基础设施，依托国家超算广州中心（天河二号）提供算力支持，并在天河、海珠、荔湾等区域完成 DeepSeek 大模型的本地化部署。算法层面，海珠区打造"琶洲算谷"，出台全国首个算法产业专项政策，组建算法产业联盟，吸引唯品会、云蝶科技等企业入驻，推动电商推荐算法、教育 OMO 平台等应用。南沙区则以"人工智能+虚拟电厂"项目优化能源管理，通过人工智能调度降低区域电网负荷峰值 15%。同时，广州通过"产学研用"协同模式，集聚人工智能领域的领军企业和高水平人才团队，如支持华南理工大学、中山大学与企业共建联合实验室，定向培养人工智能工程化人才。截至 2024 年，广州共有 6 家企业获批建设广东省新一代人工智能开放创新平台，数量约占全省 40%。启动力产业创新服务平台有关 2016~2024 年广州人工智能专利拥有量显示，包括发明、实用新型和外观设计等在内的专利数量在 2021~2024 年较多。其中，2022 年专利量最多，达 123 件，同比增长 30.85%；2023 年发明申请量最多，达 42 件（见图 1）。广州在关键领域和核心技术方面取得了多项重要成果。其中，广州市人工智能产业技术创新热点排名前三的关键词依次为智能机器人（386 次）、人工智能机器人（59 次）、机器人（13 次）。

2. 产业融合：场景驱动与行业赋能并举

广州聚焦"人工智能+千行百业"，以场景开放加速技术落地和产业升级。2025 年广州促进人工智能产业高质量发展交流会发布的《2024 广州人

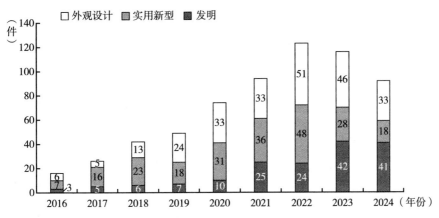

图1　2016～2024年广州人工智能专利拥有量

资料来源：企动力产业创新服务平台，www. innotop. com. cn。

工智能创新发展榜单》显示（见表4），广州在智能制造、智能交通、智慧医疗、智慧城市等领域的应用不断深化，形成了"造车健城"四条优势赛道，人工智能持续赋能产业转型发展。例如，金域医学通过自然语言处理、计算机视觉、多模态人工智能等技术，开发出宫颈细胞学人工智能辅筛、新生儿遗传代谢病辅助诊断、智慧报告解读系统等创新产品；钛动科技探索"人工智能+跨境电商"模式，利用人工智能生成内容（AIGC）生成海外营销内容，结合电商基因形成差异化优势。

表4　2024广州人工智能应用场景创新榜单

应用场景	排名榜单（TOP3）	优秀案例
"人工智能+制造"	1. 广州中望龙腾软件股份有限公司	中望All-in-One CAx数字化平台在中小企业数字化转型中的应用
	2. 广州广电五舟科技股份有限公司	五舟人工智能视觉质量检测应用
	3. 广州瑞松智能科技股份有限公司	人工智能机器人激光视觉应用场景
"人工智能+交通"	1. 广州广电运通智能科技有限公司	人工智能技术在地铁安检场景的应用
	2. 广州交信投科技股份有限公司	基于数视融合的交通运输综合治理关键技术研发与应用
	3. 中运科技股份有限公司	基于人工智能、大数据技术的新一代智慧客运信息系统应用场景

续表

应用场景	排名榜单(TOP3)	优秀案例
"人工智能+医疗"	1. 广州金域医学检验集团股份有限公司	项目咨询和报告解读智能辅助
	2. 广州柏视医疗科技有限公司	PVmed iRT 智能化放疗整体解决方案
	3. 赛维森(广州)医疗科技服务有限公司	智慧病理管理系统
"人工智能+城市"	1. 广州赛特智能科技有限公司	云南省大理州环洱海生态长廊智慧环卫示范区
	2. 广州广日电梯工业有限公司	智慧楼宇整体解决方案
	3. 广州希姆半导体科技有限公司	基于 RISC-V 开源算力的黄埔政务大模型智能体系统
"人工智能+商贸"	1. 广东奥飞数据科技股份有限公司	基于 SD-WAN 的服务贸易智算云平台
	2. 广州钛动科技股份有限公司	基于人工智能和商业智能的一站式出海服务平台
	3. 广州云智达创科技有限公司	智能短视频内容生产与精准营销系统
"人工智能+金融"	1. 广电运通集团股份有限公司	广电运通悟道知识中台
	2. 中邮消费金融有限公司	大模型技术在消费金融领域的应用建设
	3. 联通(广东)产业互联网有限公司	智慧经济大模型分析应用
"人工智能+文旅"	1. 广州趣丸网络科技有限公司	TT 语音-即时语音通讯及多模态生成技术数字音乐泛娱乐平台
	2. 广州酷狗计算机科技有限公司	结合 UGC 用户创作模式的多语种人工智能歌曲制作
	3. 广州市三川田文化科技股份有限公司	基于数字可视化技术的华南理工大学校史馆建设
"人工智能+教育"	1. 科大讯飞华南有限公司	基于生成式人工智能技术的数字化智能化教育教学工具
	2. 广州像素数据技术股份有限公司	全流程理化生实验数智化解决方案
	3. 广州云蝶科技有限公司	基于云蝶行知大模型的教研科研人工智能助手

资料来源:《2024 广州人工智能创新发展企业榜单》。

3. 政策体系:顶层设计与立法保障并重

广州以国家人工智能创新应用先导区和试验区建设为核心,围绕政策、立法、资金支撑体系为产业发展提供法治保障。广州市政府、各区相关部门等先后出台多项政策支持产业发展，重点围绕智能软硬件、算力算法和大模型等领域提出产业链优化发展策略，明确数据开放、扶持补贴、场景开放等细则，并提出相应的组织、政策、资金和监管等保障措施。南沙、黄埔、海珠和天河区先后展开区域布局，其中，黄埔区和天河区的产业链布局更为完善。

（二）关键挑战：从技术瓶颈到生态短板

1.本土生态断层：要素割裂与协同不足

广州人工智能产业虽在应用场景和硬件制造领域具备显著优势，但产业链内部存在明显的要素割裂与协同不足问题，制约了技术转化与生态闭环的形成。具体而言，尽管广州在机器人、芯片、智慧城市等领域涌现出赛特智能、杰创智能等代表性企业，但其技术研发与市场需求之间仍存在脱节。代表性企业赛特智能的医疗机器人虽已进入香港市场，但其核心传感器和控制系统仍依赖进口，本土配套产业链尚未形成闭环。此外，广州的人工智能企业多集中于应用层开发，基础层和中间层的自主能力较弱，导致技术迭代受制于人。同时，广州高校和科研机构的人工智能研究成果未能有效转化为产业生产力。黄埔区虽聚集了多家人工智能企业，但企业与中山大学、华南理工大学等本地高校的联合实验室数量有限，技术转化效率低下，中小企业在获取科研资源时面临较高门槛，大型企业则倾向于与海外机构合作，进一步加剧了本土生态断层。另外，广州各区在人工智能产业布局上存在同质化竞争问题，黄埔区聚焦医疗与环卫机器人，南沙区主推自动驾驶，但因缺乏跨区域协同机制，导致算力中心和场景资源未能实现高效共享。

2.制度性滞后：监管机制与市场化适配不足

广州在政策创新与监管机制方面尚未形成与人工智能技术发展相匹配的治理体系，政策红利释放不足。当前广州主要依赖国家层面的《生成式人工智能服务管理暂行办法》，但针对机器人伦理、数据跨境流动等新兴问题的法规仍存在空白，监管框架滞后于技术迭代。以自动驾驶路测为例，审批周期不低于 6 个月,而技术迭代速度远超政策更新频率,导致企业错失市场窗口期。此外,广州虽成立人工智能产业办以统筹资源,但政策扶持仍以财政补贴为主,缺乏系统性市场激励。在人才引进政策方面也缺乏针对性,高端人才更倾向于流向深圳或杭州。在国际化布局方面,本土人工智能产品的技术标准与国际认证衔接不足,钛动科技等出海企业依赖 AIGC 技术,但相关知识产权保护和跨境数据合规政策尚未完善,制约其国际业务拓展。

3. 全球竞争压力:技术壁垒与国际规则的双重挤压

广州人工智能产业面临发达国家技术壁垒与国际规则制约的双重挑战。广州人工智能产业在机器人、芯片等硬件领域实现快速扩张,但关键环节仍受制于国际供应链,高端 GPU 依赖进口,国产替代进程缓慢,核心技术"卡脖子"风险加剧。大模型训练所需的高端算力芯片受国际出口管制影响,导致技术自主可控性受限,企业面临"断供"风险。此外,我国在国际规则与标准中的话语权仍显弱势,欧盟《人工智能法案》对高风险应用实施严格限制,而美国特朗普政府倾向"去监管化",可能通过技术联盟强化对中国企业的封锁。广州企业若要拓展海外市场,需额外投入合规成本,导致研发周期延长。另外,广州企业的出海业务受制于数据本地化政策,如利用人工智能生成海外营销内容时,需遵守欧盟《通用数据保护条例》(GDPR),导致数据处理成本增加。因此,广州在国际合作方面的深度和广度有待进一步拓展,需要加强与国际先进科研机构和企业的合作,提升其在全球人工智能领域的话语权和影响力。

四 广州抢占全球人工智能创新高地的对策建议

面对全球人工智能产业竞争加剧与本土生态断层的情况,广州亟须突破传统路径依赖,以"立体化生态协同"为创新底座、"场景化生态培育"为实践引擎、"全球化生态链接"为发展外延,构建"三位一体"生态战略,激活广州人工智能产业发展新动能。

（一）立体化生态协同：构建"技术—产业—政策"创新体系

广州应以政策为牵引，推动技术研发与产业需求精准对接，形成技术攻关、场景验证、商业化推广的闭环生态，重点破解研发与应用脱节的难题，依托"政府引导+链主牵引"模式，推动基础技术攻关与商业化推广形成闭环创新体系。

1. 技术创新引领，打造人工智能核心技术高地

技术创新是人工智能产业发展的核心驱动力，要尽可能加大对人工智能基础研究和前沿技术探索的投入，鼓励高校、科研机构和链主企业开展深度合作，开展行业大模型等关键技术的联合研发，形成产学研用紧密结合的创新体系。设立人工智能重大科技专项，支持关键共性技术和核心算法的研发，推动人工智能技术在语音识别、图像识别、自然语言处理等领域取得突破。同时，积极引进和培育人工智能领域的顶尖人才和创新团队，为技术创新提供坚实的人才保障。此外，还应完善技术转化机制，推广"揭榜挂帅"制度，围绕"12218"产业体系中15个战略性产业集群的人工智能赋能计划，鼓励民营企业参与国家重大攻关任务，并通过税收优惠等方式加速科技成果转化。

2. 数智赋能产业，推动人工智能与实体经济深度融合

在构建闭环创新体系的过程中，产业升级转型是不可或缺的一环，广州应充分利用人工智能技术的优势，推动传统产业的智能化升级，推动人工智能与实体经济深度融合。通过实施"人工智能+"行动计划，推动人工智能技术在智能制造、智慧城市、智慧医疗、智慧教育等领域的广泛应用，提升产业智能化水平和生产效率。同时，鼓励企业加大研发投入，推动人工智能技术的产品化和商业化，培育一批具有国际竞争力的创新型企业和产业集群。此外，还应加强产业链上下游的协同合作，构建完善的产业生态体系，推动人工智能产业朝高端化、智能化、绿色化方向发展，为广州经济高质量发展注入新动能。

3. 政策环境优化，构建有利于人工智能创新发展的制度保障

政策环境是构建闭环创新体系的重要保障，广州应进一步优化政策环

境，为人工智能创新发展提供有力支撑。首先，应持续完善人工智能产业发展规划和政策措施，针对数据跨境流动、知识产权保护和机器人伦理等领域及时出台对应的政策法规，提高监管机制与技术迭代、市场推广之间的适配性，鼓励企业积极拓展海外业务，为企业出海提供良好的制度环境。其次，应加大财政、税收、金融等方面的政策扶持力度，加大对初创型、成长型企业的扶持力度，通过设立专项基金、提供办公空间、给予税收优惠等措施，降低中小企业的技术门槛，激发市场活力。同时，建立人工智能产业统计监测和评估机制，及时跟踪产业发展动态，为政策调整提供科学依据。

（二）场景化生态培育：以应用需求倒逼技术迭代

1.聚焦关键领域，构建应用场景

广州可聚焦智能制造、医疗健康、智慧城市等自身优势的关键领域，构建丰富多样的应用场景，建设行业大模型示范场景，以此作为技术迭代升级的强大驱动力。在智能制造领域，鼓励企业采用人工智能技术优化生产流程、预测设备故障、实现供应链智能化管理，利用实际生产中的痛点问题促进算法与技术的不断精进。在医疗健康领域，可推动人工智能在疾病诊断、个性化治疗方案设计、远程医疗等方面的应用，通过大量真实世界数据训练模型，提高诊断准确率与治疗效率。在智慧城市领域，要注重人工智能在交通管理、环境监测、公共安全等领域的融合应用，通过城市大数据平台，让人工智能技术更好地服务于城市治理与民生改善。这些领域的场景化应用不仅能够有效提升行业效率与服务质量，还能在实践中发现技术瓶颈，倒逼技术创新与迭代，形成良性循环。

2.鼓励创新合作，加速技术成果转化

企业应成为场景化生态培育的主体，通过政府引导与市场机制相结合，鼓励企业间、企业与科研机构间的深度合作，加速人工智能技术的研发与成果转化。一方面，建立人工智能技术创新联盟，促进跨行业交流，共享技术资源与应用案例，形成协同创新网络。企业可以在联盟内部提出具体应用场景需求，吸引技术供应商与解决方案提供商共同参与，通过联合研发、技术

攻关等形式，快速响应市场需求，缩短技术从研发到应用的周期。另一方面，支持企业"技术出海+资源导入"双轮驱动。企业可依托广州制造业基础，输出智能制造、智慧交通解决方案至东南亚、中东等新兴市场；同时，本土企业也需要及时导入国外优势资源，参与国际市场竞争和合作，提升人工智能技术和产品的国际化水平。

3. 强化数据支撑，完善服务生态

构建坚实的人工智能基础设施是支撑场景化生态培育的关键，广州需要以开放公共数据与标杆场景为抓手，推动人工智能与实体经济深度融合。完善数据采集、整合与开放共享机制，建立统一的数据标准与安全体系，确保数据质量与合规使用。建设公共数据服务平台，利用国家超算广州中心（天河二号）的算力资源，整合政务、交通、医疗、教育等多领域数据资源，为人工智能应用提供丰富、高质量的数据支撑。此外，推动人工智能服务平台建设，包括算法开发平台、模型测试平台、解决方案集成平台等，降低企业应用研发的门槛，加速技术普及。通过这些基础设施的完善，致力于构建一个开放、高效、安全的服务生态，为各行各业提供强大的技术支持与创新动力，进一步巩固其在全球人工智能创新高地中的地位。

（三）全球化生态链接：从区域协同到国际竞合

1. 构建全球人工智能供应链协同网络

供应链的稳定性和效率对于人工智能产业的快速发展至关重要，广州应致力于打造全球人工智能供应链协同网络，实现资源的最优配置。首先，加强与全球主要人工智能硬件供应商和软件服务商的战略合作，通过合资、并购或长期合作协议等方式，构建人工智能产业链上下游企业的协同机制，促进信息共享和技术交流，提高整个供应链的反应速度和灵活性。其次，结合自贸区政策优势，开发智能供应链管理工具，布局海外算力节点并开展数据合作，支持企业在港澳及"一带一路"共建国家布局算力设施，探索"内地—港澳—海外"数据流动规则，输出大湾区数据治理经验，构建跨境供应链服务网络。同时，推动与港澳共建大湾区数据交易市场，制定统一的数据分类标准与合同模板，促进大湾区数据要素融合，吸引国际企业参与数据资源交易，形成辐射全球的数据资源配置网络。

2.搭建国际人才交流与合作平台

在全球人工智能领域，人才是推动创新的核心要素，广州要抢占全球人工智能创新高地，必须搭建国际人才交流与合作平台。首先，与海外知名高校和研究机构建立长期合作关系，共同设立联合实验室、孵化器或研究中心，促进全球创新资源的优化配置和共享。其次，可以设立"全球人工智能人才引进计划"，通过提供优厚的科研条件、生活补贴以及职业发展机会，吸引国际顶尖的人工智能专家和青年学者来穗工作。同时，广州应强化本土人才培养，鼓励高校与国际教育机构合作开设"人工智能+小语种"跨界课程，培养具备全球视野的技术与商务复合型人才。最后，构建人工智能人才数据库和职业发展平台，为人才提供精准匹配的职业机会和可持续学习的资源，以人才交互实现人才聚集，为广州人工智能产业的全球化发展提供坚实的人才支撑。

3.推动国际人工智能合规建设

在全球化的背景下，统一的标准和法规是促进国际合作的基础，广州应积极参与国际人工智能标准制定和法规协调工作，抢占全球价值链关键节点。首先，加强与国际标准化组织、行业协会以及主要国家的合作，共同推动人工智能技术的标准化进程，确保广州企业在国际市场上的技术兼容性和互操作性。其次，推动建立国际人工智能合作框架，包括知识产权保护、数据跨境流动、市场准入等方面的规则，依托南沙自贸区等平台，推进"粤港澳大湾区数据特区"建设，通过《关于促进粤港澳大湾区数据跨境流动的合作备忘录》等政策框架，建立数据跨境安全规则。同时，推动"仲裁秘书标准（广州）"国际化，提升广州在人工智能知识产权争议中的国际话语权，为广州企业"走出去"提供法律保障。最后，广州可以基于自身的创新优势和产业基础，举办国际人工智能论坛、展览等活动，促进全球业界主体在标准制定、技术创新、政策对话等方面的深入合作，为广州抢占全球人工智能创新高地营造良好的国际环境。

参考文献

丁子哲：《浅析 AI 大模型赋能制造业央企发展新质生产力》，《新型工业化》2024年第 5 期。

李猛：《"人工智能+"赋能新质生产力发展——内在机理与路径探索》，《北京航空航天大学学报》（社会科学版）2024 年第 4 期。

沈志锋、李静、李智慧：《人工智能参与下的创新生态系统构建研究》，《科研管理》2024 年第 10 期。

王闻萱、王丹：《中国生成式人工智能 DeepSeek 的核心特征、价值超越及未来路向》，《统一战线学研究》2025 年第 2 期。

谢新水：《智能跃迁、开源创新与主权 AI：DeepSeek 现象推动人工智能开源创新生态体系建设》，《电子政务》2025 年第 3 期。

郑文革：《人工智能赋能新质生产力的实践路径与制度保障》，《湖南科技大学学报》（社会科学版）2024 年第 6 期。

B.7
广州吸引和利用外资现状分析 与优化提升建议

徐万君*

摘　要： 　近年来，全球经济治理格局发生显著变化，经济发展进入慢速增长期，资本跨境流动规模呈缩减态势。新形势下，我国持续高质量"引进来"面临机遇与挑战并存的局面，一方面新兴市场国家普遍面临跨境资本净流出的问题，我国外商直接投资规模出现下降；另一方面在高质量发展要求下，外资规模下降倒逼国内产业升级、机制创新进程加速。在外资流入量减少的背景下，国内城市对外资的竞争态势加剧。作为我国改革开放前沿的广州，受外部形势变化影响更为深远，高水平引资用资面临的压力空前增加。面向未来，广州应发挥自身功能定位和独特优势，吸取国内城市高效引资经验，通过积极拓展外商投资的来源和渠道、探索资金跨境新模式与监管方式、多举措提升"投资广州"品牌影响力、联动港澳强化国际化人才与服务支撑等举措，以高质量"引进来"推动更高水平对外开放、服务经济高质量发展。

关键词： 　外商直接投资　引资用资　广州

当前全球投资形势复杂多变，资本跨境流动整体呈收缩态势，受以美国为代表的主要经济体持续加息影响，多数新兴市场国家出现了外资净流出的问题。2024年2月，国务院办公厅印发《扎实推进高水平对外开放更大力

---

* 徐万君，博士，广州市社会科学院城市国际化研究所助理研究员，研究方向为国际经贸。

度吸引和利用外资行动方案》，要求进一步巩固外资在华发展信心，持续提升贸易投资的质量和水平。2024年4月30日，中共中央政治局召开会议，指出要坚定不移深化改革扩大开放，加大力度吸引和利用外资。在外商投资总量波动调整的背景下，各地纷纷出台措施围绕重点产业领域加大引资力度。在此形势下，广州持续扩大引资规模、提升用资水平面临艰巨挑战，迫切需要把握发展趋势，学习先进经验，积极开拓多元化投资渠道，为推动高水平对外开放、实现高质量发展持续注入源头活水。

一 新形势下外商直接投资展现新的发展趋势

近年来，全球经济运行不确定性增加，地缘政治风险持续上升，主要经济体之间货币政策明显分化。系列因素叠加导致全球经济步入慢速增长期，资本跨境流动环境进一步收紧，跨国公司愈加倾向于在发达国家和地区之间进行投资，我国在新时期持续高质量"引进来"面临的挑战加剧。

（一）国际形势：投资规模收缩，投资领域结构性调整

从长期发展趋势来看，外商直接投资在2010年即已出现放缓的迹象。2001~2010年，全球外商直接投资未实现增长，同期全球贸易、GDP的年度复合增长率均为3%，这一分化态势在2011年以来进一步加剧。疫情后全球经济复苏乏力，发达国家引资规模波动调整，发展中国家出现外商直接投资流出迹象。

1. 全球外商直接投资规模收缩

全球经济增速放缓、贸易及地缘政治局势紧张、供应链重塑等因素叠加，导致近年来资本跨境投资呈动荡波动态势。数据显示，2021年以来全球外商直接投资额逐年下降，其中2023年为1.3万亿美元，较2022年下降2%，降幅较上一年收窄。分经济组别看，在投资前景不确定性增加的情况下，美国的研发优势对全球资本保持了强大的吸引力，带动发达国家和地区

的外商直接投资额在 2023 年出现正增长。发展中国家和地区没能延续 2022 年外商直接投资的增长趋势，在 2023 年出现了下跌，且下跌幅度达 7%，如图 1 所示。

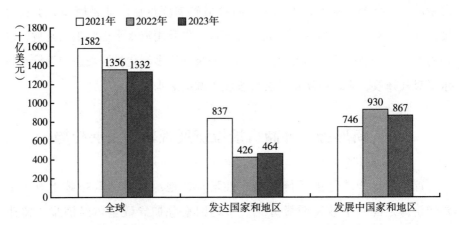

图 1　2021~2023 年不同经济体组别外商直接投资额

注：由于部分城市截至完稿时仍未公布 2024 年相关数据，为确保数据在国际、国家及城市层面横向比较的一致性与完整性，本报告所采用的数据截至 2023 年，下同。

资料来源：2022 年及 2023 年数据来自联合国贸易和发展会议《2024 世界投资报告》，https：//unctad. org/publication/world-investment-report-2024；2021 年数据来自联合国贸易和发展会议《2022 世界投资报告》，https：//unctad. org/publication/world-investment-report-2022。

2. 服务业是吸纳外商直接投资的主力

在全球经济增长不确定性增加的背景下，跨国企业在全球的投资布局更为谨慎，投资轻资产化趋势明显，服务业吸收外商直接投资金额、占比均明显上升。2019~2022 年，全球服务业吸收外商直接投资金额从不足 7000 亿美元上升至 1 万亿美元以上，占全球外商直接投资比重从 49.2%上升至58.4%，创历史新高，成为外商直接投资的最主要领域。[①] 世界经济在过去50 年间经历了向服务业的结构性转移，当前服务业创造了全球一半以上的就业机会，占全球 GDP 的比重超过 2/3，未来外资向服务业集聚的态势将

──────────

① 《把握服务业高水平开放着力点》，《经济日报》2024 年 2 月 27 日。

进一步增强。①

3. 制造业投资成为国家间竞争的焦点

流向制造业的外国直接投资在 20 年间无明显增长，并在 2020 年之后出现大幅下滑，国家间围绕制造业投资的竞争态势进一步加剧。2023 年，跨国公司在制造业领域的投资项目数量增加，其中在汽车制造、电子元件、机械工业等价值链密集型产业，增长趋势更为显著。一方面，融资环境趋紧导致基础设施及数字经济领域的项目数量缩减，外商直接投资转而投向制造业部门。另一方面，新技术、新产业的发展使各国资源禀赋优势发生变化，对跨国公司投资决策产生影响。以新能源汽车产业为例，墨西哥由于地处南美、北美两大市场交接处且拥有丰富的锂资源储备，正成为全球车企布局的热门市场。

（二）国内环境：外资呈现结构性调整，政策导向更加清晰

1. 引资规模受外部环境变化影响深远

以人民币计 2023 年我国实际利用外资 11339.1 亿元，同比下降 8.0%，以美元计下降幅度为 13.7%，是十余年以来的最大单次降幅，但实际利用外资额、全球占比仍处于历史高位（见图 2）。我国外商直接投资与全球走势基本一致，呈先升后降态势。自 2022 年以来，以美国为代表的发达经济体货币政策大放大收，受发达经济体加息影响，多数新兴经济体普遍出现了外商直接投资净流出的情况。自 2023 年以来，美联储为应对国内通胀压力持续上调存款利率，推动美债收益率不断走高，对全球资本形成了强大的吸引力，我国吸引和利用外资的走势与美国国债收益率变化趋势基本一致。

2. 投资流向出现结构性调整

从投资流向的行业来看，服务业利用外资份额逐渐提高，制造业利用外资下降与服务业利用外资上升形成明显"剪刀差"。其中，服务业各部门利用外资水平差异反映了部门间服务业开放水平的差异，与我国宏观政

---

① 数据来源：World Band & WTO，"Trade in Services for Development"。

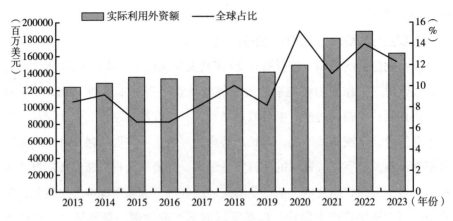

图 2　2013~2023 年我国实际利用外资额及全球占比

资料来源：联合国贸易和发展会议数据中心，https：//unctadstat. unctad. org/datacentre/。

策调整方向相关联。在我国大力推进数字经济发展的背景下，信息传输、软件和信息技术服务业实际利用外资大幅增长，占比从 2005 年的不足 7%增长至近年来的近 15% 的水平。与此同时，随着我国创新驱动发展战略深入实施，产业向中高端升级的步伐加快，外商直接投资对高技术制造业的投资占比不断提升，2023 年我国高技术制造业实际利用外资增长 6.5%。2023 年虽然整体引资规模出现下滑，但高技术产业引资 4233.4 亿元人民币，占实际利用外资金额比重为 37.3%，较 2022 年提升 1.2 个百分点，创历史新高。

3. 政策导向更加注重用资质量

近年来，随着我国经济发展进入新常态，成本高度敏感的劳动密集型外资企业，以及处于生产链低端环节的企业外迁，是必然趋势。在着力扩大引资来源的同时，引导外资投向研发中心、先进制造业、生产性服务业等高端环节，是未来重要的用资方向。2023 年下半年以来，国家陆续出台重要文件，如 2023 年 7 月国务院印发《关于进一步优化外商投资环境　加大吸引外商投资力度的意见》，2024 年 2 月国务院办公厅印发《扎实推进高水平对外开放更大力度吸引和利用外资行动方案》，在加大重点领域引资力度、鼓励外资设立研发中心、扩大金融业对外开放水平、创新要素的跨境流动、便利商务人员往来等多个领域提出了工作要求，为现阶段及未来一段时间吸引和利用外资指明了工作方向。

二 新形势下广州吸引和利用外资现状以及存在的问题

广州是我国改革开放的排头兵和先行地，政策创新优势突出，深度嵌入全球经贸网络，已建立起全方位和立体化的外商投资服务体系，历来是吸引外商投资的热土。在全球资本跨境流动趋势改变、我国引资用资结构调整的背景下，广州以高质量"引进来"服务经济高质量发展仍存在亟待解决的问题，突出表现在资金来源渠道亟待多元化、政策引导力度与精度亟待强化、开放平台引资效能亟待提升等。

（一）广州吸引和利用外资现状

1. 新设立外商投资企业数量逆势上扬

在国际投资形势变化显著、资本跨境规模缩减、流入我国的外资规模收缩的大背景下，广州实际利用外资也呈现下滑态势。据广州市统计局公布的数据，2024年广州实际利用外资为231.0亿元（约32.4亿美元）。然而，值得注意的是，新设立外商投资企业数量却逆势上扬，新设外商投资企业达8445家，同比增长27.4%。截至2024年末，世界500强在穗累计投资企业达362家，项目数达2025个，年度新增17家企业、57个项目。外资企业在广州集聚发展，已成为广州连接国内国际双循环的重要纽带、融入全球经济发展的重要载体、提升城市核心功能的重要引擎。广州凭借其区位优势，深度链接全球网络，在经济全球化进程中扮演重要角色，也正因如此，受外部环境变化的影响更为深远。在外资流入整体下降的局势下，广州一方面要承受全球宏观形势变化所带来的冲击，另一方面还要直面国内城市间激烈竞争形成的引资压力。

2. 政策引导下向产业链高端集聚态势显现

近年来，广州坚持产业第一、制造业立市，以打造具有全球影响力的先进制造业集群和现代服务业中心为目标，重点引导外商投资布局先进制造业、战略性新兴产业和现代服务业。在系列措施推动下,广州先进制造业和现代服务业引资用资表现亮眼。其中,2021~2023年科学研究和技术服务业实际利用外资占比逐年提升,2023年达到173.3亿元,同比增长37.5%,占当年实际利用外资规模的比重为35.9%,如图3所示。2024年1~5月,广州制造业实际利用外资同比增长53.0%,占比从2023年同期的10.0%提升至29.0%。

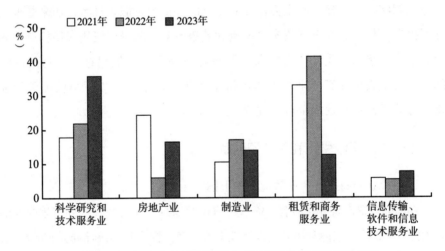

图3　2021~2023年广州主要行业实际利用外资占比变动情况

资料来源:广州市商务局。

3. 主要外资来源地构成发生变化

受地缘相近、合作框架覆盖率高等因素影响,广州吸引和利用的外资主要来自亚洲国家和地区。除英属维尔京群岛、百慕大群岛等"导管经济体"之外,2013~2023年,中国香港、新加坡、日本始终位于广州实际利用外资来源地的前五。香港是广州最主要的外资来源地,2021~2023年占比在90%左右,如图4所示。香港是我国连通世界最主要的窗口,资金、信息、专业服务等高端要素借由香港进入我国内地城市。粤港澳大湾区建设向纵深推进为香港与内地城市拓展了合作空间,穗港两地在新一代信息技术、集成电路、医疗健康等多个领域合作紧密。

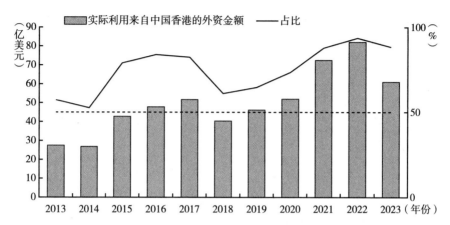

图 4　2013~2023 年广州实际利用来自中国香港的外资金额及其占比情况

资料来源：广州市统计局、广州市商务局。

（二）存在的问题

1. 资金来源渠道亟待多元化

在外部环境深刻调整的背景下，资金来源过于单一不利于分散风险。香港是广州实际利用外资的最大来源地，近年来受地缘政治风险增加、新冠疫情冲击、外部需求放缓等因素影响，部分跨国公司将总部从香港迁出。截至2023 年，共有 1336 家跨国企业在香港设立区域总部，较 2019 年减少了 200多家。① 香港是海外资金进入中国内地的关键跳板，相较于其他亚洲城市，跨国公司在香港设立的地区总部更加倾向于在中国内地进行投资。总部型企业是优质外商投资项目的重要来源，通常具有投资规模大、溢出效应强、辐射带动上下游产业发展的特征。当前来自香港的外资中，有相当一部分是中国内地企业在香港设立分支机构而进行的返程投资，亟须通过拓展资金来源扩大海外国家投资的规模。

2. 政策引导力度与精度亟待强化

广州整体创新氛围浓厚，开放包容的创新环境吸引了大量来自全球范围

---

① 数据来源：香港特别行政区政府统计处，https：//www.censtatd.gov.hk/tc/。

的优质项目在此落地和发展，对资金有极为迫切的需求。在外部发展环境不确定性增加的情况下，包括外资在内的各类投资更加注重项目的市场前景和回报率，从而导致资金与项目之间不能有效匹配。以生物医药产业为例，作为 21 世纪全球范围内最具有潜力的战略性新兴产业之一，生物医药类创新项目一直是各类资本投资的焦点。然而，生物医药类项目具有初始投资规模大、研发周期长、项目失败率高等特征，通常极难获得融资，因此在项目落地的早期通过政策引导性基金"投早投小"鼓励外资入局，是撬动外资投向重点行业的重要实现路径。而现行资金考核机制的目标设计，未能充分考虑创新项目（尤其是"高精尖缺"科技创新项目）资金需求量大、资金占用时间长、失败率相对较高等特征，导致政策引导性资金不能发挥最大效用。

3.开放平台引资效能亟待提升

广州会展业综合竞争实力居全国首位，以广交会为代表的特大型展会具有全球影响力。展会作为载体汇聚全球行业领先企业、贸易投资促进机构、知名行业协会等主体，成为优质项目与资金的重要来源，但当前展会对投资的溢出带动作用尚未充分发挥。从会展业发展情况来看，广州缺乏顶级工业展会，展览业与制造业融合发展能力不足。重点产业和相关展会的互动性不足，导致利用展会平台导入投资规模大、技术含量高的外资项目，并带动产业发展的能力亟待加强。广州在现代高端装备、生物医药、集成电路等多个行业已形成了竞争优势，但缺少对应的全国性行业展会，以展览业为抓手拓展引资来源缺乏相应的平台支撑。

三　国内先进城市吸引和利用外资的创新性发展经验

在流入我国的外资规模收缩的背景下，北京、上海、杭州、深圳等地均将着力稳外资作为未来一段时间的重要工作内容，出台了一系列切实有效的举措，充分发挥本地优势，围绕重点产业发展规划，引导外商投资项目落地，为广州扩大引资规模提供了经验借鉴。

（一）北京：服务业重点领域提升开放"含金量"

北京 2020 年正式启动建设国家服务业扩大开放综合示范区和中国（北京）自由贸易试验区（以下简称"两区"）。"两区"建设启动以来，北京以服务业重点领域持续加大开放力度为抓手，锻造吸引外资的"强磁场"。在金融领域，推动开放政策落实落地。安顾方胜、宝马经纪等外资企业项目先后获批保险经纪牌照，这是自 2018 年以来监管部门首次向外资开放保险经纪业务，展现出北京在高端金融服务领域开放走在全国前列。在科技服务领域，2024 年 2 月中关村科学城国际创新服务聚集区揭牌成立，以集聚专业化、国际化投资服务机构为核心，推动包括外资在内的各类投资资本与科技产业项目精准对接，德勤中国等知名咨询服务机构首批已入驻。在数字经济领域，制定自贸试验区数据出境"负面清单"，探索外商投资企业数据出境安全评估申报"绿色通道"。目前政策已覆盖汽车、医药、民航、零售、人工智能 5 个行业的 110 余家企业，企业通过"绿色通道"，数据出境安全评估时长平均缩短 50%。

（二）上海：以国际化环境优势集聚优质外资项目

上海城市国际化建设走在全国前列，近年来以持续建设全球资本来华投资首选地为目标，进一步优化国际化营商环境，重点面向科技含量高、全球影响力大的跨国企业和项目，开展招商引资工作。一是充分发挥高端服务资源集聚的优势，招引外资项目。上海本身就集聚大量的跨国公司总部、研发中心等外资机构，兼具国际化视野、跨国公司管理经验及专业知识背景的复合型国际化人才优势突出，以各类事务所、咨询公司等为代表的商业的存在能为外资项目引进及落地发展提供全流程、成体系、贴近国际标准的配套服务。二是围绕重点产业发展规划创新工作机制，重点引进行业巨头和领先企业。例如，为落实生物医药巨头莫德纳的在沪投资项目，上海市闵行区建立了"零时差"专班工作机制、组建了熟悉生物医药领域专业知识的专业人才团队，通过市、区、工业区三级联动，以倒排时间表的方式协调资源，最终促成项目落地。三是强化政策导向，鼓励和吸引外资在沪建立研发中心。《上海外资研发中心提升计划》《上海市加大吸引和利用外资若干措施》等措施相继正式印发，从支持加大研发投入、鼓励加强开放创新等 9 个方面为外资研发中心在沪集聚和提升能级提供了政策支持。

（三）杭州：创新合作模式提升本地制造业引资成效

杭州善于发挥本地民营企业规模大、实力强的优势，与海外企业和产业需求精准对接，以互利共赢的方式推动本地重点制造业企业高质量发展。2023 年杭州迎来了两个引人注目的外商投资案例，均以股权投资的方式向被投资企业注入资金，充分展示了其吸引外资的实力与灵活策略。一是沙特阿美作价 34 亿美元收购了荣盛石化 10% 的股权，成为浙江历史上规模较大的外商投资之一。沙特阿美拥有丰富的石油资源，但炼化能力和产品转化率低；荣盛石化则因原料价格波动受到限制，并在产品多样化方面急需广阔的销售渠道。此次合作不仅弥补了沙特阿美的炼化短板，也为荣盛石化带来了新的市场，这种互补共赢的合作模式显著增强了杭州吸引和利用外资的竞争力。二是斯泰兰蒂斯以 15 亿欧元获取了零跑汽车约 20% 的股权，并在其董事会中占据两个席位。零跑汽车专注于新能源车的全域自研技术，擅长新能源造车和电子信息技术。此次合作不仅为零跑汽车引入了宝贵的外资，还计划与斯泰兰蒂斯成立合资公司，共同推进零跑汽车的国际出口，探索"反向投资"新模式。在这两个大项目资金快速到位的带动下，2023 年杭州实际利用外资规模居全国第四位。

（四）深圳：对接专业服务资源与引导重点产业发展并重

深圳是改革开放的先驱城市，市场活力充足，是外商在华投资的首选城市之一。一是强化制度供给，对接来自香港的法律、金融等生产性服务资源。《全面深化前海深港现代服务业合作区改革开放方案》明确提出建设国际商事争议解决中心，"前海金融 30 条"围绕金融市场互联互通面向香港居民和机构提出允许直接投资、试点投资份额转让等多项金融市场便利化举措,《关于协同打造前海深港知识产权创新高地的十六条措施》《关于支持前海深港现代服务业合作区涉税服务业创新发展的十八条措施》等措施也为香港资金在前海布局提供了充分的政策指引。二是连续迭代升级跨境资产投资的规制框架。深圳市 QFLP 制度已经过四轮迭代升级,投资范围不断扩大。2024 年 1 月印发的《深圳市合格境外有限合伙人试点办法》,明确要求开展试点基金总量管理,鼓励前海有序探索深港私募通机制,联动发展打造前海深港风投创投集聚区,为港资投向深圳探索资金跨境新模式。相较于其他试点地区,香港投资者在前海参与 QFLP 试点享有准入要求"更低"、投资范围"更宽"、跨境投资"更方便"、会商流程"更简化"等多项特色优势。三是利用展会平台积极对接外资项目和资源。深圳围绕"20+8"产业集群发展,加快完善"一集群、一展会(论坛)"体系,经由展会平台将外商投资机遇辐射延伸至产业链上下游。此外,通过深化深港合作,以联合办展、一展两地等形式,协助重点企业深度对接香港的高端资源,提升引资用资水平。

四 新形势下广州创新吸引和利用外资模式的政策建议

在全球投资环境整体趋紧、我国引资用资规模波动调整的背景下,各地对外商投资均展开了激烈竞争。面对压力和挑战,广州应以国家政策导向为指引,贯彻落实广东省实施"五外联动"推进高水平对外开放大会作出的以更大力度吸引和利用外资的要求,健全招引工作机制,拓宽来源渠道,创新投资方式,完善市场环境以巩固外商投资者信心,以高质量"引进来"服务经济社会高质量发展。

(一)积极拓展外商投资的来源和渠道

以推动"一带一路"倡议建设走深走实为契机,紧抓东盟、中东国家主权财富基金在新兴国家市场寻找收益增长点的机遇,加强资源对接,提升主权财富基金对广州企业和项目的投资意愿,引导其投向生物医药、新能源、先进制造业等符合双方共同发展要求的产业与项目。推动广州现有的政策引导性基金与中东国家主权财富基金合作，共同出资成立人民币投资基金，并在重点发展行业下设产业投资子基金，推动打造规模全国领先的产业基金集群。此外，以推动政府机构、本地企业、外资机构深度开展合作为契机，以境内人民币投资基金规模为参照，在海湾国家设立境外基金公司并组建外币基金，通过境内外基金的双向流动，在持续深化重点产业项目合作的同时，探索人民币国际化进程的新实践路径。

（二）探索资金跨境新模式与监管方式

以深入实施《广州南沙深化面向世界的粤港澳全面合作总体方案》以及深入推进服务业扩大开放试点建设为契机，创新资金跨境流动的管理模式，鼓励外资企业以股权投资的方式开展投资活动。参考国内试点城市（如深圳）的亮点举措，对标自由贸易港的政策措施，持续扩大金融服务领域的对外开放水平，对在南沙自贸片区设立、由港澳机构出资的 QFLP 基金，放宽注册地点、从业年限、出资比例等限制，简化基金设立流程。扩大现有 QFLP 基金的投资额度并探索余额管理制度，基金管理人在获得批准的额度范围内，发起成立一只或多只 QFLP 基金，可在试点基金之间灵活调剂单只基金募资规模。以上措施待运作成熟后，可逐步扩大到所有由境外投资机构出资设立的 QFLP 基金，为外资高效顺畅进入广州拓宽通道，提升广州对全球投资者的吸引力。

（三）多举措提升"投资广州"品牌影响力

在广交会、创交会等重大展会举办期间，平行举办投资推广会和项目路演等活动，提升具有良好市场前景、符合广州重点产业发展规划、辐射带动能力较强的项目的曝光度，吸引跨国企业和外商投资机构投资。充分发挥广州国际性会议规格高、影响力大、对接外资资源能力较强的优势，与重大展会活动协同联动发展。开拓重点产业领域的展会资源，提升展会品质，以引进国际知名展览企业、鼓励民营企业与外资企业合作，构建起重点产业行业全覆盖的展会体系。加强合作，投资促进机构将服务站点前置，在各类展会现场设置外商投资咨询展台，提供政策宣讲、资源对接等服务，提升参展外商的投资意愿；依托市贸促会海外联络站点，面向重点外资来源国家和地区，开展招商推广工作。

（四）联动港澳强化国际化人才与服务支撑

充分发挥香港高端金融服务资源集聚的优势，以协同的方式将香港法律、咨询等领域的专业服务资源引入广州，为外资在广州集聚发展提供关键的人才支撑。向外商投资企业高管、外籍技术人员本人及家属提供出入境、停居留的便利。争取中国人民银行、国家外汇管理局的支持，在自贸区南沙片区试行外籍人才薪酬购付汇便利化试点工作，采取与银行签约的方式简化汇兑所需的劳动合同、工资流水、税务凭证等材料，并适时上线电子渠道薪酬购付汇业务试点，提升科技型人才及团队、投融资专业领域服务人才在广州生活和居留的意愿。

参考文献

陈钊、张卓韧：《中国的外资进入及其贡献：一个描述性分析》，《社会科学战线》2025 年第 1 期。

张雨、戴翔：《以制度型开放重构利用外资新优势：逻辑机理与实现路径》，《南京社会科学》2025 年第 3 期。

陈江滢：《高质量利用外资：新特征、新挑战、新思路》，《经济学家》2025 年第 4 期。

詹晓宁、齐凡、吴琦琦：《百年变局背景下国际直接投资趋势与政策展望》，《国际经济评论》2024 年第 2 期。

丁一、刘达禹、安琪：《深化金融开放增强了外商直接投资的区域创新效应吗?》，《数量经济研究》2024 年第 3 期。

高志刚、丁煜莹、克翘：《外商直接投资对中国经济高质量发展的影响再研究——兼谈路径探索和政策讨论》，《国际经贸探索》2023 年第 6 期。

岳靖童：《国际投资规则变化新趋势与中国的应对》，《中国外资》2023 年第 2 期。

宋泽楠：《全球外资政策调整的态势与逻辑》，《国际商务研究》2023 年第 4 期。

B.8
探索新型离岸国际贸易"南沙模式" 培育高质量发展新动能

广州市南沙区统计局课题组*

摘 要： 离岸贸易是国际贸易的重要业态，是经济全球化发展下国际贸易分工不断细化的结果。新型离岸国际贸易有助于优化全球范围内的资源配置、降低成本费用、提升业务效率。目前，南沙新型离岸国际贸易发展正处于摸索阶段，本报告通过对比分析先行地区的发展经验和做法，探索该业务的南沙模式和路径，为其打造成为立足湾区、协同港澳、面向世界的重大战略性平台提供新动能。

关键词： 离岸国际贸易 对外开放 高质量发展 新动能 南沙

一 新型离岸国际贸易的概念和特征

（一）离岸国际贸易的概念发展

离岸国际贸易的前身主要指转口贸易①，转口贸易又称中转贸易或再输出贸易，是指国际贸易中进出口货品的生意不是在生产国与消费国之间直接

---

* 课题组组长：陈婉清，广州市南沙区统计局局长，研究方向为区域经济统计与分析；田源，广州市南沙区统计局二级调研员，研究方向为区域经济统计与分析；肖虎啸，广州市南沙区统计局副局长，研究方向为区域经济统计与分析；王慕霞，广州市商业调查队南沙队队长，研究方向为区域经济统计与分析。

① 转口贸易定义参考 MBA 智库·百科。

进行，而是通过第三国易手进行；贸易的货品能够由出口国运往第三国，在第三国不通过加工再销往消费国，也能够不通过第三国而直接由生产国运往消费国。其特征在于生产国与消费国之间并不发生贸易联系，而是由中转国分别同生产国和消费国发生贸易。转口贸易已有数百年历史，香港、鹿特丹、新加坡等都是较为著名的转口贸易港。

离岸转手买卖由转口贸易发展而来，是指我国居民从非居民处购买货物，随后向另一非居民转售同一货物，而货物未进出我国关境。其特征在于货物运输和交付在（境）外，而接单和资金在（境）内。相比转口贸易，离岸转手买卖交易过程中，货物所有权随时发生变化，而货物物理空间位置可能不变。

（二）新型离岸国际贸易的概念特征

新型离岸国际贸易①是指我国居民与非居民之间发生的，交易所涉货物不进出我国一线关境或不纳入我国海关统计的贸易，包括但不限于离岸转手买卖、全球采购、委托境外加工、承包工程境外购买货物等。

新型离岸国际贸易是以离岸转手买卖业务为核心和主体的一个更大的业务范畴。区别于传统的离岸转手买卖，新型离岸国际贸易适用于更多业务情形。其有三个典型特征：交易发生在居民和非居民之间、货物不进出国境、贸易不纳入海关统计。具体特征表现为"两头在外"（买方和卖方均在境外）和"三流分离"（订单流、资金流和货物流分离）。

二 南沙发展新型离岸国际贸易的重要意义

目前，南沙区离岸贸易发展正处于摸索起步阶段。探索合适的离岸贸易发展模式和路径，对构建南沙国内国际双循环新发展格局、培育贸易高质量发展新动能，以及推动南沙未来融入全球开放大局均具有重要意义。

---

① 新型离岸国际贸易定义来自中国人民银行会同国家外汇管理局联合发布的《关于支持新型离岸国际贸易发展有关问题的通知》（银发〔2021〕329号）。

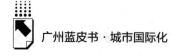

（一）促进地区经济增长

发展新型离岸国际贸易将带动更多资金流、贸易流在南沙便捷流动，带动大宗商品贸易、商业信息和各类要素聚集，同时能吸引更多从事贸易业务的平台企业和跨国公司入驻南沙，快速增加地区经济总量，进一步提升地区经济活跃度。以香港为例，香港特别行政区政府统计处数据显示，2023年香港离岸贸易转手商贸活动（包括在香港经营业务的机构所进行的离岸贸易，不包括其在香港境外关联公司所进行的离岸贸易）的货品销售价值达49872.63亿港元，比2020年增加12159.79亿港元，增长32.2%；比2007年增加29145.77亿港元，增长140.6%。转手商贸活动毛利达2743.83亿港元，比2020年增长16.4%，比2007年增长70.1%。香港离岸贸易规模逐年扩大，给香港公司带来了巨大收益，地区商业氛围更为活跃。

（二）带动区域高端服务业尤其是离岸金融发展

首先，由于离岸贸易开展需要相应配套服务，其发展将为有关支持性服务业发展带来源源不断的动力，推动高端服务业形成集聚并获得发展和提升，如融资、保险等金融服务业，法律服务业，以及产品认证、管理咨询等信息服务业等。同时，离岸贸易可带动南沙高端服务业融入粤港澳大湾区乃至全球服务网络，推动形成具有南沙特色的融合、共享、开放的高质量发展新格局。

其次，因离岸贸易的发展与开放的金融环境、高效的金融服务密不可分，两者相辅相成、相互促进。因此，发展离岸贸易，必然促进以离岸金融为核心的高端金融服务发展，从而带动相关金融产品和体制的创新，使金融市场进一步向"前"、向"深"、向"广"拓展，极大促进南沙金融服务向多样化、专业化、高端化和国际化推进。

（三）提升区域产业在全球产业链和价值链的地位

因各国（地区）资源、劳动力、税收、物流成本都不尽相同，随着离岸贸易的深入发展，离岸贸易商所在地定位将发生明显变化。一方面，国际资金、专业人才、商业信息和多元数据等众多高端要素逐渐向离岸贸易商所在地聚集靠拢，推动离岸贸易商所在地形成国际贸易营运中心和资源调配中心；另一方面，离岸贸易商所在地也将逐渐获得对全球或者区域贸易流量、贸易流向和贸易利益的控制权，进而形成能够参与配置全球资源、对全球贸易握有定价权、对贸易规则具有较大影响力的国际贸易中心。离岸贸易通过供应链管理，实现比较利益最大化，提高资源配置效率，不仅可以促进区域产业更高水平地参与国际分工，还能提升国际竞争力和贸易话语权，为未来南沙融入全球开放大局提供强大助力。

三　国内各地新型离岸国际贸易的发展经验和启示

国内各地自贸港、自贸试验区根据自身条件探索发展新型离岸国际贸易，制定的支持政策各具特点，且分别搭建支撑平台提供配套服务。

（一）海南依托自贸港政策优势打造离岸贸易新高地

近几年，海南积极开展新型离岸国际贸易业务，截至 2022 年末，海南新型离岸国际贸易额为 184.5 亿美元，较 2021 年增长 1.5 倍。其中，洋浦经济开发区新型离岸国际贸易额为 122.0 亿美元，占全省超六成。2024 年前三季度，洋浦经济开发区新型离岸国际贸易额已达 93.1 亿美元，规模稳居海南省首位。

为解决离岸贸易中信息不对称问题，海南打造了海南新型国际贸易综合服务平台，从贸易商开户、结算申请、提单查询、船舶档案、靠港轨迹等进行多节点、全链路数据跟踪。该平台覆盖贸易背景、企业和货物信息、提单和运单真实性核验、航运轨迹跟踪等领域的信息和功能，通过大数据比对和人工智能数据分析，核验离岸贸易业务的真实性。同时，该平台实现与银行结算系统的信息共享和数据交换，全方位提升了离岸贸易企业线上办理国际汇款、信用证及贸易融资等金融服务的效率。

在税收政策方面，海南对新型离岸国际贸易企业实行15%企业所得税优惠政策（参与洋浦全球贸易商计划的企业最低可降至10.8%）；对从事离岸贸易人才的个人所得税，其税负最高不超过15%，超出部分予以免征。

（二）上海立足"总部优势"促进离岸贸易发展

近年来，离岸贸易业务已经成为上海自贸试验区国际贸易的新增长点，90%以上离岸贸易业务在上海自贸试验区保税区域内完成，2021年8月离岸转手买卖外汇收支为53.2亿美元。2024年1~7月，上海离岸贸易收支规模同比增长105.7%。

上海自贸试验区通过将资信良好的跨国公司地区总部、总部型机构列入推荐名单，享受离岸贸易便利化政策的方式，支持有实际需求的企业开展离岸转手买卖业务。同时，上海自贸试验区通过建立"白名单"制度，向银行机构提供货物转手买卖贸易企业"白名单"，并根据企业贸易背景和信誉不断扩充和完善，鼓励银行提供基于自由贸易账户的跨境金融服务便利，优化非自由贸易账户离岸贸易资金结算流程，为"白名单"企业提供与国际惯例相匹配的更便利化的融资服务。

2021年10月，上海自贸试验区推出了以境外数据整合辅助贸易真实性审核的平台——"离岸通"。该平台通过对境外海关报关信息、国际海运物流信息、港口装卸信息进行交叉比对和整合分析，辅助银行对企业离岸贸易业务的真实性进行校验。截至2024年，"离岸通"已获取境外19个国家的海关报关数据，对接180多家船公司，加入了国际航空电信协会的航空数据，汇聚了超2万个集装箱港口和码头的信息。2024年4月后，上海配合印花税优惠政策的出台，新增"离岸贸易业务辅助模块（税务端）"，以做好政策落实监管工作；并积极争取接入国家外汇管理局信息化服务平台，从而推进与全国商业银行网点机器的直接对接。

在政策方面，上海自贸试验区支持符合条件的离岸贸易企业申请认定技术先进型服务企业和浦东新区各类总部、营运中心，使其享受相关政策与奖励。2024年2月，离岸贸易税收专项政策出台，明确自2024年4月1日至

2025 年 3 月 31 日，对注册登记在上海自贸试验区及临港新片区的企业开展离岸转手买卖业务书立的合同，免征印花税。

（三）青岛以机制创新为离岸贸易保驾护航

青岛自贸片区充分发挥口岸优势，围绕机制创新，针对新型离岸国际贸易的特点，打造了"以企业展业创新为基础、政府政策为指引、外管辅导为依托、银行服务为辅助、信息平台为保障"的多方位联动工作机制。2022 年全年，青岛自贸片区离岸贸易收支为 77.69 亿美元，占全市超九成，占全省超八成。

2022 年，为解决离岸贸易业务验真困难，青岛自贸片区上线新型离岸国际贸易综合服务平台——"离岸达"，接入境外海关、港口物流、国际航运相关数据，对企业发生离岸贸易的真实性进行验真辅助。截至 2024 年，"离岸达"已获取境外近 60 个国家海关和 6700 个主要海外港口数据，以及 23 万多个集装箱、散货船舶的资料。2023 年，"离岸达"核验离岸贸易业务共 319 笔，核验金额约 77 亿美元，较推出当年增长超 6 倍。

2022 年 1 月，青岛自贸片区出台《中国（山东）自由贸易试验区青岛片区支持新型离岸国际贸易发展的若干意见》，对开展新型离岸国际贸易的企业给予扶持，支持其申请认定技术先进型服务企业并享受税收优惠；对年度新型离岸国际贸易结算量排名靠前的银行机构给予奖励；对相关企业中符合条件的管理人员和人才提供专项优惠人才政策。同时，考虑到离岸贸易资金量需求较大，企业获得单据到银行办理收汇的整个过程审核时间较长，容易造成企业资金周转困难，为缓解相关企业资金压力，青岛自贸片区支持相关企业申请"自贸贷"，最高可享受其实际发生贷款利息 15% 的贴息，信保项下融资企业可享受实际发生贷款利息 20% 的补贴。

（四）苏州以"信用+"模式培育本土化离岸贸易

江苏自贸试验区苏州片区外资总部机构集聚度高，制造业基础雄厚，具有浓厚的制造业底色，比较有代表性的离岸贸易模式是与其产业基础高度匹配的供应链整合模式。该模式业务流程为：先按需从全球采购配套设备和配件,由采购地直接配送至境外客户处,再进行组装交付,资金结算则通过离岸贸易方式进行。该模式下,制造业企业凭借本企业核心技术服务和渠道信息优势占据供应链制高点,在节约时间成本和物流成本的同时实现利润最大化。截至2022年6月底,苏州市共162家企业开展新型离岸国际贸易,离岸贸易收支为13.3亿美元,同比增长1.3倍。

江苏自贸试验区苏州片区在海关特殊监管区域外汇监测服务系统的基础上,打造了新型离岸国际贸易综合服务平台,并通过"信用+离岸贸易"模式,使企业信用数据与平台衔接,在数据支撑的基础上叠加信用监管。该平台通过企业授权方式,与苏州工业园区公共信用信息平台实现数据互联互通,并整合关务、提单、物流等境内外各类贸易数据,对离岸贸易实施全流程、穿透式审核,实现货物流、资金流、单证流及联合监管信息的相互印证,形成"全流程数字化+全流程监测+大数据分析+区块链技术+智能预警"模式,有效解决银行和企业信息不对称问题。

2021年4月,《苏州工业园区促进新型离岸国际贸易高质量发展若干意见》以及配套实施细则发布,鼓励园区新引进企业及存量企业开展新型离岸国际贸易业务,根据企业新型离岸国际贸易业务对园区的综合贡献程度,给予单家企业最高330万元人民币扶持。苏州工业园还对园区发展新型离岸国际贸易作出突出贡献的高端人才纳入重点人才计划,符合条件的纳入金鸡湖人才计划,享受相关优惠待遇;对开展新型离岸国际贸易业务的银行机构和优秀人才给予褒扬及一次性奖励。

国内部分新型离岸国际贸易案例如表1所示。

表1 国内部分新型离岸国际贸易案例

企业	所属地区	商品类型	业务类型	离岸贸易业务内容/流程
中石化(香港)海南石油有限公司	海南洋浦经济开发区	大宗商品(石油)	离岸转手买卖	从中国香港采购航空煤油,销往新加坡,油品直接从中国香港到销售目的地新加坡
兴盟生物医药(苏州)有限公司	江苏自贸试验区	生物医药	全球采购	从境外他国购买试验药品,药品直接在当地或运输至境外第三国进行临床试验,并支付货款和试验相关费用

续表

企业	所属地区	商品类型	业务类型	离岸贸易业务内容/流程
雅马哈发动机智能机器(苏州)有限公司	江苏自贸试验区	机械设备	全球采购	接受来自雅马哈香港公司的订单,再向雅马哈日本公司购买产品,由雅马哈日本公司直接将产品发往终端客户
江苏国泰华盛实业有限公司	江苏自贸试验区	生产原材料	委托境外加工	江苏国泰华盛实业有限公司在缅甸、柬埔寨、孟加拉国等国都有自建或合作工厂,公司除了出料加工以外,还将部分订单直接发给东南亚工厂生产,再由东南亚工厂将成品送至终端客户
山能(青岛)智慧产业科技有限公司	青岛自贸片区	大宗商品(煤炭)	离岸转手买卖	依托山东能源在澳大利亚拥有的煤矿优势,与境外公司签署煤炭买卖协议,将煤炭从澳大利亚直接销售到东南亚
沃尔沃建筑设备(中国)有限公司	上海自贸试验区	机械设备	离岸转手买卖	将挖掘机从韩国工厂购买后,不经过中国口岸,直接销往尼日利亚客户手中
上海信达诺有限公司	上海自贸试验区	大宗商品(金属)	离岸转手买卖	信达诺将智利采购的高品质电解铜直接在境外转卖至新加坡客户
SEW-传动设备(天津)有限公司	天津自贸试验区	承包工程	承包工程境外购买货物	完成了一单以海外承包工程为背景的新型离岸国际贸易收付汇业务。产品直接从德国总部发往附近的终端客户,货运时间缩短至1周
浙江综庆国际贸易有限公司	浙江自贸试验区	大宗商品(化工)	离岸转手买卖	从阿联酋采购聚丙烯直接发给香港一家贸易公司

资料来源:笔者经公开资料归纳整理。

四 南沙发展新型离岸国际贸易的成效、机遇与挑战

(一)成效

南沙"白名单+离岸易"为离岸贸易发展提速。2022年3月,南沙成功办理了首笔新型离岸国际贸易业务。12月,《中国(广东)自由贸易试验区广州南沙新区片区关于促进新型离岸贸易高质量发展若干措施》和《中

国（广东）自由贸易试验区广州南沙新区片区"新型离岸贸易重点企业名单"管理办法》发布。2023 年 6 月，南沙建立新型离岸国际贸易"白名单"制度，认定了南沙首批新型离岸国际贸易企业 6 家，相关企业在南沙开展新型离岸国际贸易业务，最高可获得该业务本地经济贡献 75% 的奖励。2023 年第一季度，南沙新型离岸国际贸易实现收支规模 17.45 亿美元，同比增长 6 倍；2023 年全年增至 42.26 亿美元，展现了巨大的发展潜力。

同时，南沙联合广州数科集团旗下的广电运通推出"离岸易"综合服务平台，整合近 20 个国家和地区的报关、集装箱、海运提单、交易对手背景和贸易"黑名单"等信息和数据；提供线上结售汇、离岸业务国际收支申报、优惠办税、融资保理等服务，简化对账服务、跨境支付结算等流程，进一步提高相关业务办理便利性、时效性和安全性。2024 年 5 月，"离岸易"成功完成数据资产入表工作，获得广州数据交易所颁发的数据资产登记凭证，更深入地挖掘数据产品的经济价值。

（二）机遇

一是优越的区位条件提高了离岸贸易业务辐射周边城市的可能性。南沙位于粤港澳大湾区城市群几何中心，方圆 100 公里内汇集了香港、澳门、深圳、佛山、东莞、中山等 11 座城市以及五大国际机场，有利于形成以南沙为湾区中心的、具备高效资源配置能力和运转效率的综合枢纽，可辐射珠三角，面向全世界，为广东其他内陆城市企业提供最优的离岸贸易配套服务，打造珠三角企业离岸贸易"出海大平台"。

二是重要的战略地位优势为离岸贸易开展创造了良好条件。南沙是广东省唯一国家级新区、广东自贸试验区面积最大片区、粤港澳全面合作示范区，在国家、省、市发展大局中具有重要战略地位。南沙作为自贸区在关税及非关税壁垒（资金、外汇管制等）方面均有政策性特殊优惠，在外汇政策和税收政策方面更具开放度。高度开放、先行先试的自贸区特性，使南沙成为离岸贸易业务开展的理想平台，对离岸贸易发展有极大的促进作用。

三是开放的营商环境为离岸贸易成长提供广阔平台。"2023~2024 年度中国自贸试验区制度创新指数"显示广东自贸试验区南沙片区综合排名卫冕全国自贸区第三，五个评价指标中"法治化环境"排名第一，"投资自由化""贸易便利化""金融改革创新""政府职能转变"四大指标排名均位列前三。南沙率先推出改革创新举措，出台了围绕优化营商环境的若干文件以强化制度供给；推出"1+1+9+N"行政复议与调解模式；实行商事登记确认制，升级上线南沙区信用信息一体化平台；全面推行"交地即开工，竣工即投产"新模式等，以更法治化和便利化的营商环境为发展保驾护航。截至2023年，南沙累计形成制度创新成果997项，其中获全国复制推广45项，获全省复制推广130项，获全市复制推广236项，充分展现南沙创新驱动的强劲发展态势。

四是雄厚的产业基础为离岸贸易发展提供有力支持。国际航运物流方面，南沙港是广州唯一天然深水港，有良好的航运物流基础。2024年，南沙港货物吞吐量达到3.7亿吨，全国排名第13，集装箱吞吐量达到2048.9万标箱，世界排名第9。南沙港口业务和航运物流的发展和积累，聚集了不少深度参与国际分工的企业，为离岸贸易发展积累了需求基础。供应链业务方面，南沙依托珠三角地区庞大的制造业，着力打造为生产制造企业服务的大宗生产原料集散地，在区内建立了工业塑料粒亚太配送中心，服务中国内地、日韩和东南亚等地区客户，年配送能力逾180万吨，已超越新加坡，成为亚太地区最大的进口工程塑料集散地。金融业方面，南沙落地多个金融战略合作项目，获批建设了广州期货交易所、广州数据交易所，启动建设粤港澳大湾区（广州南沙）跨境理财和资管中心。金融分布式数据库、跨境贸易结算平台等多个项目入选国家、省、市的金融科技试点或案例。南沙是国内为数不多的同时拥有合格境内有限合伙人（QDLP）和合格境外有限合伙人（QFLP）两个试点政策的地区之一、私募基金跨境投资试点，金融开放创新初见成效。

五是全球溯源体系为离岸贸易规范化提供了重要保障。历经多年发展更迭，南沙首创的全球溯源中心全新升级至4.0版。通过制定商品数据化规则，实现跨区域跨行业跨平台的商品信息采集、处理、分析、溯源和应用。

截至 2023 年 6 月，全球溯源体系累计赋码 1.1 亿个，溯源商品货值 607 亿美元，全球 15039 家企业参与，涉及品牌 8716 个，应用商品覆盖 147 个国家和地区。其衍生的系列"溯源+"新应用，促进了各领域数字化创新。将全球溯源体系应用到新型离岸国际贸易业务中，形成"溯源+离岸贸易"模式，可高效解决在外汇管制背景下，离岸贸易真实性核验困难的问题，逐步制定南沙外汇业务真实性核验标准。

（三）挑战

一是税收政策吸引力不足，未能形成竞争优势。从企业所得税角度看，香港企业的利得税（所得税）为 16.5%，按地域来源原则征收，离岸经营所获得收入均无需缴纳香港利得税。新加坡所得税平均税率为 17%，按属地原则征收，对从事离岸货物贸易企业，且符合条件的企业（如获得"全球贸易商计划"的企业）给予不超过 10%的所得税优惠税率；同时，符合条件的新企业还可享受政府税务减免计划，豁免后有效税率不高于 8.5%。从流转税角度看，香港未开征流转税。新加坡的流转税是货劳税（Goods and Services Tax），即对所有商品和服务征收的消费税，类似于中国的增值税，其税率为 7%。而南沙因离岸贸易未涵盖在 15%所得税行业目录内，离岸贸易企业所得税率仍为 25%，对提供离岸贸易配套服务的企业也需要征收增值税，这使南沙与国际离岸贸易集中地香港、新加坡相比缺乏竞争力。即使与国内其他城市相比，南沙也未能形成明显优势。

二是起步较晚，相关经验仍待积累。中国人民银行、国家外汇管理局自 2020 年末起在海南、苏州、厦门等地区先后开展支持新型离岸国际贸易发展试点，其中，最早的海南在 2020 年 7 月已开展试点工作。而南沙于 2022 年 3 月成功办理了区内企业首笔新型离岸国际贸易业务，到 2023 年才正式推出了具体的"白名单"制度和配套平台"离岸易"。在其他地区已积累了一定的发展经验并摸索出符合本地区实际的发展模式时，南沙对该业务仍处于研究摸索阶段。

三是人才储备需加强，行业智力支撑有待完善补充。目前，南沙开展的国际贸易主要集中在进出口贸易方面。而离岸贸易这一占全球比重最大的贸易模式,对南沙而言尚属新生事物。无论是在政策制定前沿的政府部门,还是开展业务审核的金融机构,或是后续保障的法律体系,精通离岸贸易业务的专业智力资源都有待完善补充。

四是统计方法需完善,相关经济成果有待系统体现。一方面,由于离岸贸易"两头在外"的特点,其商品不进入我国一线关境,不纳入我国海关统计。另一方面,企业开展离岸贸易业务不需要在国内缴纳增值税,导致纯离岸贸易企业,即使营业收入达到相当规模,也因无法提交入统所必需的增值税纳税申报资料,数据难以纳入统计。同时,由于该业务资金在国内结算,相关收入计入国内企业营业收入并在国内缴纳企业所得税,对税收和经济带动贡献也显而易见。然而,虽全国多地均有开展离岸贸易业务,但至今仍未形成一套对应的统计方法。

五 南沙发展新型离岸国际贸易的方向和建议

南沙具备发展新型离岸国际贸易的众多优势,建议从以下四个方面着力,探索新型离岸国际贸易"南沙模式",培育高质量发展新动能。

(一)用好"他山之石",打造离岸贸易"南沙模式"

目前国内其他地区已陆续开展新型离岸国际贸易探索,其中不乏一些适合南沙参考的成功经验:海南的"以政策引规模"模式、上海的"白名单+总部政策"模式、苏州的"制造业供应链整合"模式、青岛的"机制创新+金融产品创新"模式等。可立足南沙的产业基础和优势,与周边地区错位发展,打造具有南沙特色的"多产业协同"差异化离岸贸易发展道路。

一是以大宗商品贸易为切入点。2023 年南沙商品销售总额首次突破6000 亿元规模,其中大宗商品贸易占比超过四成,分别分布于金属材料类、石油及其制品类、化工材料及制品类、煤炭及制品类、大豆等初级农产品类,上述商品均属于离岸贸易中国际认可的货物类别。目前南沙已初步具备发展大宗商品离岸贸易的需求基础，部分企业已经在逐步拓展离岸贸易业务，可以此作为南沙探索国际离岸贸易市场、由经济内循环到外循环拓展的切入点。

二是以离岸金融和服务业为拓展点。南沙可发挥明珠金融创新聚集区的金融赋能优势，以粤港澳大湾区（南沙）财税专业服务聚集区为服务支撑，依托现有 NRA 账户体系，扩大开展贸易融资和金融衍生品的范围，提升结算时效性及便利度。加强自贸试验区内银行自由贸易账户（FTA）、离岸账户（OSA）的业务试点效应，进一步丰富离岸贸易配套服务场景，探索离岸贸易优质客群的差异化授信政策。积极推动与离岸贸易业务相关的配套专业服务机构入驻，进一步完善和丰富离岸贸易产业链条。

三是以制造业全球委外代工为发力点。目前，南沙制造业基础较强，但生产制造主要局限在本地，限制了其总体规模的进一步扩大。随着全球产业分工深度整合，越来越多生产企业为降本增效会把资源配置的布局放眼至全球，参考各国不同的资源优势和成本优势进行产业布局，将工厂转移至资源、人力、税务和物流等成本相对较低的国家和地区。如从产地国家购买价格更低的原材料送至人力、土地资源更低的东南亚工厂加工，再销往第三国。南沙可参考苏州模式，专注最具有核心竞争力的环节，将其他非核心服务环节进行外包，或探索打造东南亚工厂代工模式下的制造业全球离岸统筹中心，推动本地工业走向世界。

四是以境外工程资源调配为探索点。鼓励有实力承包境外工程的南沙建筑业企业，通过全球资源配置开拓海外市场，探索开展设备和原料境外采购、直接配送到工程所在地，境内进行单证处理资金结算的离岸业务，逐步把南沙打造成"一带一路"境外工程资源调配中心。

（二）立足本区实际，建立更有竞争力的政策体系

目前，我国只有少数地区对新型离岸国际贸易明确出台了相关税收优惠政策，如海南实施不高于 15% 的企业所得税和不超过 15% 的相关行业人才个人所得税政策。南沙该业务仍按 25% 的企业所得税征收，可享受离岸业

务本区相关经济贡献75%返还的企业仅是"白名单"里的 6 家，对该业务发展壮大难以起到立竿见影的促进作用。离岸贸易的本质在于满足贸易商（跨国公司）降低交易成本的需求。在税收政策难以实现突破的情况下，要吸引更多离岸贸易商落户南沙并开展业务，增加离岸贸易方面的税收收入，发挥离岸贸易其他功能和带动作用，需出台更大力度的优惠政策。考虑到目前银行美元贸易融资成本高居不下、境内融资成本高企的形势，建议在现有政策搭建的框架下，探索建立更全面、更具普惠性、更有竞争力和吸引力的政策体系。尤其是发挥大湾区金融政策优势，争取借助香港、澳门金融机构离岸资金优势，支持降低银行拆借成本，专门针对南沙、前海、横琴等大湾区离岸贸易企业，降低企业贸易融资成本。

（三）充分利用南沙方案，为离岸贸易"招才引智"

离岸贸易是涉及全球资源运作的业务，其业务基础是专业人才。目前，作为全国首个国际化人才特区，全省人才重大管理改革举措和创新政策优先在南沙试点，南沙在人才政策上具备较好的基础。《广州南沙深化面向世界的粤港澳全面合作总体方案》指出，强化粤港澳科技联合创新，推动国际化高端人才集聚；创建青年创业就业合作平台，为港澳青年来南沙发展提供更多的机会和平台。而香港是世界著名的离岸贸易中心和金融中心，南沙可通过香港这个对接国际的平台，引进香港离岸贸易发展经验和专业人才，实现香港经验在内地转移转化，在做好人才储备的同时，加强本地人才的培养，为离岸贸易发展做好"智力保障"。

（四）探索制度创新，建立离岸贸易统计制度

国家外汇管理局公布资料显示，中国国际收支货物和服务贸易与国际收支平衡表中的货物和服务口径一致。根据国际收支统计原则，国际收支口径货物贸易关注的是货物所有权转移，无论货物是否进出海关关境，只要货物在居民与非居民之间交易，就需纳入国际收支统计。香港特别行政区政府统计处数据显示，香港的离岸贸易与商品贸易、服务贸易并列归类于对外贸易

范畴，与离岸贸易相关的货品贸易和服务以毛利和佣金的形式纳入统计。而在国内统计领域，离岸贸易由谁统计、如何统计，在现行的统计制度中均未有清晰的指引。建议上级统计部门根据离岸贸易业务的特殊性，参考国际离岸贸易统计原则和香港离岸贸易统计方法，探索建立适合我国的新型离岸国际贸易统计制度，及时反映相关业务对区域经济的贡献，做到应统尽统、不重不漏。

参考文献

《中国人民银行　国家外汇管理局关于支持新型离岸国际贸易发展有关问题的通知（银发〔2021〕329号）》，中国人民银行网站，2021年12月29日，http：//camlmac.pbc. gov. cn/tiaofasi/144941/3581332/4435810/index. html。

《广州南沙经济技术开发区商务局关于印发中国（广东）自由贸易试验区广州南沙新区片区关于促进新型离岸贸易高质量发展若干措施的通知》，广州市南沙区人民政府网站，2022年12月28日，http：//www. gzns. gov. cn/zwgk/zcwjjjd/zcwj/content/post_8764 566. html。

《广州南沙经济技术开发区商务局关于印发中国（广东）自由贸易试验区广州南沙新区片区"新型离岸贸易重点企业名单"管理办法的通知》，广州市南沙区人民政府网站，2022年12月28日，http：//www. gzns. gov. cn/zwgk/zcwjjjd/sqwj/content/post_95482 77. html。

崔凡：《发展新型离岸贸易　推动制度集成创新》，《中国外汇》2021年第24期。

《财政部　税务总局关于在中国（上海）自由贸易试验区及临港新片区试点离岸贸易印花税优惠政策的通知》，中国政府网，2024年2月6日，https：//www. gov. cn/zhengce/zhengceku/202402/content_6931760. htm。

《关于印发〈中国（山东）自由贸易试验区青岛片区支持新型离岸国际贸易发展的若干意见〉的通知》，中国（山东）自由贸易试验区青岛片区网站，2022年1月27日，http：//qdftz. qingdao. gov. cn/zcfg_115/qywj_115/202204/t20220401_5154875. shtml。

《关于印发〈中国（山东）自由贸易试验区青岛片区"自贸贷"资金池管理试行办法〉的通知》，中国（山东）自由贸易试验区青岛片区网站，2022年3月3日，http：//qdftz. qingdao. gov. cn/zcfg_115/qywj_115/202204/t20220401_5154912. shtml。

国际交往与传播篇

B.9
打造国际公共产品参与国际交往的
地方发展路径

——以广州奖为例

夏格尔　胡泓媛　张映瑜*

摘　要： 地方参与国际交往是践行中国特色大国外交、构建国际话语体系、增进文明互鉴的重要实践路径。根据交流深度与功能定位的差异，可将地方国际交往划分为情感性、平台性、思想性三个递进层次，形成立体化、多维度的对外交往体系。广州奖从广州对外友好等情感性交往的土壤中诞生；广州奖1.0创设框架活动体系，发挥了平台性交往功能；广州奖2.0开发城市创新评估体系，开启了思想性交往的成功尝试，成为广州全面服务中国特色大国外交的标志性品牌。展望未来，广州奖3.0可从三个方向进一步强化其国际公共产品的属性：一是推动评估体系"下基层"，实现在全球地

* 夏格尔，广州奖办公室全球议程主管，研究方向为城市治理创新；胡泓媛，广州市社会科学院城市国际化研究所副研究员，研究方向为城市国际化、城市国际传播、文化贸易；张映瑜，广州市社会科学院博士后工作站在站博士后，研究方向为企业国际化。

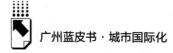
方实践中更广泛的应用；二是推动最佳实践"上高层"，帮助获奖案例获得主要国际组织等更高层面的支持；三是推动案例素材"入科研"，增强广州奖的学术价值和应用生命力。

关键词： 大国外交　城市对外交往　国际公共产品　城市创新　广州奖

一　新时代地方参与国际交往的功能分层

地方参与国际交往是践行中国特色大国外交、构建国际话语体系、增进文明互鉴的重要实践路径。在习近平外交思想的指引下，根据交流深度与功能定位的差异，可将地方国际交往划分为情感性、平台性、思想性三个递进层次，形成立体化、多维度的对外交往体系。这种功能分层既体现了人文交流从具象到抽象、从感性到理性的认知升级规律，也契合了国家治理现代化对地方外事工作的战略要求。

（一）情感性交往：人民友好

习近平外交思想明确，积极发展全球伙伴关系是新时代中国外交的重要着力点。人民友好工作是增进人民情感纽带、促进国家关系发展、筑牢伙伴关系的基石。我国地方对外工作正是从人民友好工作发端，拓展到经贸合作、教育互访、文化旅游等务实合作当中，通过人际互动积累情感信任。自1973年缔结首对中外友好城市至今①，我国31个省、自治区、直辖市和543个城市与147个国家的602个省州和1871个城市建立了3054对友好城市（省州）关系，建立起遍布五大洲的国际朋友圈和合作伙伴网，合作项目涉及人文交流、经贸合作、互联互通等方面。地方通过人民友好的情感性交往，在经贸活动、文化教育旅游等领域深化国际合作，以"润物细无声"

---

① 时间截至 2024 年 11 月 18 日。

的方式服务国家外交战略。经贸活动以利益互惠夯实情感联结。地方经贸展会（如广交会、进博会）年均吸引数十万名国际客商参会，形成"接触—信任—合作"的递进链条。文化教育旅游则以共情体验重构国家认知。每年超 1 亿人次的出入境往来、3000 余场地方级国际文化活动，共同构成"接触点网络"，持续修正国际认知偏差。在"去政治化"场景下，中国形象从"宏大叙事"转向"可触摸的真实"。"量的积累"是地方对外交往的首要贡献，民间交往的"压舱石"功能通过高频次、低门槛的互动积累信任资本，通过规模性实践增强民族形象的"鲜活感"与"血肉感"，为促成更高层次合作提供契机，成为中国特色大国外交的重要支撑。

（二）平台性交往：树立威望

在推动构建人类命运共同体的总目标上，新时代中国外交着力推动构建"相互尊重、公平正义、合作共赢"的新型国际关系。地方通过举办和承办重大国际性活动，以搭建对话交流平台为核心，创造中外思想碰撞、发展经验互鉴的契机，推动构建"相互尊重、公平正义、合作共赢"的新型国际关系，例如 G20 峰会、金砖国家峰会、博鳌亚洲论坛、"一带一路"国际合作高峰论坛等高峰对话类活动，中阿合作论坛、中非合作论坛、中国—东盟博览会、丝绸之路国际博览会等区域合作对接类活动，奥运会、亚运会、世界锦标赛、国际俱乐部赛事、地方特色国际赛事等国际体育活动，中外文化展示周、国际友城文化艺术交流等文化交流活动，"一带一路"高校联盟、行业联盟等同类主体交流合作平台。这些平台以"突出标识性"为特征，为各界人士提供沟通交流的机会，形成具有影响力的交流成果，引发世界关注。平台性交往通过品牌化运营展现中国精神和中国风范，以议程设置能力影响国际话语权，以解决方案供给诠释大国责任担当，成为提升国家国际威望、服务大国外交战略的"战略支点"。平台性交往是当前地方吸引国际注意力资源、扩大对外交往影响力最常用的工作方式。

（三）思想性交往：道路共识

积极参与全球治理体系改革和建设是新时代中国外交的大国担当。以身作则为世界提供使所有国家及人民受益的国际公共产品，通过知识共享、规则共建和风险共担，推动国际社会形成对发展道路的深层理解与集体认同，为世界共同发展作贡献。各国对国际公共产品的应用，以及各自视角的表述，实际上是接纳和内化了中国主张的结果，不提中国、胜似中国，潜移默化地输出人类命运共同体的思想内涵，推动达成国际理解与共同行动。思想性交往具有无形性，以他者案例、世界话语阐释中国精神的最高境界。国家主导的代表性思想性交往有上海合作组织、"一带一路"倡议等。地方也开展了许多有益的尝试，如雄安新区主导制定的"P2413.1智慧城市参考架构标准"在国际电气和电子工程师协会（IEEE）会议上通过，为智慧城市标准领域输送了一项国际标准；G20杭州峰会期间发起的世界电子贸易平台（eWTP）倡议，为中小企业搭建了数字贸易基础设施；广州牵头开展海上丝绸之路起点跨国联合申遗和文物保护合作……当更多地方创新被纳入国际集体行动框架时，超越具体利益交换的行动实质上传递了"开放包容、互利共赢"的发展哲学，中国特色大国外交便获得了扎根于全球治理土壤的鲜活生命力。思想性交往是地方服务大国外交的最高境界，也是难度最大的交往方式，需要具备过硬的伙伴网络、国际威望和思想深度才能一呼百应。

（四）三个层次的关系

三个层次的交往构成螺旋上升结构：情感性交往奠定民意基础，平台性交往构建对话载体，思想性交往实现价值引领（见图1）。在地方服务大国外交工作中，要有一部分活动稳定在各个层次，各司其职、保持各个层次的民心联结；也可培育部分活动通过逐层积累、动态跃迁的方式升级功能，递进至更高层次担负国家使命。

三个层次并非简单堆砌，而是通过"实践—反馈—升级"的循环实现能级跃升。基层情感共鸣为平台建设注入社会资本，平台建设创新为思想输出提供实证案例，高层次交往反哺下层结构优化。地方实践需在"守正"与"创新"间平衡：一方面维护情感性交往和平台性交往的基本盘，确保外交资源的可持续性；另一方面识别具有升级潜力的"种子项目"，通过政

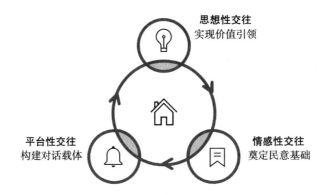

图1 地方参与国际交往的功能分层示意

策试点、资源倾斜助其突破层级壁垒，为中国特色大国外交培育出兼具韧性与张力的实践范式。

二 广州奖的发展历程和功能进阶

广州国际城市创新奖（以下简称"广州奖"）是广州市培育的一个由情感性交往成功递进至思想性交往的地方服务大国外交品牌。广州奖厚植于广州丰茂的国际友好土壤之上，自2012年起创设，历经十余年的创新探索，成功迭代成为备受国际社会欢迎的国际公共产品，成为广州思想性交往的标志性品牌。

（一）筹备与诞生：高站位传承创新对外交往

作为千年商都、中国改革开放的前沿城市，广州长期以来在城市对外工作中构建起经贸合作、国际友好关系发展和多边合作的"三驾马车"。经贸合作方面，广州与全球220多个国家和地区保持贸易往来，拥有全国首屈一指的广交会，成为中国对外开放的重要窗口。国际友好关系发展方面，广州早在1979年即与日本福冈市缔结了首个友好城市关系，截至2024年11月，广州已与68个国家108个城市建立了友好关系①，构建起广泛且紧密的国

---

① 数据来源：广州市人民政府外事办公室网站，http://www.gzfao.gov.cn/attachment/0/4/4731/256515.pdf。

际友好城市网络。广州不断拓展国际友好城市网络，在经济、文化、教育等多个领域开花结果。多边合作方面，广州逐步从双边外交迈向多边外交，进入了全球城市多边组织的核心领导圈。1993年，广州加入世界大都市协会，并于1996年被推选为董事会成员，成为中国首个加入并唯一担任该组织主席的城市。2004年5月，广州以创始会员身份加入世界城地组织，担任理事会成员，并曾出任世界城地组织联合主席长达12年。这些经历不仅极大提升了广州的国际影响力和形象，也为广州在国际城市治理领域赢得了重要话语权。

进入21世纪，随着全球城市化进程加速推进，城市面临环境污染、交通拥堵、资源短缺、社会不平等等问题愈加突出。众多城市开始各自探索创新解决方案以应对这些新挑战，但这些实践缺乏国际化的展示和交流平台。在担任世界城地组织、世界大都市协会核心领导职务，积极参与全球城市治理的过程中，广州深刻洞察到全球城市在治理中面临的共同挑战和机遇，并倾听到广大会员城市的迫切呼声。在此背景下，2011年6月，广州市以世界城地组织联合主席城市的名义倡议设立广州奖，并于同年12月在意大利佛罗伦萨召开的世界城地组织世界理事会会议上获得通过。2012年，世界城地组织、世界大都市协会两大国际组织和广州市共同发起设立广州奖，旨在交流城市创新发展的先进经验，表彰城市和地方政府推动创新发展的成功实践，倡导城市创新发展的科学理念，进而推动全球城市的全面、和谐与可持续发展。

广州奖的设立，是在广州城市对外工作深厚的情谊积累基础上，及时回应全球城市治理需求，以及突破自身创新实践的综合考量。它不仅是广州对全球城市共同发展美好愿望的积极回应，还是广州主动服务中国特色大国外交，为世界发展、构建人类命运共同体作出的积极探索和实践。广州奖倡导以整体性视角审视城市问题，推动城市的整体性、系统性创新和发展，致力于解决城市治理中的根本性社会问题，非常契合全球城市发展需要，迅速得到各国城市及地方政府的重视与参与。2012年首届广州奖共收到全球56个国家和地区的153个城市255个创新项目的参评申请。美国福克斯新闻、美国国家广播新闻、哥伦比亚广播新闻、雅虎官网财经频道等多家海内外知名媒体都给予了广州奖积极评价，打开了广州奖"国际范"的良好局面。

（二）广州奖1.0：强链接搭建网络平台

自 2012 年奖项创设到 2018 年全球市长论坛创设，广州奖以奖项评选为中心，逐步构建了"评奖、研究、网络、活动"四位一体的综合交流体系。发展初期，广州奖即以高度的战略自觉，深度思考如何以奖项为纽带搭建一个全球城市交流合作的平台，为全球城市互学互鉴、引领城市治理创新和可持续发展创造良好环境。鉴于此，广州奖在持续优化奖项评选和运行机制的同时，通过举办城市创新培训、案例分享会、专题研讨会等一系列多样化活动，不断丰富交流形式与内容，不断深化其作为全球城市交流平台的品牌内涵，致力于构建一个更加紧密、务实、高效的全球城市交流合作网络。

常态化、多层次的交流是这一时期广州奖做强国际伙伴网络平台链接功能的主要思路。2015 年，广州奖创办首期"国际城市创新领导力研讨班"，截至 2024 年已举办四期。该研讨班旨在加强全球城市管理者在城市创新方面的学习分享和能力建设，为全球城市治理决策者提供了创新思维的碰撞空间，建立起一个基于城市创新议题的全球网络。"城市创新讲坛"则是广州奖面向公众普及城市治理智慧的品牌，向公众普及城市创新和可持续发展理念，进一步提升社会对城市治理的认知度和参与度。2018 年，在广州奖评选活动的基础上，中国人民对外友好协会、广州市人民政府以及世界城地组织、世界大都市协会联合创设了"全球市长论坛"，为广州奖国际交流合作网络打造了高峰品牌。"全球市长论坛"配合广州奖评选周期，每两年举办一届，为全球城市提供了一个更高层次的交流平台，用于分享可持续发展最佳实践、探讨城市治理的创新路径，进一步拓展了广州奖框架下城市交流的广度和深度（见图2）。

至此，广州奖成功构建了一个覆盖全球城市、国际合作伙伴、城市治理实践者、研究者以及广大公众的庞大网络，形成了强有力的网络联结体系。借助全球城市和合作伙伴的积极参与，广州奖形成了以自身为核心的"朋

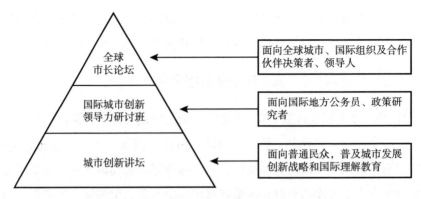

图 2　广州奖国际交流合作平台品牌体系

友圈"。依托这一网络，全球城市、国际组织、研究机构及高校等全球伙伴建立起了紧密的联系，开展了广泛的合作，推动了多领域的研究合作和双边多边交往。2023 年全球市长论坛吸引了来自全球 37 个国家的 65 个城市及 9 个国际组织代表来穗参会，为广州与世界、世界与世界搭建了合作桥梁。通过高层会见、城市推介、嘉宾访谈、企业对接、媒体专访等形式，进一步深化和发展了广州与各国地方的合作伙伴关系，催生出大量的合作发展新机会。

（三）广州奖2.0：深层次开发国际公共产品

广州奖的核心价值在于通过奖项评选发掘并推广优秀案例，为全球城市治理创新和可持续发展提供有益的参考借鉴。经过多年的努力和 6 届奖项的积累，广州奖成功打造出广州奖城市创新数据库这一核心资产。自评奖以来，该数据库已积累了 1635 个城市创新案例数据。这个全球城市治理创新的知识宝库，为城市创新实践者和研究者提供了丰富的案例资源和实践指南，赢得了全球城市的积极参与和广泛赞誉，逐步树立了一个具有国际影响力的奖项品牌。广州将进一步修炼内功，提高这一核心资产的变现能力。

一是打造全球城市学习社区，以世界话语诠释人类命运共同体。广州奖城市创新数据库免费向全球开放，为全球城市治理和可持续发展贡献了广泛而多样化的地方创新解决方案。广州奖鼓励全球城市、实践者、研究人员及公众研究者和决策者，深入挖掘这些案例所蕴含的城市创新内核和价值，提炼出可操作、可借鉴、可学习、可转化的经验和启示，深入思考可持续发展和构建人类命运共同体的必然性。英国曼彻斯特大学、伦敦南岸大学等国际高校学者自发运用了广州奖城市创新数据库，为其开发的城市元宇宙实验室提供论证可行性的数据，以更科学、更现实地模拟快速城市化、资源紧张、环境污染以及气候变化等多重挑战的治理路径。同时，广州奖打造了一个充满活力的学习交流社区，进一步促进了全球城市和地方政府、城市治理实践者、研究者间的交流和互动。莫斯科分析中心编研的《金砖国家城市：气候议程报告》通过"广州奖"网络动员相关城市，最终在各大金砖国家城市的共同推动下取得成功。

二是对接主要国际组织，输送地方最佳实践。广州奖全面对标联合国可持续发展目标等全球议程，逐步将联合国可持续发展目标和《新城市议程》纳入奖项评价标准，成为地方层面落实《2030 年可持续发展议程》的重要平台。广州奖的案例价值也得到了联合国人居署的高度认可，大量广州奖优秀案例被收录至联合国人居署城市最佳实践数据库，成为全球城市学习的典范，进一步凸显了广州奖为全球城市提供公共产品的重要作用。2023 年，湖北咸宁"儿童友好共建共享提升学校周边交通安全"项目获广州奖。此后，在广州奖的牵线下，联合国人居署中国办公室、亚洲开发银行交通局先后前往咸宁考察，该项目不仅在整个湖北省迅速复制推广，更使咸宁的城市建设收获了国际组织的重点关注和支持。

三是研发城市创新评估体系，推动成果规模化应用。基于历届优秀案例的要素和经验，广州奖联合美国宾夕法尼亚大学，提炼并总结出一套科学、系统的城市创新评估体系（Civitas Novus），为全球城市提供了对城市创新生态系统的规律性认识，并为创新实践提供了国际化应用的参考框架。该体系作为能力建设工具，旨在全面评估城市创新生态系统的现状，提升城市创新能力，助力城市制定更具针对性的创新策略，推动城市可持续发展加快转型。该体系在广州奖首届获奖城市土耳其科喀艾里进行了试点，并获得了广泛好评。这不仅彰显了广州奖打造国际公共产品、为全球城市赋能的使命，更充分体现了广州奖在搭建合作网络方面的独特价值和优势。广州奖城市创新评估体系在 2024 年世界城市论坛（WUF12）上正式发布。

从初创时仅供主题词检索的简易案例数据库，到如今全世界任何城市都能通用的城市治理创新能力测评工具，广州奖不仅为服务对象构建了对标学习的榜样群像，更打造了督促成长的测评机制、充满活力的学习交流社区，构建起城市治理创新实践的全面支持系统，成为全世界城市创新合作的共享平台。这些研究成果的背后，无不体现着相关城市对广州奖理念的认可、对参与合作的欢迎。广州奖已经实实在在地推动着世界范围城市治理创新的发展。在 WUF12 上，联合国副秘书长、人居署执行主任罗斯巴赫赞赏广州奖及广州为实现联合国可持续发展目标和全球城市治理所作出的努力。联合国人居署亚太区域办事处代表石垣和子期盼借助广州奖数据库和案例支持，帮助联合国人居署引领全球地方数字基础设施建设事业发展。

三 广州奖3.0服务国家使命的路径展望

回首过往，广州进行了以全球案例、世界话语诠释中国式现代化与构建人类命运共同体的突破性探索，促进各方更深入认识广州之志、关注广州所能、支持广州所为，建立起广州与中国式现代化理想城市的联结。未来，广州将更深度地拥抱世界，广州奖也将开启作为国际公共产品传播思想、启迪智慧、凝聚合力的新征程。广州奖 3.0，要以提供惠及全球城市的公共产品为首要任务，在规模化应用、机制化合作上进行更大胆的尝试，以评奖理念引导全球城市发展，凝聚全球发展合力，彰显人类命运共同体的主张。

（一）推动评估体系"下基层"

推动城市创新评估体系在全球地方实践中应用指导，切实提高全球可持续发展质量。广州奖城市创新评估体系源于对广州奖创新案例经验的总结和提炼，是广州奖优秀案例研究成果的结晶，有巨大的应用推广潜力和价值。

广州奖应当进一步深化城市创新评估体系的应用，致力于将该体系推广到全球更多城市与地方的实践中。通过组织培训、工作坊和现场指导等形式，帮助各地理解和运用这些评估工具，促进城市治理的现代化和精细化，使广州奖城市创新评估体系真正成为地方发展的重要驱动力。升级"国际城市创新领导力研讨班"，联合联合国人居署、世界银行等主要国际组织，开展"城市创新评估官"培训认证，邀请联合国人居署专家、国际金融机构顾问等组成导师团队，提供"一对一"优化指导，为各国城市和地方政府培养城市创新评估专业人才。建议多语种开发评估体系应用配套工具包，如数据标准化分析模板、政策模拟沙盘、城市创新指数测算模型、"广州奖城市创新评估体系基层应用手册"（图文版/短视频版）等，提高评估体系全球应用的便利性，为全球城市实施可持续发展议程和落实可持续发展倡议提供有效的工具与平台。

（二）推动最佳实践"上高层"

深化与国际组织的战略合作机制，助力获奖案例进一步优化升级。争取联合国人居署"城市最佳实践数据库"对广州奖获奖案例的标识性授权，将全球市长论坛纳入联合国人居署国际活动框架，提升案例在参与更高层次资源竞争和更大范围宣传推广时的权威性。探索拓展与世界银行、亚洲开发银行等国际金融机构的合作，将符合其资助方向（如韧性城市、绿色基建）的案例纳入"优先推荐项目库"，推动案例获得资金支持。争取与联合国人居署、C40城市气候领导联盟等机构合作，将广州奖作为其"创新案例孵化平台"，明确案例推荐机制和联合研究计划。联合主要国际金融组织举办"案例路演工作坊"，指导城市优化项目设计以符合国际资助申请要求（如世行贷款项目的可行性研究框架）。与ISO（国际标准化组织）合作，将广州奖评估指标与ISO 37120（城市可持续发展指标）互认，提升案例的国际权威性。鼓励广州奖案例城市进一步申报更高级别国际奖项或资助，对成功入围的案例城市，提供额外的政策支持（如优先参与全球市长论坛、免费参加一定范围的广州奖框架活动等）。

（三）推动案例素材"入科研"

推动全球范围高校、智库等科研主体应用广州奖案例库，促进案例获得更多社会关注和激励，增强广州奖的学术价值和应用生命力。广州奖可联合宾夕法尼亚大学城市研究中心、北京大学城市治理研究院、新加坡科技设计大学李光耀创新型城市中心等高校科研机构，推动广州奖案例成为高校城市治理课程的实践教材，塑造学术话语权。联合 Springer 等国际出版机构出版 *Urban Innovation in Practice: GUA Case Studies* 系列丛书，按 SDGs 分类出版案例深度分析报告。在全球高校设立"案例科研转化实验室"，参照 FAIR 原则（可发现、可访问、可互操作、可复用）优化数据呈现方式，分解为标准化技术模块，探索运用区块链技术、虚拟仿真技术、数字孪生技术对案例进行拆解应用，提高数据应用能力。建立科研成果反哺机制，开展"获奖案例国际影响力追踪研究"，用区块链技术记录每个案例的学术引用、技术改进和跨国应用历程，生成动态知识图谱，定期发布《广州奖案例学术影响力指数报告》，对产生重大科研成果（如被 IPCC 报告引用）或衍生专利技术（如基于广州案例的暴雨内涝预测模型）的原始案例给予重点宣传和支持。

参考文献

中共中央宣传部、中华人民共和国外交部：《习近平外交思想学习纲要》，人民出版社，2021。

鲍雨、伍庆：《中国式现代化与广州国际交往中心城市建设》，中山大学出版社，2024。

胡泓媛：《国际传播能力视角下广州城市形象传播实践与创新》，中山大学出版社，2024。

万晓宏、黄伟帆：《广州城市外交评析——以广州国际城市创新奖为例》，《城市观察》2024 年第 6 期。

B.10
广州建设国际化街区的实践探索

彭 林 黄柯劼 滕 熙*

摘 要: 广州以国际化街区建设推动城市国际竞争力提升，构建"社区—街区"迭代路径，在促进产业升级、优化公共服务、增强治理能力、促进中外融合方面取得良好成效。研究建议广州在强化规划引领、加强统筹整合、促进多元参与、注重品牌打造等方面进一步加大工作力度。

关键词: 国际化街区 城市竞争力 广州

建设国际化社区、提升城市国际化水平，是城市主动提升对外开放水平、提升自身综合竞争力的探索。近年来，广州在原有国际化社区建设探索的基础上，积极推进国际化街区试点工作，通过打造首批 12 个街区，围绕进一步全面深化改革，将国际化街区创新打造为具有开放风、自豪感、国际范的"湾区样本"这一目标，全面推进试点建设。本报告基于笔者 2023 年下半年至 2024 年上半年对 4 个市级职能部门的专题调研、对全市 12 个试点街区的两轮实地走访、对超 30 人次街道和社区工作人员的访谈，以及 2022~2023 年连续两年对广州常住外籍居民的问卷调查，以期总结阶段性发展经验，为进一步加大国际化街区推广建设力度、助力广州中心型世界城市的精细化建设贡献力量。

---

* 彭林，博士，广州市社会科学院城市治理研究所副研究员，研究方向为政治学、政治社会学、公共政策；黄柯劼，博士，广州市社会科学院社会研究所副研究员，研究方向为移民社会学、社会政策；滕熙，广州市城市规划勘测设计研究院高级城市规划工程师，研究方向为城市规划与设计。

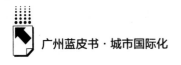

一　广州建设国际化街区的背景与历程

作为一种公共政策实践，国际化街区的发展源头可追溯至国际化社区。放眼全球，由政府推动和主导的国际化社区建设仅见于中国大陆城市。值得注意的是，这类实践呈现较强的地方自发特征，主要表现为以城市为单位的分散探索，至今中央政府尚未出台自上而下针对城市国际化社区建设的统一制度和政策安排。从参与城市、驱动力、治理逻辑、实施范围等关键因素来看，我国城市国际化社区发展大致可以划分为四大阶段（见表1）。

表1　我国城市国际化社区发展阶段

时间段	参与城市	驱动力	治理逻辑	实施范围
1990~2000年	主要一线城市：北京、上海、广州	吸引外资	高端化中外分隔	点状
2001~2012年	主要一线城市：北京、上海、广州	吸引外资	多阶层中外分隔	点状
2013~2019年	向其他一、二线城市延伸：深圳、成都、南京、杭州、西安、武汉、重庆等	吸引外资、提升治理水平	专门化涉外管理服务体制出现	以点带面
2020年至今	向其他一、二线城市延伸：深圳、成都、南京、杭州、西安、武汉、重庆等	经济、治理、综合竞争力、文化软实力	中外融合	全域规划布局

广州作为内地城市改革开放排头兵，对外开放早、经济社会国际化水平高、国际交往资源丰富，国际化禀赋仅逊于北京、上海，领先于国内多数城市，国际化社区发展历程和建设实践具有很强的代表性。

（一）商业地产驱动的"高端涉外小区"

广州最早的国际化社区雏形可以追溯至20世纪90年代在二沙岛等少数地段出现的高端国际公寓和高品质商品房小区，这些物业的重要租售对象包括驻穗外交人员、外企高管和外商。在这个时期，城市政府系统推动的国际化社区建设规划和治理体系尚未出现，但这些主要由粤港澳三地商业力量推动形成的商住社区逐渐发展为具有一定自发性的小社群，形成了事实上的国际化社区。这些社区从物理边界、管理服务到社会网络都具有较强的封闭性，来自公权力的干预较少，形成了事实上的"小特区"，对整个城市国际化发展的辐射带动作用也并不明显。①

（二）治理压力驱动的"涉外管理社区"

1997 年亚洲金融危机和 2001 年中国加入世界贸易组织以后，广州国际商贸节点地位持续上升。全球市场力量驱动的国际化进程不仅给广州带来了经济活力，还推动入境外国人数量快速增长。② 据第六次全国人口普查数据，2010 年从广州各口岸出入境的外国人达 418 万人次，2016 年飙升到 540 万人次。2010 年在广州常住外国人达 2.8 万人次，2016 年上升到 8.8 万人次。③

在这样的背景下，广州主城区在 21 世纪初第一个十年形成了带有明显自生性的多种族、多阶层聚居社区，④ 并产生了外国人违法犯罪、族群冲突等问题，给城市治理带来了越来越明显的压力。⑤ 作为回应，广州市政府开

---

① 在这个时期，类似的国际化商住小区还可见于上海，参见《总书记考察的古北市民中心，就在这个"特别"的居委会》，上观新闻网站，2019 年 11 月 3 日，https://www.shobserver.com/news/detail.do? id=186178。
② 《战疫之下，"国际化社区"广州样本这样炼成》，《广州日报》百家号，2020 年 5 月 6 日，https：//baijiahao.baidu.com/s? id=1665980674129269886。
③ 数据整理自：《在广州实有非洲国家人员降至 10344 人》，中文网，2017 年 3 月 14 日，https：//cnews.chinadaily.com.cn/2017-03/14/content_28544050.htm；《广州在住外国人达 8.8 万人 外国人最爱住天河区》，新浪广州网站，2017 年 5 月 11 日，https://gd.sina.com.cn/news/2017-05-11/detail-ifyfeivp5567952.shtml；《广州率先推行"大外管"服务 全面推广涵盖"1+6"管理模式》，大洋网，2017 年 3 月 5 日，https://www.cnr.cn/gd/gdkx/20170305/t20170305_523636863.shtml。
④ 牛冬、张振江：《在华非洲人研究：十年报告》，载王辉耀、苗绿主编《中国国际移民报告（2018）》，社会科学文献出版社，2018。
⑤ 广州大学广州发展研究院课题组：《广州外籍流动人口管理的现状分析与对策研究》，载董皞、冼伟雄主编《中国广州城市建设与管理发展报告（2014）》，社会科学文献出版社，2014。

始探索建立专门的涉外治理体系，特别是 2013 年《中华人民共和国出境入境管理法》出台以后，广州外国人管理和服务体系发展进入快车道，建立起包括"一硬一软"两方面的涉外管理服务体系。一方面，由出入境部门牵头建立多部门参与的"大外管"机制，以运动式打击与常态化执法相结合的方式加强对"三非"外国人①等突出问题的整治。另一方面，广州市率先探索专业涉外社工服务。以政府采购的方式，在多种族社群聚集的越秀区引入专业社工团队，依托街道综合服务中心，开展外国人社区融入服务，面向外国人提供中文课程、组织社区文化活动，并协助政府组建外籍志愿者组织开展"以外管外"工作。由此，广州国际化社区发展开始超越市场和社会自发驱动阶段，形成了城市政府自上而下主动介入、包含多重目标的国际化社区建设模式。

（三）服务驱动的"中外融合社区"

2019 年 11 月，广州启动了系统的国际化社区试点建设工作。与前一阶段"治理压力驱动"式的国际化社区建设探索相比，这一轮国际化社区试点目的性更强，服务源于更高水平的城市经济发展目标，特别是提升城市对优质国际资本和国际人才的吸引力，工作对象也集中在高端人才、留学生等精英人群，而且从实现手段上来看更加强调高质量涉外服务供给和服务场景打造。

国际化社区试点由民政部门牵头，在空间营造、服务提升、中外融合和社区参与四大方面形成了较为鲜明的亮点。广州市政府选择天河区外籍居民集中的猎德街凯旋新世界和五山街汇景新城作为试点单元，打造境外人士服务站、中外居民文化交流融情站、涉外志愿服务站、涉外人才服务站、中外居民共商共治议事厅等"四站一厅"体系，并依托这类专属社区公共空间，由政府出资聘请专职涉外社会工作人员，推动中外居民共同参与社区治理。遗憾的是，2020 年初新冠疫情带来的意外冲击，使国际化社区试点戛然而

---

① "三非"外国人是指在中国非法就业、非法入境、非法居留的外国人。

止。但国际化社区跳出局部试点阶段形成可在全市推广的经验范式，仍需克服更深层次的内在局限性。这些局限性突出体现在：统筹协调力度不足、与出入境主导的外国人管理体系兼容度低、缺乏长期资金支持、未建立评价管理体系。

2014～2019年，杭州、南京、成都、深圳等国内一线城市和省会城市陆续启动国际化社区建设项目，这些项目普遍与城市中长期发展规划相结合，在系统性、长期性、科学性、统筹水平以及资源投入力度等方面均已对国际化禀赋①更优越、国际化社区营造实践起步更早的广州形成赶超之势。在这样的背景下，广州从2021年开始"重新上路"，开展国际化街区试点建设工作，力求在城市国际化发展转型上寻求新突破。

（四）国际化转型驱动的"生活共同体"

2021年，广州市第十二次党代会明确提出"推进城市国际化发展转型，高标准建设国际交往中心"。为贯彻落实这一城市发展战略目标，并回应近年来日益激烈的城际竞争，广州市委外办从2022年起正式牵头启动国际化街区试点。根据官方定义，国际化街区是"具有国际化水准的城市公共空间，是世界各地不同国籍的人们聚居或工作（包括交往、休闲）在一定地域范围内所组成的社会生活共同体"。②

广州是继深圳之后第二个采用"国际化街区"概念推进城市国际化建设的国内城市。从国际化"社区"到国际化"街区"，虽然只有一字之差，但从内涵到外延均发生显著变化，广度和深度也显著延展（见表2）。从对象来看，国际化街区不再像传统国际化社区项目那样仅对外国人进行服务或管理，而是综合考虑外国人、外资企业和涉外设施。从手段来看，工作方法

---

① 国际化禀赋主要观察人口、经济、基础设施、文化这几大维度，国内外对于城市国际化水平已经发展出较为成熟的指标体系。广州城市战略研究院发布的《广州建设全球城市：指标体系与国际比较》，为测度包括广州在内的国内城市国际化禀赋，提供了可供参考的科学指标，篇幅所限，在此不作专门展开。

② 张姝泓：《解读家门口的"国际味"：广州公布12个国际化街区试点》，《广州日报》2023年1月5日。

也从中外分散管理向中外融合管理转变。从目标来看，国际化街区也比国际化社区更综合，不仅包含经济发展和公共安全，还包含更加综合的城市治理和竞争力提升目标。从范围来看，国际化街区比国际化社区覆盖范围和实施空间更广阔，跨部门协调要求更高，统筹层级更多。从周期来看，国际化街区时间跨度更大，更注重与城市整体发展规划紧密结合。

表2 广州国际化社区与国际化街区的比较

	对象	手段	目标	范围	周期
国际化社区	人口（外国人）	中外分散管理	经济发展、公共安全	较小。以社区为主要实施单位	较短。缺乏长期规划和持续资源投入
国际化街区	人口（外国人）、企业（外资企业）、设施（涉外设施）	中外融合治理	经济发展、公共安全、城市治理和竞争力提升	较大。包含多层级、多街道、多社区在内的城市整体规划	较长。系统规划、建立长期制度和机制。第一阶段试点实施周期3年，第二阶段与城市长期规划结合

二 广州国际化街区建设的主要做法与亮点

广州国际化街区试点建设自正式启动以来，取得了以下主要成效。

（一）推动示范引领，打造各具特色的建设模板

一是立足市情分类推进。第一批试点共包含12个街区，牵头单位紧扣广州中长期发展规划，结合各区、各街区社会经济发展特点，将12个街区进一步划分为产城融合型、文商旅融合型、人居环境友好型等三大特色类型（见表3）。二是因地制宜推进"一街区一品牌"建设。鼓励引导试点街区充分发挥自身优势，挖掘本土特色亮点。三是打造全域示范网络。市委外办

牵头推动建立市、区、街道三级工作机制，探索建立各街区资源共享、信息互通机制。截至2024年，共对220余人次实务工作者开展专题培训，推动形成优势互补、以点连片的全域国际化街区示范网络。

表3　广州试点建设的第一批国际化街区

类别	所属区	涉及街镇	街区名称
产城融合型	天河区	猎德街	猎德街区
	白云区	鹤龙街	广州设计之都街区
	黄埔区	龙湖街	龙湖街区
	花都区	新雅街	空港商贸区街区
文商旅融合型	海珠区	赤岗街	广州塔街区
	荔湾区	沙面街	沙面街区
	花都区	花城街	广州融创文旅城街区
	从化区	良口镇	流溪温泉旅游度假区街区
人居环境友好型	越秀区	白云街	二沙岛街区
	番禺区	钟村街	祈福新邨街区
	南沙区	南沙街	蕉门河街区
	增城区	永宁街	凤凰城街区

（二）优化公共服务，提升便利化宜居体验

一是品质化服务不断延伸覆盖。加强外国人管理服务站建设，提供办理临时住宿登记、房屋租赁登记、工商登记、货币兑换、纠纷调解"一站式"服务，截至2024年6月底，12个试点街区累计服务国际人士（含港澳台）1.05万人次。其中，蕉门河、融创文旅城、祈福新邨等街区引入专业涉外社工提升街区生活服务品质，龙湖等街区则积极建设国际化一刻钟便民生活圈。二是国际化教育资源不断丰富。截至2024年6月底，已有7个试点街区开设国际课程，引进336位外籍教师。三是国际化医疗服务不断优化。多个街区引入多语种诊疗服务和跨境医疗保险服务。其中，龙湖街区开设港式家庭医生工作室、颐康中心及12个颐康服务站，提供包括外籍人士在内的

医养服务；祈福新邨街区引进香港联合医务工作室，推动"港澳药械通"落地番禺。

（三）促进产城融合，加快人才产业聚集

一是国际引进人才持续增长。截至2024年6月底，各试点街区累计引进507位国际专业人才。其中，祈福新邨等街区国际人才年增长率高达19.23%。二是国际企业吸引力不断增强。各试点街区共吸引448家跨国企业、外资（含中外合资）企业入驻。其中，龙湖、沙面等街区外资企业数量同比增长均超过15%。三是积极出台产业人才创新举措。其中，猎德、广州设计之都、龙湖等7个试点街区建成国际人才"一站式"服务平台，蕉门河和龙湖街区在出入境部门支持下建立下沉街区的专门平台，为国际人才及家属提供"家门口"签证和居留办理服务。各街区还加大国际人才公寓建设力度，截至2024年底已建成了15.4万平方米的人才住房。

（四）深化文化交流，增进中外居民双向融合

一是主动链接国际交往资源。积极推动访穗国际政要及外国驻穗领团、葡语国家青年团、亚太美妆考察团等到访试点街区，定期举办驻穗使领馆走访活动，围绕街区特色及中国传统开展系列人文交流活动。二是蓬勃开展街区文化活动。各街区积极结合本地特色文化和中国传统节庆，累计举办各类中外交流活动近130场，初步形成广州塔街区"旅游创意设计大赛"、蕉门河街区"中外茶会"、祈福新邨街区"中外邻里节"等活动品牌。三是积极探索以参与促融合路径。猎德、祈福新邨等街区发展国际志愿者队伍和中外议事会，引导中外居民共同参与社区公共生活，实现以参与促融合的良性互动。

三 国际化街区建设优化的重点方向

经过多年的努力，广州国际化街区试点建设取得了一定成绩，但仍存在

不少有待优化的空间。基于对基层政府工作人员、社区工作者、外籍居民的问卷调查和访谈，广州国际化街区建设在以下几个方向可以进一步发力。

（一）强化规划引领，提高建设工作系统性

广州国际化街区试点第一阶段采取的是"自下而上"的推进模式，即主要由各区自主上报试点单位，再由牵头此项工作的市委外办进行遴选。与此形成对比的是，其他开展国际化街区建设的国内城市基本上都采取"自上而下"的推进模式，并普遍以全市层面的统一工作指引为标准。作为率先探索国际化街区建设的国内城市，深圳于 2022 年发布了《深圳市国际化街区规划布局与建设指引》和《深圳市国际化街区建设评价指南》，深圳国际化街区建设体系还入选 2021 年国家发改委推广的"深圳 47 条创新举措和经验做法"清单。杭州、成都在推进国际化街区建设过程中也是先出台建设规划方案，再制定发布细化的评价规范和建设标准。

广州国际化街区试点的早期做法是由市里定总体数量，各区基于现有条件自下而上自行申报 1 个街区。这样的做法有利于鼓励各区独立探索，却未能兼顾统筹指导。截至 2024 年底，仅猎德、广州设计之都、融创文旅城、凤凰城 4 个试点街区编制了专项规划，且总体缺乏量化指标，规划发展思路不够聚焦、实施路径不够精准。国际化街区试点并未形成清晰指标，试点效果难以评估，不利于经验提炼推广。建议加快制定全市规划，由外事部门联合规划部门引入专业团队参与全市国际化街区布局规划编制和试点街区建设规划编制，提高街区布局建设的科学性、前瞻性和开放度，推动试点街区连点成线、连线成面、连面成体，加速构建高品质国际化街区网络。加快出台国际化街区建设"广州标准"。建立国际化街区建设统一标准，研究编制广州市国际化街区空间规划，出台分级分类工作指引，制定不同批次国际化街区建设目标。国际化要素要兼顾共性和个性，建议重点瞄准广府文化、国际消费、国际交往、可持续城市更新、湾区一流公共服务等领域，加速构建体现岭南风格、广州特色、引领湾区的国际化街区建设评价体系。

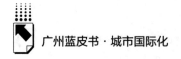

（二）加强统筹整合，释放"国际化+"聚能效应

在对广州全市 12 个试点街区的走访调研中发现，实施过程统筹力度不足导致试点工作推进受阻，削弱了建设成效，具体体现在以下几个方面。一是市级层面统筹力度仍需加大。虽然市委外办出台了进一步加强试点街区建设方案，但基层反映方案总体仍比较宏观，对市、区职能部门及街道的分工不细，更多工作任务落到街道，而街道因权限问题难以协调辖区内省、市、区级单位，工作存在较大困难。例如，部分试点街区存在较多省属单位甚至中央单位物业，街道乃至区政府都难以协调。又如，现有的 12 个试点街区中，近一半同时是港澳社区、国际人才社区、"羊城夜市"、一刻钟便民生活圈等规划试点载体，不同规划概念内涵间联系未理清，容易造成重复投入。二是区内统筹水平不足。当前国际化街区建设以各区统筹协调为主，在落实过程中各区各自探索，推进模式、组织架构、实施机制等方面没有形成统一模式。

总体而言，除了少数区建立了由区政府直接领导的试点工作协调机制，多数区针对国际化街区建设的组织推进工作仍显薄弱，区内国际化资源也未能有效整合。例如，广州塔街区与邻近的 TIT 创意园、媒体港、琶醍等文旅消费品牌区域尚未形成有机联动和相互赋能，2023 年广州塔接待游客 2.34 亿人次，但文创收入仅 5 千万元，外国消费者所占比重偏低。2024 年底广州塔广场开业，为国际化街区建设和文旅消费相互赋能提供了新的抓手，但该街区作为城市地标的国际文旅消费潜力和国际传播潜力仍有较大挖掘空间。

建议市、区两级在以下方面加强工作。一是争取专项资金支持。专项资金是全市性公共项目有效落地实施的关键因素，能够为基层提供明确激励，切实调动基层推进工作的积极性，并能够撬动区及以下层面的资源。二是市级层面加快形成合力。建立包括外事、人才、商务、文旅、城管等市、区部门的统筹协调机制。推动职能部门资金向试点街区倾斜，在社会资本参与、出入境服务管理权限下放、国际化语言环境优化、消费支付便利化等方面鼓励试点街区先行先试。加强国际化街区与未来社区、港澳社区、"羊城夜市"、一刻钟便民生活圈等规划概念的融合，与城市更新改造、新消费场景建设等重点项目协同规划，为建立"一带四轴、双城三片"城市空间新结构聚集更多国际资源要素。三是加强区内资源整合。加强试点街区与邻近的科创、会展、文旅、消费等热点区域的联动，发挥国际化街区建设在区内的辐射带动作用。

（三）促进多元参与，增强中外受众获得感

广州国际化街区试点建设对关键受众（在穗常住外籍居民和国际人才①）的需求关注与吸纳不足，为丰富国际化街区建设的"受众视角"，提高资源投放精准度、提升实施效果，笔者在市委外办的协助下从 2021 年开始连续对包括常住外籍居民和国际人才在内的长期驻留群体开展跟踪调查，通过问卷和访谈的方式了解这些群体对广州国际化宜居宜业环境营造的看法。结果发现，国际化街区建设仍存在以下亟待提升的方面。

一是对关键受众的服务需求有效吸纳不足。调查发现，常住外籍居民和希望在穗创业的国际人才对提升城市管理品质（特别是停车和垃圾管理）、增加政务服务外语界面、增开公益性汉语课程、增加多样化国际教育资源等方面有较为强烈的期盼。政务服务透明度、一致性不足，政府服务线上端口缺乏外语界面，也是此类群体反映较多的问题。而 2024 年对全市 12 个试点街区的调研发现，截至 2024 年 6 月底，仍有三分之二的试点街区尚未制定有针对性的城市管理提升方案，全市试点街区多语种播报覆盖率仅 17%，各级智慧政务系统缺乏多语界面的情况依然普遍存在；国际学校分布不均的问题没有明显改观；除猎德、祈福新邨、龙湖街区外，其他试点街区仍存在国际化医疗设施与服务短缺问题。二是公共服务可触达性不足。调查发现，常住外籍居民对政府提供的多语服务热线、外国人管理服务站、国际人才服务等公共服务的知晓率和使用率偏低，外籍人士通过公共渠道求助的意愿显

---

① "国际人才"不仅包括非中国籍人才，还包括中国籍"海归"人才。

著低于通过个人社会关系网络获得帮助的意愿，表明政府提供国际化、便利化公共服务的可触达性仍有较大提升空间。例如，截至 2024 年 6 月底，仍有四分之三的试点街区尚未建立"一站式"涉外服务管理平台，三分之二的试点街区尚未配备专职涉外服务团队。

针对以上情况，提出以下建议。一是建立社会化咨政机制。针对国际化街区试点工作，建立社会力量广泛参与的咨询委员会，邀请中外居民代表、企业代表、社会组织代表、专家学者等参加，协助政府广纳民意，有针对性地提升国际企业、国际人才、中外居民普遍关心的公共服务供给质量，增强公众对国际化街区建设的认同感。二是激活社区参与动能。鼓励引导中外居民围绕国际化标识体系、小微空间提升改造、公共设施优化、文创设计等议题参与试点街区建设，提高国际化街区建设和服务管理的精细化水平，以社区参与促进中外双向融合，助力国际化街区治理创新。三是建立动态研判机制。及时收集、响应短期入境人士服务需求，协助试点街区做好文旅、消费、便利化支付兑换等配套服务，提升试点街区将"流量"变"留量"的能力。

（四）注重品牌打造，提升国际化发展传播效能

国际化街区建设直接服务于广州国际形象建设和软实力提升，但调研发现，国际化街区试点建设与城市品牌打造和国际传播结合度仍有提升空间，国际化街区自身的品牌价值也亟待挖掘。一是与城市品牌结合度不足。与深圳、杭州和成都等城市相比，当前广州国际化街区试点建设针对广州城市特色亮点的全球叙事能力较弱，对千年商都、广府文化等城市标签的挖掘和传播不够充分。二是国际化街区品牌打造未形成合力。缺乏全市统一的视觉识别系统（VI）设计和文创设计，对部分街区已开展的中外融合系列活动及已启动的 IP 设计尚缺乏统筹整合。三是国际化街区传播体系尚未构建形成。目前仅 4 个试点街区开设政务公众账号或官方程序，相关信息发布分散在市、区不同条口的网络平台。与深圳、杭州和成都等城市相比，广州国际化街区建设的现有传播载体和内容内宣色彩偏重，与已有

的市、区两级多语种外宣矩阵结合不够紧密，试点建设过程与国际传播的协同策划有待加强。

针对以上问题，提出以下建议。一是提升城市 IP 显示度。结合试点街区规划建设，擦亮千年商都、广府文化等城市品牌，指导试点街区加强对辖内文旅地标、消费热点和人文特色的传播推广。二是打造专门传播体系。在试点街区加快推进国际化标识系统示范建设，开展国际化街区试点 VI 文创设计公开征集。依托新媒体搭建国际化街区传播平台，汇总发布市、区、街区三级信息，并嵌入多语城市手册、多语服务热线等国际化公共服务功能。三是融入国际传播体系。围绕微信、微博、抖音（国际版）、Meta（原脸书）、YouTube 和 Instagram 等海内外社交媒体平台，结合大型外事活动、国际会展、国际文体活动，构建多主体、立体化国际传播矩阵，借国际化街区建设讲好"广州故事"，并形成可持续的传播专题。

参考文献

方英、梁柠欣：《外籍人聚居区分布规律及其影响因素——以广州为例的研究》，《广州大学学报》（社会科学版）2010 年第 10 期。

Gordon Mathews, Linessa Dan Lin, Yang Yang, *The World in Guangzhou: Africans and Other Foreigners in South China's Global Marketplace*, University of Chicago Press, 2017.

广州大学广州发展研究院课题组：《广州外籍流动人口管理的现状分析与对策研究》，载董皞、冼伟雄主编《中国广州城市建设与管理发展报告（2014）》，社会科学文献出版社，2014。

李志刚等：《全球化下"跨国移民社会空间"的地方响应——以广州小北黑人区为例》，《地理研究》2009 年第 4 期。

梁玉成、刘河庆：《本地居民对外国移民的印象结构及其生产机制——一项针对广州本地居民与非洲裔移民的研究》，《江苏社会科学》2016 年第 2 期。

梁玉成主编《广州外国人研究报告》，中国社会科学出版社，2019。

柳林等：《在粤非洲人的迁居状况及其影响因素分析——来自广州、佛山市的调查》，《中国人口科学》2015 年第 1 期。

牛冬、张振江：《在华非洲人研究：十年报告》，载王辉耀、苗绿主编《中国国际移

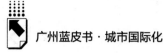

民报告（2018）》，社会科学文献出版社，2018。

王亮：《在华外国人的现状及治理——以广州市非洲裔外国人群体为例》，《团结》2018年第4期。

周大鸣、杨小柳：《浅层融入与深度区隔：广州韩国人的文化适应》，《民族研究》2014年第2期。

周雯婷、刘云刚：《中国大城市外国人聚居区的形成机制——基于北上广的比较研究》，《地理科学》2022年第9期。

B.11
推动广州构建更有效力的城市
国际传播体系

胡泓嫒 姚 阳*

摘 要： 党的二十届三中全会提出"构建更有效力的国际传播体系"，这是国际传播工作不断深化和拓展过程中的一个重要里程碑。广州作为中国国际传播的前沿阵地和重要枢纽，打造国际传播引领型城市具有多重重大意义。"构建更有效力的国际传播体系"改革任务，指明了传播主体、传播对象、传播内容、传播载体、传播平台、传播机制六个构成要素体系化建设的重点方向。广州国际传播工作在传播主体、传播受众、内容支撑、交往平台等方面已经打下良好的基础，但对标更有效力的国际传播体系建设，传播效能仍有较大提升空间。建议树立系统思维，紧紧围绕制度建设的主线，抓住国际传播体系构成要素的发展重点，以统合涉外主体、突出交往优势、聚焦战略使命、加大文化投入、加强科技赋能、破除制度障碍为抓手，着力提高传播主体协作能力、重点受众精准传播能力、传播内容供给能力、传播载体开发能力、传播平台运营能力、政府传播治理能力，提升广州城市品牌形象国际影响力，打造国际传播引领型城市。

关键词： 国际传播 城市形象 广州

---

* 胡泓嫒，广州市社会科学院城市国际化研究所副研究员，研究方向为城市国际化、城市国际传播、文化贸易；姚阳，广州市社会科学院城市国际化研究所所长、副研究员，研究方向为全球城市发展与治理、城市国际化。

党的二十届三中全会提出"构建更有效力的国际传播体系",这是国际传播工作首次被作为一项单独的改革任务提出,要求推进国际传播格局重构,深化主流媒体国际传播机制改革创新,加快构建多渠道、立体式对外传播格局。加快构建中国话语和中国叙事体系,全面提升国际传播效能。建设全球文明倡议践行机制。推动"走出去""请进来"管理便利化,扩大国际人文交流合作。党的二十届三中全会的要求成为国际传播工作不断深化和拓展过程中的一个重要里程碑。广州加强国际传播工作具有多重重大意义:积极承担国家使命,为构建更有效力的国际传播体系作出贡献;打造城市品牌形象,为提升城市国际知名度发挥国际传播效能;增强广州的全球联系度,发挥"两个市场、两种资源"重要枢纽优势;为构建人类命运共同体,贡献中国式现代化的广州方案。广州要在国际传播体系中承担更大使命、发挥更大效力,积极探索发挥粤港澳大湾区区位优势和国际交往中心优势,为构建多渠道、立体式对外传播格局提供更多的改革创新实践和经验,打造国际传播引领型城市。

一　国际传播体系的构成要素及特征

党的十九大报告开启了以多元传播主体培育和能力素养提升为重点的"国际传播1.0时代"。2021年,习近平总书记在中共中央政治局第三十次集体学习时强调"加强和改进国际传播工作"①,引导国际传播工作走向统合力量、提升效能的"国际传播2.0时代"。党的二十届三中全会提出"构建更有效力的国际传播体系",引领国际传播工作进入"国际传播3.0时代"。从"国际传播能力"到"国际传播效能"再到"更有效力的国际传播体系"的递进表述演变,是国际传播工作不断深化和拓展的过程,揭示了国际传播工作从能力构建向多维度系统集成的演进过程,指明了传播主

① 《习近平主持中共中央政治局第三十次集体学习并讲话》,中国政府网,2021年6月1日,https://www.gov.cn/xinwen/2021-06-01/content_5614684.htm。

体、传播对象、传播内容、传播载体、传播平台、传播机制六个构成要素体系化建设的重点方向，对国际传播体系各个要素系统集成、相互关联、相互促进、机制理顺、有效触达、良性循环提出更高要求。国际传播过程示意如图 1 所示。

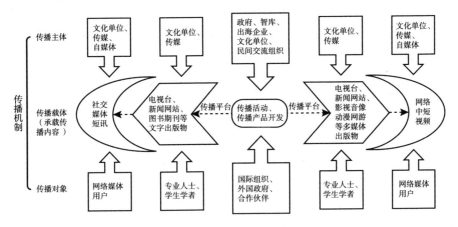

图 1　国际传播过程示意

（一）传播主体：多元融合重塑全覆盖的传播主体架构

传播主体是传播信息的生产者和传递者。所有涉外交往的主体，都在交往过程中传播我方理念、寻求"入脑入心"，从而成为传播主体，囊括了参与涉外交往的机关单位、媒体、企业、智库、学校、社团、个人等。各类主体通过各自优势和渠道，组成融合传播架构，形成多层次、多维度传播网络。机关单位开展以提高治理能力为目的的交流传播，媒体开展以新闻资讯扩散为目的的交流传播，企业开展以营利为目的的交流传播，智库和高校开展以学术辩论与理论建构为目的的交流传播，中小学校和社团开展以文化发展为目的的交流传播，个人开展以实现自我价值为目的的交流传播。各类传播主体极具多样性的交往和传播，共同汇聚了向世界进行文化输出、塑造中国形象、释放中华文明魅力的合力，形成"一个声音、多个声部"多元主体"大合唱"的理想状态。

（二）传播对象：以受众传播效果为导向构建"分众化"国际传播格局

传播主体传播能力的衡量是以传播效果为导向的。国际传播须杜绝自说自话的单向传播，实施相互交流互动的对话式传播，强调适应不同目标受众的表达习惯、理解能力，开展具有实效的国际传播。按照传播对象的知识层次及与我国的现实交集程度，可将传播对象分为"关键少数"受众、专业人士和学生学者、外国普通民众三大类。通过面对面的同步交流活动，即人际传播形式，向国际组织和外国政府官员、商业文化教育各领域合作伙伴等"关键少数"受众进行即时讯息传播。通过媒体和出版产品，即大众传播形式，向专业人士和学生学者等文化传媒市场用户进行文化传播。利用人工智能技术，通过网络平台再创作和再分发，即网络传播形式，向不特定的外国普通民众进行碎片化信息的裂变传播。此外，还需按照传播对象的地域分布对传播内容进行适配性调整，以符合文化背景、国情及风俗习惯。

（三）传播内容：丰富叙事层次以提升内容感召力

城市国际传播服务于以中国式现代化全面推进中华民族伟大复兴的伟大事业，以中国式现代化为内核，结合受众层次特征形成宏观、中观、微观三个层面传播内容。宏观层面讲好中国道理，服务中国式现代化的理论建构，运用城市实践做好国家发展各方面基本制度运行、国际秩序主张的逻辑价值等原理论证，启发现代化路径的多样化探索。中观层面讲好中国方案，探讨城市运行具体方面的实践得失，通过各领域、产业、行业的国际磨合，客观理性分享、总结和探讨城市发展经验，引发更广泛的国际思考和思辨，并吸引更多的发展伙伴。微观层面讲好中国故事，呈现鲜活的中国人民形象和柔性输出中华文化，通过聚焦日常生活、表达个体感知的景观和见闻等更具趣味性和亲和力的微观叙事，引发普通人"通过爱上一个人，爱上一座城"的情感共鸣，既实现城市形象的无痕塑造，又有助于消解国际社会对中国的认知抵触、消弭认知鸿沟，打好国际群众基础。

（四）传播载体：技术赋能推动载体实现革命性进步

传播载体是传播内容的表现形式，分为媒体产品、国际性活动和文化产品三大类。信息技术的赋能使传播载体产生了革命性的进步。媒体产品依托互联网采编和演播技术，使资讯和观点通过新闻网站、社交媒体、广播电视等平台实现碎片化多轮传播，传播链条不断延长。国际性活动通过网络直播技术打破了地理空间的限制，提高了跨国实时交流的效率。文化产品则受益更大。人们更加偏好视听化等多感官刺激，具有趣味性、互动性和亲和力的内容。传统的图书期刊、影视和音像作品等传播载体与信息技术相结合，催生了网文、网剧、游戏、Vlog、微纪录片等新型载体，三维动画仿真、全息影像、虚拟现实（VR）、增强现实（AR）、元宇宙等数字视觉技术越来越多地应用于电脑端、移动端的文化产品中，人机对话的互动性和内容的全方位沉浸式观感不断增强，从而提升受众的感知能力。以最近上市的3A游戏《黑神话：悟空》为例，在中国经典文学的叙事架构下，数字技术对山西地理风貌和文化宝藏的精确还原，使之成为科技、艺术、商业和娱乐的完美结合，成就了现象级国际性文化传播产品。

（五）传播平台：通过传播网络矩阵构建国际传播平台生态

通过构建传播网络矩阵实现各个组成部分的有效协作。传播网络矩阵是一种结构化的方式，用以组织和管理不同的传播资源，确保信息能够在国际平台上得到高效、精准的传递。内容策划与生产平台根据目标受众的文化背景、兴趣偏好来策划内容，生产多样化的内容载体，如文字、图片、视频、音频等，以适应不同场景的需求。传播渠道平台选择适合目标市场的传播渠道，如社交媒体、新闻网站、电视广播等，整合线上线下的传播资源，形成互补效应；利用多语言平台覆盖更广泛的国际受众；使用云计算、大数据分析、人工智能等先进技术提高内容分发效率；开发或采用先进的传播工具，如自动化内容生成、个性化推荐系统等，提高传播的精准性。打造监测与评估平台，跟踪传播效果，包括但不限于点击率、阅读量、用户互动等指标。

评估传播活动对品牌形象、公众认知等方面的影响，根据评估结果及时调整传播策略。通过这样的网络矩阵，可以将国际传播平台生态体系中的各个环节有机地结合起来，形成一个闭环，使信息的生产和传播能够更加高效、精准地送达目标受众。

（六）传播机制：完善传播机制以提升传播合力

为实现国际传播体系的顺畅运作，相关工作机制的完善不可或缺。国际传播工作机制主要包括传播主体的分工协作机制、人才管理和引育机制、平台搭建和技术应用机制、效能评价及资源分配机制等。根据传播过程的运作规律，只有构建政府主导、市场自主、公众参与的传播机制，才能有效激发全社会的传播活力。传播主体的分工协作机制以"政府—社会"联动为导向，以政府为统筹和协调主体，串联对接职能部门、各领域头部单位及传媒力量，实现传播信息共享、传播优势相互利用和传播链条的相互对接。人才管理和引育机制着力突破交流合作出入境管理体制和外籍人才人力资源管理制度，以适应大规模、高频率、常态化的国际人文交流需求。平台搭建和技术应用机制以主流媒体新闻数据库和数字文化企业信息技术优势为核心支撑，将各领域国际交流品牌活动纳入传播矩阵，提高"活动—传播"的转化效能。效能评价及资源分配机制基于科学的传播效果监测与评估反馈，合理调度和动态调整传播资源，实现有限资源在多元主体、重点主体中的科学分配，形成国际传播策略不断优化的工作机制。

二 国内外加强城市国际传播体系建设的经验

一些城市基于资源禀赋和比较优势，通过巧妙的机制设计和主动、开放的对外关系培育，使国际传播突出地方特色，有效提升国际传播效力。

（一）上海：数字化平台带动多元化主体参与

上海与广州类似，拥有海量的国际传播主体。上海文广国际传播中心、上海报业集团国际传播中心通过差异化、特色化定位，汇聚多元化传播主体，形成国际传播"百花齐放"的生动局面。上海文广国际传播中心以资讯供给提升外国媒体传播参与度。上海文广国际传播中心发起组建"ShanghaiEye+国际传播全媒协作体"，打造面向国内外传媒机构的新闻传播素材库和交换平台。世界主要国家通讯社均以"ShanghaiEye+"作为中国新闻报道的主要资讯来源之一。上海报业集团国际传播中心汇聚国际传播的社会众创力量，打造了"澎湃明查"品牌，汇聚全球事实核查声音，鼓励国际受众转发辟谣资讯，打造了"IP SHANGHAI"城市形象资源共享平台，以面向社会的素材供给方式激发了城市形象传播的大众创作和民间叙事热情。

（二）青岛：国家使命下主动谋划对象区域分工

将国家使命与受众导向相结合谋划传播内容定位，是国际传播的经典挑战。青岛以"让国家层面听到青岛声音"为工作理念，在国家大外宣布局下"顺势""造势"开展国际传播工作，有效实现了资源集聚整合及相互赋能。一是找准方位，紧跟中央领导人重大外事活动、紧扣青岛外宣资源平台策划组织国际传播。青岛外宣定位主要面向日韩，对日韩外宣工作获得中宣部表扬。结合青岛建设"中国—上海合作组织地方经贸合作示范区"，利用大型展会平台讲好产业、文旅故事。二是撬动资源，聚集整合企业、会展、文旅、媒体等各种资源实现相互赋能。青岛日报搭建"企业朋友圈"，与中央、省、市企业成立"青岛企业外宣联盟"，实现与青岛啤酒、海尔、海信等本土大型企业的品牌化战略联动。在社会资源方面，依托青岛世界汉学中心策划组织访谈对话，让有影响力的人影响世界。

（三）重庆：平台牵引传播业态生态圈建设

传播业态生态圈的建设能有效激发市场活力，形成自主运转的传播系统，对于扩大国际传播影响范围具有重要价值。自2018年以来，重庆以西部国际传播中心平台建设为核心抓手，逐步建构国际传播"1331"功能集群，形成城市国际传播业态生态圈。西部国际传播中心是重庆文化交流、传播资源汇聚和分发的总枢纽。该中心是由重庆日报报业集团领投、多家国资文投企业跟投创设的非营利性社会组织,重点打造3个融合型品牌——iChongqing海外传播平台、Bridging News陆海财经英文客户端、重庆国际新闻中心全球媒体服务平台,联动国际公关机构——重庆市对外文化交流协会、国际公益机构——重庆陆海国际传播公益基金、国际文化机构——陆海书局,建设国际传播产业孵化园区——重庆国际传播产业园,搭建起从公益活动组织,到活动新闻传播,再到文化产品创作、出口等一体多元的国际综合传播架构。

(四)迪拜:"媒体+自贸区"机制创新打造全球媒体中心

迪拜凭借自贸区政策优势促进国际传媒业发展的路径对广州有重要的借鉴意义。迪拜政府自2000年开始在自贸区范围内建立专门自由区域,成功打造"迪拜媒体城",使其成为该地区最可信赖的、拥有全球和本地最大媒体品牌的媒体社区,获得"2020年阿拉伯媒体之都"称号。一是实行宽松的经济政策和新闻自由管理政策。迪拜在保守的政治体系之中,运用自贸区的开放优势促进媒体企业发展,可以获得的传媒类许可证类型包括广告和传播、媒体咨询、新媒体、传媒事件管理、活动支持服务、媒体和营销服务、媒体支持服务、自由职业者和协会(非营利)、商业和信息服务、娱乐活动、咨询和零售、商业许可服务等,新闻、文化产品只要不进入酋长国本土市场,均可享有高度的生产自由。二是为媒体类公司提供先进的基础设施和支持性平台。媒体类公司在自贸区能够自由和便利地展示他们的产品和服务。迪拜地处阿拉伯地区中心地带,这使其成为近距离安全观察报道阿拉伯地区的最佳选择。

(五)新加坡:制度、市场两头发力优化国际传播环境

新加坡积极适应信息技术迭代升级和舆论环境变化,形成了卓有成效的传播机制。一方面,政府主导全媒体整体架构。这对于媒体把握正确的政治立场和舆论导向起到了非常重要的作用。政府主导的新加坡报业控股集团

（SPH）是一家有着 11 家报纸、6 家电台和 16 家杂志社的传媒巨头。SPH 在数字媒体、移动媒体领域集中发力，完成了由纸质媒体向全媒体发展的初步转型。另一方面，立足国际视野的融合监管保障新闻自由。新加坡通过整合多项媒体管制条例和执照申请流程，构建了统一的执行标准和实施细则，通过法治有效缓解了国内外媒体机构之间的矛盾。新加坡建有完善的网络舆情治理机制，政府主动发布新闻通稿，通过双向互动的反馈机制来化解舆论危机。新加坡媒体成为政府规制作用下的合作伙伴，在政府监管和新闻自由之间达成了巧妙的平衡。奥地利国际新闻学院一项调查显示，新加坡的信息易获取程度在全球排名第二，当地民众都可以看到 CNN、BBC、彭博社等国际知名媒体的新闻。

三 广州构建更有效力的国际传播体系的基础条件

广州作为珠三角都市经济圈中心城市、粤港澳大湾区核心引擎，经济活跃度和经济外向度高；作为枢纽型网络城市、国际交往中心，有较大规模且稳定的国际联系，国际知名度高、国际传播力强，为构建更有效力的国际传播体系奠定了较好的基础条件。

（一）拥有多元的国际传播主力军

广州社会各界涉外联系度高，国际传播意识强，目前已大致形成三个层次传播主体群体。其一，"一报一台"主流媒体传播队伍。广州媒体活动活跃，集聚中央、省、市各级媒体，广州广播电视台设有香港记者站，是天下卫视的内容供应商；《广州日报》与意大利巴里市《南意大利报》等境外媒体建立了报纸互动机制；2023 年大湾区（南沙）国际传播中心启用，32 家境内外主流媒体机构首批入驻，组成协同联动的国际传播矩阵。其二，讲好广州故事"五大队伍"。由市委宣传部牵头建立广州故事会人才库，培育新闻发言人、智库专家学者、文艺工作者、文化交流使者、企业代表等讲好广州故事的"五大队伍"。以智库队伍为例，通过国际交往向国际社会阐释广州品牌取得了突出成效,广州市社会科学院运作世界城市文化论坛联盟广州会员活动,搭建了"广州文化之窗"平台,在伦敦、纽约等全球领先城市朋友圈中交流和传播广州文化发展案例,有力塑造了文化强市的品牌形象。其三,涉外"四大朋友圈"。广州发达的数字文化企业及网红主播、华人华侨、留学生群体都通过其社交媒体朋友圈在一言一行中输出中华文化和传播当代中国价值观。

(二)国际交往有效触达"关键少数"传播受众

广州文化和交往特色为国际传播提供了精准传播的条件。其一,港澳及粤语华侨华人受众。广州是内地唯一一个具备粤语传播能力的中心城市。其在面向港澳居民和东南亚、欧美发达国家华侨华人的粤语讯息传播上,具有其他语言不可比拟的亲缘优势。其二,商贸伙伴受众。广交会作为我国历史最悠久、规模最大、商品最全、成交效果最好、信誉最佳的综合性国际贸易展会,吸引的采购商最多且来源最广。从谷歌数据检索量来看,每年4月、10月均大致为广州国际检索热度最高的时段。其三,国际青年受众。广州网络游戏出口份额在全球市场中占据领先地位,顶尖电竞战队和赛事云集使广州成为国际青年玩家的"朝圣之地"。全国"演唱会第一城"的地位也成为吸引青年群体的"强心剂"。其四,国际组织和政府伙伴受众。广州深度参与联合国、世界银行等主要国际组织框架下多个项目,在世界大都市协会、世界城地组织担任要职,"广州奖"已成为全球城市治理创新最权威的交流平台之一,在国际交往中威望较高。截至2024年7月,广州已与68个国家的107个城市建立了友好关系,与120多个区域性国际民间组织、国外友好团体(机构)建立了友好关系。

(三)全球城市地位为传播提供内容支撑

广州在多个主要全球城市评价排名中位次靠前,成为外国人认识中国时选择主动了解的城市之一。习近平主席在广州与法国总统马克龙进行非正式会晤时,以广州发展的历史轨迹为例向世界阐释中国式现代化,确立了广州作为中国式现代化代表城市的地位。在反映全球城市综合竞争力的科尔尼管理咨询公司《2024年全球城市指数报告》中,广州全球排名第52,位居内地城市第3;在衡量城市创新引领功能的世界知识产权组织(WIPO)《2024年全球创新指数报告》中,深圳—香港—广州集群蝉联全球创新指数科学技术集群第2,位居全国第1;在衡量城市国际金融功能的英国智库Z/Yen集团第36期《全球金融中心指数报告》中,广州全球排名第34,位居内地城市第4;在衡量服务业全球连通性的全球化与世界城市网络(GaWC)世界城市分级2024榜单中,广州全球排名第22,位居内地城市第3。作为实际管理服务人口超过2200万人的超大城市,广州所取得的超大城市治理经验,从教育、医疗、社保等基本公共服务的大规模供给,到城市设施、设备、文化环境的包容性设计,都是传播内容的有力素材。

(四)对外文化交流品牌活动载体形成一定规模

近年来,广州积极参与主场外交活动、承办重大国际会议、在国际组织活动中积极发出广州声音,打造了"读懂中国"国际会议(广州)、全球市长论坛等品牌活动,推动国际社会更真切地了解中国式现代化的特征和优势。疫情前,广州每年举办各类对外文化交流活动300多场,累计面向40多个国家和地区,参与人数近100万人。打造"广州故事会"中外友好交流故事会品牌和"广州文化周""我们·广州""丝路花语——海上丝绸之路文化之旅"等对外文化交流传播活动品牌,通过持续性、渐进式的系列推广活动不断扩大城市国际吸引力。推动友城关系带动民间友好交流创新发展,交流领域不断拓宽,交流形式丰富多样,打造了"友城之旅"、"相约广州"、"广州地区中外友人运动会"、广州国际友城文化艺术团等一大批具有广泛影响力的民间交往品牌。近年来,广州借力"十五运"推出"城市合伙人"计划,已有多位来自国内外的顶尖科技工作者、重大项目投资者,以及文教社科体育卫生等方面的专家、名家、大家作为"城市推广大使"加入该计划,他们在城市文化建设、产业升级、形象提升、品牌传播等工作中作出积极贡献,提供智慧支撑,掀起新一轮传播热潮。

广州国际传播工作在传播主体、传播受众、内容支撑、交往平台等方面已经打下良好的基础，但对标更有效力的国际传播体系建设，传播效能仍有较大提升空间，主要体现在以下三个方面。一是多元主体力量尚未充分激活。智库、社会组织国际交往机制化程度低。广州各类单位较少以机构身份加入国际组织会员，交流稳定性差。以联合国咨商地位为例，广州仅有全球生态设计大会一家获得联合国经济及社会理事会特别咨商地位①。在穗外国人、海归人才等个人参与国际传播存在技术限制。文艺院团很少出国开展文化精品的驻场演出，极少进入外国主流文化市场影响外国大众。二是传播内容代表性有待加强。从中国式现代化代表性城市战略使命高度审视，广州城市形象传播还不够全面。在国际媒体的形象呈现中，开放主题下的商贸中心形象较为突出，而引领未来的科技创新形象、岭南文化中心地的传承创新形象、践行全球使命的国际交往中心形象、可持续发展的绿美广州形象呈现都较为有限，知悉范围仅限于相关专业精英人群。三是传播力量协同度有待提高。调研发现，广州职能部门中尚未设立专门负责国际传播资源统筹的机构，与城市交往重大活动相关的国际传播品牌也尚在培育中。"读懂中国"国际会议（广州）、全球市长论坛、广州故事会、广州文化周等活动的传播影响力仍有较大提升空间。

四 广州构建更有效力的城市国际传播
体系的对策建议

对标构建更有效力的国际传播体系的改革任务，建议树立系统思维，紧紧围绕制度建设的主线，抓住国际传播体系构成要素的发展重点，放大优势、补齐短板，以统合涉外主体、突出交往优势、聚焦战略使命、加大文化投入、加强科技赋能、破除制度障碍为抓手，着力提高传播主体协作能力、

---

① 注：截至2024年4月，拥有联合国咨商地位的组织总数为6494家，其中中国为104家，美国为1295家，英国为306家，法国为232家。

重点受众精准传播能力、传播内容供给能力、传播载体开发能力、传播平台运营能力、政府传播治理能力，通过"六位一体"提升广州城市品牌形象国际影响力，打造国际传播引领型城市。

（一）统合涉外主体，提高传播主体协作能力

构建多元汇聚、主力突出、分层协作的国际传播主体协同机制。一是健全国际传播协同机制。用好全市外宣工作联席会议机制，向上加强与中宣部、外交部、商务部、文化和旅游部等国家部委的联系，主动向国家外宣、外交、文化交流等重大主题输送广州传播资源。设置专门机构统筹指导全市国际传播工作，打造全市国际传播主体对接、素材集聚、资源调度的枢纽，更好为国际形象塑造和宣传推广工作提供传播策划和渠道支持。二是用好对外交往传播队伍力量。统合涉外部门主体队伍，打通外宣、外事、侨务、港澳台、商务、文旅、教育、出入境等主要涉外领域的部门工作力量，通过媒体通气会、新闻线索通报等形式，做好重点涉外选题宣传策划。发展国际传播智库专家学者队伍，用好高校智库力量，为国际传播工作提供决策支持和效能评估，支持本地智库"走出去"参与国际组织机制化交往，发挥公共外交和文化互鉴的重要作用。吸纳企业和社会组织队伍，实施城市品牌形象海外推广伙伴计划，吸纳有意参与城市品牌推广和文化交流的跨国企业、社会组织，在海外宣推活动、网点装潢和产品中融入城市品牌元素。培育传播个体人才队伍，与跨境电商、MCN机构（网红经纪企业）合作，在各垂直领域培育一批政治可靠、技术过硬的意见领袖、网红达人、主播、发烧友，以及知华友华的外籍人士，释放众创传播的规模效应。三是壮大媒体矩阵队伍。巩固和拓展与中央媒体、港澳媒体、海外华文媒体、国际主流媒体记者群体的联系。用好"读懂中国"国际会议、"广州国际纪录片节"等国际性活动，加强与全球媒体的交流合作。通过做好新闻媒体服务平台保障、组织记者开展采风活动等方式聚集记者资源，积累壮大国内外记者人才库，优化新闻线索素材常态化供给。传播主体关系示意如图2所示。

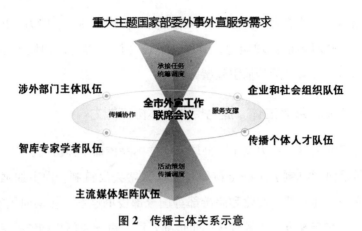

图 2　传播主体关系示意

（二）突出交往优势，提高重点受众精准传播能力

加强与重点受众群体的机制化合作、推动文化交流的常态化发展，着重扩大广州智慧、广州技能、文化强市影响力。一是提升面向"关键少数"人士的交流互鉴效果。鼓励本地智库、社会组织和学者加入联合国等主要国际组织伙伴网络，参与国际议事。鼓励本地高校、智库与国外知名高校和智库机构开展全球城市发展、可持续发展、前沿技术及规则治理等重大议题的研究合作。二是提升面向"全球南方"专业人才的培训传播效果。加强与联合国等国际组织的合作，以"广州奖"牵头做大国际地方公务员培训，打造中国式现代化经验传播中心和实践交流基地。用好广州国际友城高职联盟、广州国际友城职教联盟和广州科技教育城载体优势，开发世界技能竞赛冠军项目、南粤工匠和粤菜师傅等特色技能国际培训项目，通过国际技能培训提升中国技术、中国标准的国际认同度。三是提升面向粤语受众的传播凝聚效果。开展更加丰富的粤语类行业交流、青年实习、公益活动，加强媒体节目开发和网红个人 IP 培育，运用有亲和力的方式传播粤语资讯和文化内容，弥合信息鸿沟，弘扬粤语文化，拉近亲缘距离。

（三）聚焦战略使命，提高传播内容供给能力

提高广州作为中国式现代化代表性城市的战略自觉，打造中心型世界城

市形象体系。一是注重塑造中国式现代化代表城市五大特征形象。塑造"活力之城"形象，讲好广州治理巨大人口规模城市的国情故事；塑造"机遇之城"形象，讲好营商环境、创新创业等共同富裕的故事；塑造"魅力之城"形象，讲好岭南文化传承创新等物质文明和精神文明协调发展的故事；塑造"宜居之城"形象，讲好绿美广州等人与自然和谐共生的故事；塑造"开放之城"形象，讲好广州参与全球城市治理促进和平发展的故事。二是注重文化优势的"三个突出"。突出广州作为粤港澳大湾区核心增长极、肩负联动港澳融入国家发展大局的政治站位，站好面向港澳构建中国话语和中国叙事体系的"第一岗"。加强关于广州发展状况和机遇、在穗港澳同胞工作生活的新闻资讯常态化供给，使港澳同胞更真切地接触到内地社会的方方面面，对中国发展道路形成更深刻的认识和认同，深化融合发展。突出侨资源优势，搭建中国话语和中国叙事的岭南文化传播第一舞台。紧跟时代潮流，做好粤剧、粤菜、岭南手工艺等文化精品的创造性转化和商业推广，大力开发粤语影视动漫网游产品，打造符合侨二代、侨三代认知方式的中华文化新内容。突出国际交往中心地位优势，打造全球城市治理创新交流合作策源地。重点开展与可持续发展、数字贸易、人工智能等国际热点内容相关的对话式深度交流，以交往促传播、以传播扩影响。

（四）加大文化投入，提高传播载体开发能力

大胆运用自贸区、服务业开放试点等政策优势，激发国际传播的市场活力。一是推出国际化文化精品。顺应市场需求推出感染力强的数字文化产品，支持结合广州独特历史文化元素的动漫、游戏、电影等数字文化产品开发，提升元宇宙的城市体验。针对市场需求推出"广州故事"系列产品，包括支持广州主题研究成果的多语种再出版、影视演艺精品的二次创作、富有创意趣味的短视频宣传片创作，以及时尚特色的城市纪念品和文化衍生品开发。二是打造国际传播产业集聚区。在南沙自贸区范围内搭建区域开放国际互联网服务平台，对不进入我国本土市场的新闻、文化产品实施高度自由生产的规则，聚合内地、港澳台及国际媒体机构或记者站，国际公关、营销

和网红经纪机构，国际影视创作和投资机构，国际出版商，国际电竞机构，国际教育服务、国际传播培训等机构，营造一个世界级无障碍交流环境，孵化"涉外民众—公益公关—文化交流—国际媒体—数字文化—国际教育培训"的国际文化生产和传播生态。三是打造文化影视演艺交流中心。用好旅游演艺等服务业开放试点政策，在南沙自贸区范围内设立全球文化体验区，引进"一带一路"共建国家经典文化演艺精品开展营业性演播，集聚国际文化经纪机构，开发国际文化版权贸易"伙伴对接、产品体验、交易签约、纠纷解决"全流程服务，提升国际版权贸易中心地位，同时拓宽中华文化精品向国际主流文化市场持续稳定输出的渠道。

（五）加强科技赋能，提高传播平台运营能力

一是用好"一报一台"建设国际传播中心，打造广州城市品牌传播内容策划与生产平台。与数字科技领先企业合作，搭建人工智能技术底座，结合广州新闻数据库，进行广州发展资讯数字化采编和多语种新闻内容供给技术开发，承接城市国际形象传播采编资源及多语种智能翻译等一站式综合性线上共享系统的建设与运作，面向社会大众开放使用，提升社会大众创作城市品牌作品的便利性。二是调度各级媒体传播资源，打造国际传播渠道平台。整合协调广州市的中央、省、市媒体国际传播中心，围绕广州市重大主题、重大国际会议会展策划打造国际传播品牌项目，提升传播效能。调度媒体服务本地小型国际活动和海外推广活动，发掘相关传播热点，形成"交流+传播"1+1>2的协同效应。三是建设城市品牌传播效果监测与评估平台。引入国际媒体数据库，与本地智库共建国际舆情评估团队，高效追踪城市品牌舆情动态及传播活动、产品的营销效果，动态掌握各地区热门话题，实时调整广州相关资讯和传播内容的供给和植入策略，更加精准地提高国际传播效力。

（六）破除制度障碍，提高政府传播治理能力

围绕便利化、人才、资源分配等关键点谋划制度改革，切实提高国际传

播工作效能。一是深化出入境便利化改革。探索对周期性工作任务因公出访实行"一次审批、多次出行"机制，对文化、学术交流出入境人员实行加急审批办理。将文旅演艺、境外人才聘用等服务业跨境用汇需求纳入跨境贸易外汇便利化安排。二是构建高素质开放性的交流传播人才体系。每年从高校、智库、企业、文化单位等基层单位甄选年轻人才参与外事、外宣的跟班学习，之后返回原单位开展国际传播工作，成为既理解外事语境又有业务能力的优秀国际传播骨干。强化国际传播机构与外专、公安、国安、高校的协同联动，发掘、培育、聘用一批政治可靠、思维敏锐、技术过硬的外籍人才参与国际传播工作。三是探索建立以传播效能为导向的资源分配机制。基于城市品牌传播效果监测平台，开发传播城市品牌热点话题的发稿、项目接单众包机制，以平台用户（各类传播主体）接单发稿及传播量为主要依据，开展计件计酬、绩效奖励和容错提醒工作，并深化后续传播合作。

参考文献

习近平：《论党的宣传思想工作》，中央文献出版社，2020。

黄坤明：《把握好习近平新时代中国特色社会主义思想的世界观和方法论（认真学习贯彻党的二十大精神）》，《人民日报》2022 年 11 月 16 日。

于运全：《新时代治国理政对外传播研究》，朝华出版社，2022。

王敏：《元宇宙视域下城市品牌传播新生态的构建》，《新闻世界》2024 年第 2 期。

周庆安、刘勇亮：《多元主体和创新策略：中国式现代化语境下的国际传播叙事体系构建》，《新闻与写作》2022 年第 12 期。

钟新、金圣钧：《讲好中国式现代化故事：党的二十大精神国际传播的关键议题》，《对外传播》2022 年第 12 期。

白贵、邸敬存：《国际战略传播：如何超越"地方性"话语局限》，《现代传播（中国传媒大学学报）》2022 年第 11 期。

B.12
广州塑造新型对外话语助推城市形象
国际传播研究*

程　燕**

摘　要： 在全球化不断深入的背景下，城市间竞争愈加侧重文化软实力与
国际话语权的塑造。广州作为我国重要的中心城市，需要构建与其发展定位
相契合的新型对外话语体系，以提升城市国际影响力和全球竞争力。通过系
统梳理广州塑造新型对外话语的现实意义，归纳其在历史文化资源、传播平
台、跨文化交往经验、城市精神特质与全球合作网络等方面的基础条件，提
出广州应坚持话语语境时代化、主体多元化、能力一体化、内容特色化与客
体精准化等基本原则，并结合"城市合伙人"计划，从功能定位、文化品
牌、发展动能、传播手段、文化合作、政策支持与人才培养等维度，探索推
动城市新型对外话语塑造的实现路径，旨在为广州提升国际传播效能、塑造
面向未来的城市形象提供理论支持与实践参考。

关键词： 城市形象　对外话语　国际传播　广州

　　在全球化不断深入的背景下，城市间的竞争已不再仅仅依赖经济实力，
文化软实力和国际话语权的较量愈加成为关键。党的二十届三中全会明确提

---

　　* 基金项目：广州市哲学社会科学发展"十四五"规划 2023 年度课题项目"新发展格局下地
方对外话语体系构建与国家中心城市形象对外传播研究——以广州为个案"（项目编号：
2023JDGJ15）。
　　** 程燕，博士，广东技术师范大学文学与传媒学院副教授，研究方向为应用语言学和文化传播学。

出"构建更有效力的国际传播体系"①，这是增强国际传播能力、提升国家软实力的重要战略举措。根据《广州市国土空间总体规划（2021—2035年）》的要求，广州的发展不仅要注重经济增长，还需通过完善的文化传播体系和国际话语权体系，全面增强全球竞争力，以迈向"中心型世界城市"。广州需要通过创新传播手段、深化多边合作，塑造更具吸引力的城市品牌，紧扣高质量发展的战略部署，树立"经营城市"理念，进一步优化城市功能布局，全面提升文化软实力与国际传播能力。

一 广州塑造新型对外话语的现实意义

作为中国超大城市的代表，广州具备强大的综合实力，更肩负着加快构建国际传播矩阵的重任。立足国家对外传播战略格局，广州应充分利用其丰富的资源禀赋与强大的组织能力塑造新型对外话语，积极拓展国际传播渠道，全面提升国际传播效能，为全面建成社会主义现代化强国营造有利的外部舆论氛围，为构建与我国综合国力和国际地位相匹配的国际话语体系贡献广州智慧与力量。

（一）塑造新型对外话语，能够使广州凸显岭南文化特质与改革开放精神，增强城市国际辨识度

传统与现代交融的城市特质，为塑造兼具民族特色与时代精神的外宣话语奠定了坚实基础。广州作为岭南文化中心与改革开放前沿，其历史文化与现代化发展形成的独特城市禀赋，为构建对外话语体系提供了多维支撑。在历史文化层面，以陈家祠、南越王墓等为代表的历史文化遗迹承载着岭南文化的深厚底蕴，通过系统性阐释其文化符号价值，有助于构建具有历史纵深的城市叙事体系。在现代化发展层面，珠江新城、人工智能与数字经济试验区等载体形成的创新生态，展现了广州在全球产业链中的枢纽地位。

---

① 《中共中央关于进一步全面深化改革　推进中国式现代化的决定》，人民出版社，2024。

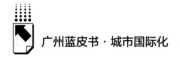
（二）塑造新型对外话语，能够使广州加速国际高端要素集聚，提升全球资源配置能力

基于粤港澳大湾区核心引擎定位，广州新型对外话语塑造对促进国际要素流动具有战略价值。在经贸领域，"广州制造"品牌矩阵与广交会等国家级开放平台的协同效应，为讲好中国式现代化故事提供鲜活素材。在文化传播领域，以粤剧、广绣、饮食文化等构成的非遗体系，以及当代艺术与数字创意的融合发展，形成跨文化传播的立体资源库。通过构建与城市定位相匹配的话语体系，可有效提升广州国际经贸合作能级和文化互鉴水平。

（三）塑造新型对外话语，能够使广州增强传统文化国际吸引力，培育文化创新时代动能

广州多元文化共生的城市基因，为国际传播话语创新提供持续动能。在传统文化维度，乞巧节等非物质文化遗产承载的工匠精神与生活美学，构成文化认同的情感纽带；在当代文化创新维度，语言艺术、影视创作与新媒体传播的深度融合，正在形成具有国际传播力的文化新形态。特别是依托华侨华人资源优势构建的跨文化叙事网络，使广州成为展现中华文明包容性的重要样本。

（四）塑造新型对外话语，能够使广州构建全球人才战略磁场，形成智力竞争比较优势

国际传播话语体系建设与人才战略的协同推进，是提升城市全球竞争力的关键路径。广州通过"粤港澳大湾区人才高地"建设形成的政策创新，以及产学研深度融合的科创生态系统，正在构建面向国际人才的发展磁场。以中新知识城、生物岛等创新载体为依托的产城融合实践，为诠释中国式现代化的人才观提供现实注脚。智力要素的集聚为广州在国际话语权博弈中赢得主动地位提供了支持，也增强了广州在全球竞争中的比较优势，助推广州在国际话语权博弈中占据战略主动地位。

二 广州塑造新型对外话语的基础条件

在全球化的浪潮中，城市形象的塑造早已超越了传统的基础设施和经济建设展示，语言与话语的构建成为提升城市国际影响力的关键工具。广州作为我国重要的中心城市，具备坚实的基础条件塑造新型对外话语，在全球话语体系中占据重要席位，为城市国际形象提升与全球认知引导提供有力支撑。

（一）深厚的历史文化资源，创新诠释独具魅力的"新"话语

广州作为一座拥有 2000 多年历史的古老城市，是首批公布的 24 座国家历史文化名城之一，其历史文化和社会特色为新型对外话语的塑造提供了海量资源。从岭南文化到广州的历史遗产，广州的文化符号在国际传播中的重要性不言而喻。话语不仅是信息的传递工具，更是社会现实的建构方式。广州将历史文化与现代化发展相结合，能够创造出独具特色的话语体系，既传递广州的文化精髓，又能让国际受众在文化认同和价值观念上产生共鸣。以粤剧、广绣等非物质文化遗产为例，它们不仅是广州传统文化的展示，更是与全球受众建立文化对话的重要桥梁。

截至 2023 年 8 月，广州拥有国家级非物质文化遗产代表性项目 21 项、省级 95 项、市级 158 项（含扩展共 216 项）。同时，广州的历史与文化在现代城市建设和创新中不断得到新的诠释。例如，广州在数字经济和高新技术领域的突破，让传统文化在当代背景下焕发新生。根据广东省政务服务和数据管理局发布的信息，2024 年广州全年数字经济核心产业增加值超 4400 亿元，占 GDP 比重超 14%，数字经济核心产业增加值同比增长 9.8%，对全市经济增长的贡献率达 61.3%，位居全国前列。通过巧妙融合，广州新型对外话语能够将其传统文化的深度与现代城市的创新性展现出来，使广州在国际舞台上脱颖而出，塑造广州既传承历史又充满活力的城市形象。广州坐拥历史文化街区 26 片、文物保护单位 792 处、历史建筑 841 处，越来越多历

史文化街区、历史建筑下足"绣花"功夫、做好"精细文章"，越来越多非遗代表性项目紧跟时代步伐，实现"出圈出彩"。

（二）多元的传播平台，投放传播全方位覆盖的"新"话语

在全球化时代，信息传播路径的多元化为广州新型对外话语的塑造提供了广阔空间。广州充分利用传统媒体与新兴媒体的互补优势，构建了全方位、多层次的传播体系。传统媒体如电视、广播和报刊仍然具有强大影响力，如广州广播电视台与香港电台合办的常态化融媒体栏目《湾区全媒睇》，自2021年9月30日开播，截至2024年11月，累计播出已超760期。该节目在大湾区主流媒体以及美国、加拿大等海外电视台和网络平台常态化播出，覆盖粤港澳大湾区8611万人口，并入选香港教育局指定教材。新兴媒体方面，广州的社交媒体、短视频平台等发展迅速，能够迅速传递信息，扩大话语传播范围。以《广州日报》抖音号为例，其在2023年12月粉丝数就已达790万人，播放量千万以上的视频有20条。此外，广州形成了政府、企业、媒体、市民等多方共同参与的话语传播体系，多元话语主体丰富了话语内容与形式，提高了话语的可信度和亲和力。2024年广州通过政企联动，依托广州国际灯光节、中国（广州）跨境电商交易会等大型国际活动为企业搭建国际传播平台；以《广州日报》为代表的本地媒体构建起立体化国际传播矩阵，其海外账号年阅读量近3亿次。同时，"广州红幸福城""广式生活"等网络宣传品牌活动成效显著，其中"广州红幸福城"话题全网浏览量超151亿次，"广式生活"连续7年位居全国城市IP新媒体关注度榜单第一，多方发力有效提升广州在国际社会中的话语权和影响力。

（三）丰富的跨文化交往经验，关注国际文化差异的"新"话语

广州在跨文化传播策略方面有着深厚的实践基础。多年来，广州与各友城在经贸、文化、体育、教育、科技等多个领域积极开展交流合作，结出累累硕果。哈贝马斯的社会交往理论强调，话语的有效性依赖于遵循三重准则——真实性、正确性和真诚性，这些准则相辅相成，确保广州的对外话语

能够有效传递给国际受众①。在真实性方面，广州在讲述历史遗址（如陈家祠、珠江夜景）时，严格确保文化遗产信息的准确性。2024年，广州积极开展与国际友城的文化交流，通过举办"2024广州文化周"交流演出、"广州国际友城杯"青少年国际象棋友谊赛等活动，深化与法国里昂、德国耶拿、意大利巴里等友城的文化互动。同时，依托广州国际友城大学联盟，精心准备真实准确的文化资料，持续推进与友城在教育、学术等领域的多元交流，推动广州与国际友城间文化互鉴、情谊共融。在正确性方面，广州遵循国际通用的语法规范，避免因语言和文化差异产生误解。例如，在与欧美国家的交流中，广州专门组建翻译团队，确保信息传递的规范性。在真诚性方面，广州通过感人的故事和深入人心的城市精神打动国际受众。如2024年7月，由14名学生和2名教师组成的"洛杉矶市长的青年大使"代表团访问广州，他们走进广州—洛杉矶友谊花园，参观陈家祠、永庆坊、粤剧艺术博物馆等特色地标，还与广州城市职业学院师生共同体验中国茶艺、书法等传统文化。这些友城"青年大使"通过沉浸式体验广州传统与现代交融的魅力，将在穗见闻带回美国，积极传播"广州好声音"，有效提升了广州的亲和力和影响力。

（四）鲜明的城市精神特质，突出情感共鸣的"新"话语

广州的城市精神特质在全球化语境中具有独特魅力。广州新型对外话语塑造不仅传递文化和经济信息，更通过情感化和富有共鸣的方式，提升国际受众的认同感。广州通过展示真实的故事和情感，能够打动受众，提升其在全球范围内的认同感和亲和力。例如，广州在推动科技创新和经济发展过程中，展现了勇于创新、拼搏进取的城市精神。2024年，广州高新技术企业发展势头强劲，全市高新技术企业数量超1.35万家，高新技术企业、科技型中小企业数量分别增至1.30万家和2.10万家；新增专精特新"小巨人"企业125家，实现翻倍增长；入选全球独角兽企业22家，增量位居全国城

---

① 于尔根·哈贝马斯：《后形而上学思想》，曹卫东、付德根译，译林出版社，2001。

市第一，以卓越的创新实力稳居全国前列。此外，广州深入挖掘社会变革中的感人故事，使城市形象更加人性化和具象化。2024年，广州推出"最美广州奋斗者"系列报道，通过讲述天河区环卫员江阁龙、广船国际船舶工程师薛晖等普通市民在科技创新、文化传承等领域的奋斗故事，展现城市精神与个体成长的融合，该系列报道在海外社交媒体的单条内容最高点赞量超100万次，相关话题互动量持续攀升，进一步增强了广州在国际传播中的情感共鸣与吸引力。

（五）成熟的全球合作网络，融于全球化趋势的"新"话语

广州已构建起遍及六大洲的全球城市"朋友圈"，为新型对外话语塑造提供了坚实的全球合作基础。截至2024年11月，广州已与68个国家的108个城市建立了友好关系，共有68个国家在穗设立总领事馆。广州充分利用经贸、科技、文化、教育、旅游等领域对外交流资源，形成多元有序参与、协同发力的对外交往"一盘棋"工作格局。2024年广州外贸进出口值达1.12万亿元，同比增长3.0%，继续保持强劲竞争力。其中，出口值达7005.50亿元，同比增长7.8%，在历史上首次突破7000亿元大关。广州与国际友城在经贸领域保持密切的合作与交流，推动了经济共赢发展。在文化领域，广州国际友城大学联盟发展迅速，联盟现有成员大学23个，成员大学所在地覆盖了全球五大洲18个国家的21个主要城市。联盟成立以来，成员高校间开展了丰富的科研合作，仅2024年在联合科研课题等领域就开展实施了超过40个交流合作项目。以城为媒，依城而兴，广州通过构建跨国、跨区域的大学合作网络，突破地域限制，积极参与全球知识的生产与传播，推动了友城间的文化交流与融合，不断提升广州在全球话语场中的地位，助力广州话语的国际化进程。

三 广州塑造城市新型对外话语的基本原则

（一）话语语境时代化

宏观把握时代趋势。在全球化和信息化快速迭代的时代背景下，城市话

语体系需紧跟时代步伐。从全球发展的宏观视角来看，时代主题不断演变，如从工业革命时期的工业化、规模化到如今的可持续发展、数字化转型等。广州新型对外话语的塑造应深入研究这些宏观趋势，将时代的核心主题融入话语体系的整体架构之中，展现时代特征的呼应，更要在全球话语格局中找准广州的定位。

中观结合城市发展。城市的发展是一个复杂且多元的过程，广州在经济结构调整、产业升级、社会文化变迁等方面都有着独特的发展路径，将这些城市发展的关键节点和特色融入话语体系，使话语能够准确反映广州城市发展的阶段特征，体现城市的发展活力与特色。话语体系作为城市的外在表达，应紧密围绕城市的发展规划和特色产业升级。在经济领域，分析产业结构的变化趋势，如从传统制造业向高端制造业、服务业的转型；在社会领域，关注人口流动、社会观念的更新等方面的变化。

微观体现时代细节。时代的变化不仅体现在宏观和中观层面，在微观层面同样有着丰富的体现。新技术的应用，如人工智能、物联网等，在城市生活各个领域的渗透，以及新的社会现象的出现，如共享经济、线上社交等，都是时代变化的微观体现。广州新型对外话语应敏锐地捕捉这些微观层面的变化，将其转化为话语元素，进而能够使城市对外话语在细微之处体现时代的鲜活气息，使话语更加贴近人们的日常生活，增强话语的吸引力和感染力。

（二）话语主体多元化

政府引领多元参与。政府在城市对外话语塑造中具有引领和统筹的作用，营造出鼓励多元主体积极参与的政策环境，有助于激发全社会参与话语传播的积极性。政府通过制定相关政策为多元主体参与话语传播提供明确的方向和保障，政策设计可以包括对民间组织、企业和市民参与话语传播的激励措施，如提供资金支持、设立奖励机制等。同时，政府还可以通过资源调配，为多元主体参与提供必要的资源，如信息资源、传播渠道资源等。

社会构建协同机制。不同主体在话语传播中各有优势，构建协同机制可以实现优势互补。民间组织通常具有丰富的基层经验和灵活的组织形式，企业则拥有强大的市场资源和创新能力，市民则是最贴近生活的话语创造者。在合作框架方面，可以建立信息共享平台，使各方能够及时获取所需信息；在活动策划方面，可以共同策划举办大型文化活动，整合各方资源，提高活动的影响力；在内容创作方面，市民可以提供丰富的生活素材，专业机构则进行加工和提升。

个体激发传播活力。企业作为经济活动的主体，将自身文化与广州城市文化深度融合，可以创造出具有独特商业价值和文化内涵的传播内容。这种融合不仅可以提升企业的品牌形象，也为城市话语传播增添了新的活力。对于市民个体，通过建立激励机制，如设立创意奖项、提供展示平台等，可以激发他们的创意潜能。市民可以从自身的生活体验、兴趣爱好等角度出发，创造出丰富多彩的话语形式，使城市话语更加多样化、个性化。

（三）话语能力一体化

对外宣传语言规范化。制定多维度规范标准，建立严格审核流程，确保话语在各方面符合传播要求，进而提升话语质量和传播效果。其一，加强专业人才系统培养。在教育体系中设立跨文化传播相关专业，构建涵盖文化学、语言学、传播学等多学科的课程体系，通过理论学习与实践训练，提升学生的多元文化理解能力、语言表达能力。对于在职人员，鉴于他们直接参与话语传播工作，应建立长效培训机制。邀请语言学、传播学等领域专家定期开展培训，内容涵盖语言规范、文化差异、传播策略等方面，持续提高他们的专业能力。其二，全面把控语言质量。语言质量关乎话语传播效果，需从词汇选择、语法运用和文化内涵表达等多个维度进行严格把控。词汇选择要确保准确恰当，避免模糊、歧义词汇；语法运用需遵循规范语法，保证句子结构清晰、表达流畅；文化内涵表达要深入了解不同文化内涵，防止因文化差异产生误解。

跨文化教育普及化。跨文化教育应贯穿全教育体系。在学前教育阶段，可通过介绍不同国家节日、风俗习惯等简单文化体验活动培养儿童文化感知能力；在中小学阶段，将跨文化教育元素融入语文、历史、地理等学科，让学生了解不同文化特点；在大学阶段，开设跨文化交际等专业课程，深入探讨不同文化差异与交流技巧，以循序渐进的方式构建完整的跨文化教育体系，逐步提升学生跨文化交流能力。同时，社区作为人们日常生活和跨文化交流的重要场所，在国际化社区建立跨文化教育中心，定期举办文化讲座、国际文化交流活动，为社区居民提供学习交流平台。并利用线上平台优势，将跨文化教育资源推广至更广泛社区居民，并以线上课程、互动论坛等形式，让居民随时随地学习交流，营造全社会参与跨文化教育的良好氛围。

（四）话语内容特色化

整合多元文化元素。广州拥有丰富的历史文化、民俗风情和现代发展成果，这些都是构建特色话语内容的宝贵资源。对这些领域的特色元素进行系统挖掘与整理，需要从历史的深度、民俗的广度、现代发展的高度等多个角度进行。在挖掘过程中，要关注单个元素的独特性，研究它们之间的内在联系。按照一定的逻辑框架，如以文化主题、历史时期、产业领域等为分类依据，将这些元素进行归类与整合，形成丰富的文化素材库，使话语内容在构建过程中能够充分利用这些素材，使话语更加丰富多彩。

推动古今融合创新。广州的传统文化与现代发展之间存在着紧密的联系，在话语内容构建过程中，应将两者进行有机衔接。传统文化是城市的根，蕴含着深厚的历史底蕴和人文精神；现代发展是城市的活力之源，体现了时代的创新精神。通过深入研究两者的内在联系，找到融合的切入点，如将传统的商业文化与现代的商业模式相结合，将传统的工艺技术与现代的设计理念相结合等。

（五）话语客体精准化

细化受众分类研究。受众是话语传播的对象，对受众进行分类研究是实现精准传播的基础。从地域、年龄、职业、兴趣爱好等维度对受众进行分类分析，可将受众分为国内与国际受众，国际受众可进一步按不同国家和地区划分；涵盖儿童、青少年、成年人、老年人等不同年龄段；包含教师、医生、工人、企业家等不同职业群体；以及文化爱好者、体育爱好者、科技爱好者等不同兴趣群体。通过多维度分析，深入研究各类受众特征，绘制详细的受众画像，涵盖文化背景、认知能力、情感体验、信息获取习惯等方面信息，为精准传播提供依据。

定制个性化话语策略。这些个性化的话语策略能够使话语更好地满足不同受众的需求，提高话语的传播效果。根据不同受众群体的特征，制定有针对性的话语策略。对于文化背景不同的受众，在话语内容中融入他们熟悉的文化元素，避免文化冲突；对于认知能力不同的受众，调整话语的难度和深度，使话语易于理解；对于情感体验不同的受众，关注他们的情感需求，在话语中融入相应的情感元素。

四　广州塑造新型对外话语、助推城市形象国际传播的路径方向

2024年是"大干十二年、再造新广州"的开局之年，广州必须紧扣高质量发展的战略部署，全面贯彻习近平新时代中国特色社会主义思想和党的二十大精神，树立"经营城市"理念，进一步优化城市功能布局，全面提升文化软实力与国际传播能力。2025年，广州市推出"城市合伙人"计划，以第十五届全国运动会为契机，向全球发出合作邀约，吸引包括世界500强企业、行业领军机构、知名专家学者等在内的各类主体参与城市品牌建设和产业发展，创新性地构建多元主体共建共治的开放平台。"城市合伙人"计划成为广州塑造新型对外话语、助推城市形象国际传播的关键路径，广州可通过与合作伙伴共同打造具有国际影响力的城市事件和传播内容，着力构建以合作叙事为核心的城市话语体系，让城市形象在国际舞台上更具辨识度和感染力。

（一）明确城市功能定位，构建坚实的对外传播话语体系

深化城市属性和核心功能是构建城市对外传播话语体系的根本。作为重

要的国家中心城市,广州需明确自身的功能定位,增强其在国际贸易、科技创新和文化交流中的核心作用,以构建坚实的对外传播话语体系,服务于建设具有全球影响力的中心型世界城市。加快区域性国际物流枢纽的构建,优化智能化海关和自动化物流管理,利用大数据和人工智能技术,实现全球供应链的精准调度与实时监控。发挥广州"城市合伙人"计划桥梁作用,吸引全球顶尖企业和创新技术,推动产业结构优化升级,通过全球资源的整合促进经济高质量发展,提升广州在国际供应链中的地位。加速推进数字贸易平台建设,运用区块链和智能合约技术,提高跨境交易的透明度与效率,降低交易成本,促进数字经济的发展。传统产业的数字化转型至关重要,尤其要加强与"一带一路"共建国家的科技合作,推动大数据和人工智能等新兴技术的应用与融合,提升广州在全球经济治理中的话语权。依托粤港澳大湾区的优势,提升公共服务水平和国际化能力,吸引全球企业和高端人才,巩固核心功能,拓展广州在国际事务中的影响力。

(二)打造文化品牌,提升广州国际文化影响力

打造独特的城市品牌是提升国际影响力的关键。岭南文化、广府美食和粤剧等文化符号要通过创新手段转化为国际品牌,依托岭南文化,打造多主题的文化体验园区,提供沉浸式文化体验,吸引全球游客。加快实施国际艺术合作项目,推动国际艺术家与本地艺术家的联合创作,扩大广州文化艺术在国际舞台上的影响力。通过线上线下相结合的全球文化活动,提升广州国际文化艺术节的全球参与度。加大文化创意产业集群建设力度,推动文化与科技的深度融合,形成创新生态系统,提升城市品牌的国际竞争力。通过"城市合伙人"计划,深度布局文化创意产业领域,吸引全球文化创意人才参与,推动岭南文化的国际传播,提升广州作为文化创意中心的全球影响力。

(三)培育高质量发展新动能,强化广州全球经济话语权

培育高质量发展新动能是构建强大对外传播话语体系的基础。将科技创

新作为高质量发展的动力，需要广州在新兴产业与传统产业协同发展的基础上加快布局。前沿科技领域的发展，尤其是量子科技、氢能、生物合成等技术的突破，将使广州在全球产业链中占据引领地位。紧扣"城市合伙人"计划，推动全球科技资源的汇聚，促进高新技术企业与国际科研机构的合作，借助全球技术优势，加速本地企业创新成果的转化，确立广州在全球科技创新中的领导地位。加快科技成果转化速度，通过科技加速器和创新投资机制，推动高新技术企业快速成长。产学研的深度协作至关重要，持续依托国际高校和科研机构，健全创新人才培养机制，推动高端科技人才集聚。加快数字孪生城市建设步伐，借助数据与实体双向联动，提升城市治理智能化水平，巩固广州在全球创新城市中的地位。

（四）创新传播手段，提升广州文化全球传播力

创新传播手段是提升国际话语权的重要方式。需积极探索创新的传播方式，充分运用现代传播技术，构建全新的国际传播模式。打造全球数字文化体验平台，运用 VR、AR 等前沿技术，实现沉浸式文化传播，打破时空限制，提升文化在全球的传播力。加快整合多语种数字传播资源，借助人工智能生成内容技术，实现文化信息的精准推送，提升国际受众的参与度和传播效果。通过数据分析和实时反馈，动态调整全球传播策略，确保文化信息的有效覆盖。推进"城市合伙人"计划，加速数字文化平台建设，推动本地文化创作者与全球社交平台的合作，不断提升广州文化产品的国际传播力，扩大广州的全球文化影响力。推动本地文化创作者与国际社交平台合作，提升广州文化作品的国际影响力，构建全球范围内的文化传播网络。

（五）深化多元文化合作，拓展广州在全球文化交流中的话语权

深化多元文化合作是扩大国际影响力的重要途径。需持续深化与国际文化机构的合作，依托跨国文化交流项目，推动中外文化的深度融合，拓展广州在全球文化交流中的话语权。探索全球文化创新平台建设，联合全球文化、科技、艺术领域的领先机构，合作开发创新型文化产品，推动文化创意

与前沿技术的融合。文化与商业的协同发展是重要方向，推动本地企业与国际品牌联合开发具有市场竞争力的文化产品，提升文化产品的全球竞争力。依托"城市合伙人"计划，推动广州与国际领先文化创意企业的深度合作，共同开发具有全球市场竞争力的文化产品，提升广州文化创意产业的国际竞争力。通过全球文化创新竞赛，吸引全球创意人才汇聚广州，推动文化创新生态系统的建设，提升广州在全球文化创意产业中的地位。

（六）强化政策支持，确保文化传播体系的可持续发展

政策支持是构建可持续文化传播体系的保障。需通过多元化的融资支持和激励政策，不断完善文化创意产业扶持政策，促进文化创意企业的快速发展，增强其国际竞争力。推动文化产业与数字经济深度融合，出台支持文化企业数字化转型的政策，提升文化产品的附加值和市场占有率。知识产权保护机制的建设至关重要，利用区块链等技术手段，确保文化产品的版权透明度和安全性，保障文化创作者的合法权益。通过税收优惠和创业补助等手段，优化文化创意产业的发展环境，推动文化产业的可持续发展。借助"城市合伙人"计划提供定制化政策支持，为文化创意企业提供包括税收优惠、融资支持等多方面的帮助，推动文化产业的可持续发展，提升广州文化创意产业的国际竞争力。

（七）加强国际传播人才培养，提升广州在全球文化传播中的领导力

加强国际传播人才的培养是提升全球话语权的核心要素。加快国际传播人才培养步伐，构建全方位的人才培养体系至关重要。依托全球知名高校和科研机构，培养具备跨文化沟通能力和科技素养的高端传播人才。通过国际文化传播创新平台，为青年人才提供创新实践的机会，帮助其提升全球传播能力和创新思维。实施全球文化传播领袖计划，培养具有全球视野和领导力的传播精英，增强广州在国际文化传播领域的领导力。设立文化创意奖学金，鼓励年轻人才投身文化创意产业，提供创业支持，推动文化产业的创新发展，建立可持续发展的国际传播人才培养体系。通过"城市合伙人"计

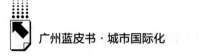

划，吸引全球传播人才，提升广州在国际文化传播中的领导力，进一步培养
具有全球视野的传播精英，提升广州在国际文化传播领域的核心竞争力。

参考文献

伍庆等：《全球城市评价与广州发展战略》，中国社会科学出版社，2018。

周权雄：《广州实现老城市新活力的三个维度》，《探求》2024 年第 2 期。

梁凤莲：《历史·现实·理论：广州城市历史文化的呈现及其展望》，《粤海风》
2023 年第 4 期。

李玥祺、胡青青：《城市形象的国际传播：文化维度、跨文化传播模型与受众细
分》，《新闻知识》2023 年第 4 期。

高昊、盛颖：《短视频"出海"：中国城市形象的国际社交媒体传播》，《中国电视》
2025 年第 1 期。

教育国际化篇 ▷

B.13
广州建设粤港澳大湾区国际高等教育
示范区研究

陈万灵 陈金源 温可仪*

摘 要: 广州建设粤港澳大湾区国际高等教育示范区是推动区域高质量发展的重要战略部署。作为国家中心城市与综合性门户城市，广州在示范区建设中展现出独特优势。依托丰富的高等教育资源和国际化办学经验，广州已成为国际合作办学的先行者与高校资源聚集地，拥有国家战略赋能、粤港澳跨区域合作平台，以及产教深度融合的支撑体系，为建设国际高等教育示范区奠定了坚实基础。然而，广州仍然面临制度壁垒与政策协同难题、高等教育国际化水平较低、国际高等教育资源整合不足等现实挑战。未来，广州建设粤港澳大湾区国际高等教育示范区，可强化制度创新，构建开放型国际高等教育治理体系；实施资源整合，打造粤港澳大湾区国际高等教育共同体；

* 陈万灵，广州工商学院新质生产力与粤港澳大湾区研究院特聘教授，研究方向为国际贸易理论与服务贸易；陈金源，广东外语外贸大学经济贸易学院博士研究生，研究方向为对外开放和粤港澳大湾区合作；温可仪，广东外语外贸大学经济贸易学院博士研究生，研究方向为数字贸易与服务贸易。

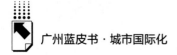

加强品牌塑造，提升国际高等教育全球竞争力；利用产业赋能，推动国际高等教育与产业协同发展。

关键词： 国际高等教育示范区　教育对外开放　粤港澳大湾区　广州

粤港澳大湾区作为国家重大发展战略，肩负着建设国际一流湾区和世界级城市群的历史使命。高等教育国际化汇聚高端人才，是粤港澳大湾区建设高水平对外开放门户的重要抓手。《粤港澳大湾区发展规划纲要》提出"支持大湾区建设国际教育示范区"的战略目标，《广东省教育发展"十四五"规划》指明"建设粤港澳大湾区国际教育示范区"的具体方向。2025 年 2 月，广东全省教育大会再次强调"以粤港澳大湾区高水平人才高地建设为牵引，充分发挥高校人才培养主阵地作用"。广州作为大湾区核心引擎城市，依托其高等教育资源集聚优势与国际教育重大平台建设基础，先行先试探索粤港澳大湾区国际高等教育示范区建设路径，为推进中国高水平教育开放提供"广州经验"与"广州方案"。

一　广州建设粤港澳大湾区国际高等教育示范区的现实基础

广州地处粤港澳大湾区的地理中心，是广东省省会城市、国家中心城市及国际科技创新中心重要承载地，同时兼具国际商贸中心功能。作为国家历史文化名城，其国际化水平高，自古便是中外文化交融之地，被誉为"千年商都"。此外，广州不仅是广府文化发祥地之一，也是海上丝绸之路的起点之一。由此，广州国际化教育资源非常丰富，具备构建国际高等教育示范区的扎实基础。

（一）国际合作办学先行者与高校资源聚集地

近年来，广州通过体制机制创新、资源整合与国际合作，逐步构建起开放、协同、高质量的高等教育体系，为建设粤港澳大湾区国际高等教育示范区奠定重要基础。

1. 高等教育资源密度优势显著

广州作为大湾区科教核心引擎，集聚 84 所普通高校，其中 7 所为"双一流"建设高校，形成"金字塔形"高等教育体系。以中山大学、华南理工大学、暨南大学为龙头，构建起"天河智慧城—番禺大学城—黄埔实验室"创新三角，形成全国密度较高的科教资源走廊。截至 2024 年 1 月，广州 ESI 全球前 1%学科有 215 个，其中 27 个学科进入 ESI 全球前 1‰。① 除此之外，截至 2023 年底，广州在校大学生规模为 164 万人，占全省在校生的 58.4%，为示范区建设提供人才储备与科研支撑。②

2. 国际高等教育中外合作办学规模领先

广州依托本土高水平大学，率先构建"双向流动"跨境办学体系，通过香港科技大学（广州）、中山大学香港高等研究院等标杆项目，实现学科共建与科研资源跨境配置。截至 2024 年，广州 4 所中外合作办学机构中，占广东（15 所）比例为 26.7%，其中广州内地与港澳台地区合作办学机构 1 所（全省 4 所），形成"独立法人机构+二级学院"多层级办学矩阵。此外，在广东 93 项中外合作办学项目中，广州独占 57 项，占比 61.3%；在广东 2 项内地与港澳台地区合作办学项目中，广州占 1 项。③

3. 国际化教育网络加速拓展

立足国家教育对外开放战略，广州利用姊妹学校计划、国际友城大学联盟构建多层次与多领域的国际合作体系。2024 年，广州新增缔结穗港澳姊

---

① 《广东高校 ESI 前 1‰学科+3，"多学科"首次闯入前 1%》，"南方 Plus"百家号，2024 年 1 月 13 日，https://baijiahao.baidu.com/s? id=1787931274812183397&wfr=spider&for=pc。
② 《广州市教育局：办更具活力人民教育 支撑广州高质量发展》，广州市教育局网站，2025 年 2 月 6 日，https://jyj.gz.gov.cn/gkmlpt/content/10/10104/mpost_10104005.html#247。
③ 注：根据"由地方审批报教育部备案的机构及项目名单（2024 年 12 月 18 日更新）""教育部审批和复核的机构及项目名单（2025 年 2 月 26 日更新）"整理，https://www.crs.jsj.edu.cn/。

妹学校 88 对，总量达到 475 对，连续 2 年居全国首位，[1] 形成基础教育与高等教育联动的跨境教育生态。国际友城大学联盟构建"双循环+多圈层"合作网络，成员扩展至 22 个国家 25 个主要城市的 27 所高校，覆盖欧美、亚太、非洲等地区。[2]

（二）国家战略赋能与粤港澳教育协同创新

依托国家战略顶层设计，广州率先探索教育开放与协同创新机制，在跨境教育合作、资源互通、制度衔接等领域取得突破性进展，初步构建起"湾区共建、国际对接"的高等教育协同创新网络。

1. 国家战略与地方行动协同，推动教育开放政策落地

自《粤港澳大湾区发展规划纲要》正式发布后，广州率先落实"高水平教育对外开放"政策，支持港澳高校来穗办学。香港科技大学（广州）创新采用"港科大标准+湾区需求"双轨培养模式，实现课程互通、师资共享及学位互认，成为湾区教育协同的标杆。同时，广州首创港澳子弟学校，通过融合香港课程与国民教育，允许学生在本地参加香港中学文凭考试（DSE），并探索"国际+"课程体系，吸引港澳人士扎根大湾区发展。

2. 创新协同平台呈现多元化发展趋势，推动湾区高等教育资源优化

通过专业联盟、课程共建和联合科研，粤港澳高校联盟合力打造"粤港澳 1 小时学术圈"。截至 2024 年，粤港澳高校联盟成员扩展至 45 所，联盟下设人文社科、理工科、医科、事务类、农学类、文体艺术类等 6 个学科专业联盟，推动学科互补与资源互通。粤港澳大湾区高校在线开放课程联盟成员现已拓展至 82 所，汇聚 7700 多门优质课程，联合开发课程 302 门，跨校选修学生超 32 万人次，推动教育资源共建共享。[3] 此外，依托广州核心

---

① 《2024，广州教育超燃成绩单！》，广州市教育局网站，2025 年 1 月 23 日，https://jyj.gz.gov.cn/gk/sjtj/content/post_10092307.html。

② 《"朋友圈"再扩容，这个联盟创下新高》，腾讯网，2024 年 11 月 11 日，https://news.qq.com/rain/a/20241111A084NE00。

③ 孙唯：《广东省教育厅：一体推进教育发展　互融互通再攀高峰》，《羊城晚报》2025 年 2 月 5 日。

高校，粤港澳联合实验室实现"跨区域协同、多主体联动、全链条创新"，研究方向覆盖人工智能、生物医药、先进制造等前沿领域，成为跨区域科研协同的核心载体。

3. 聚焦粤港澳三地教育标准差异，政策创新助力教育融合试验

探索"一国两制"下教育制度的衔接是广州建设粤港澳大湾区国际高等教育示范区的核心要义，如简化港澳学生学籍管理、推动职业资格互认、促进三地教育标准对接等。2019年，广东省教育厅发布《广东省教育厅关于高等教育学分认定和转换工作实施意见（试行）》，广州率先开展与港澳高校大专（副学位）学历互认试点工作，积极引入香港学术及职业资历评审局（HKCAAVQ）参与广州高校课程认证。同时，广州南沙自贸片区创新大湾区国际人才"一站式"服务窗口，搭建全国首个粤港澳大湾区职称和职业资格业务一站式服务平台，开展粤港澳大湾区职称评价体系试点，有效促进了大湾区专业领域人才培养及跨境就业。

（三）重大平台建设与产教融合支撑体系

近年来，广州高度重视国际高等教育示范区的建设与合作，通过搭建重大平台，引进境外优质高等教育资源，借鉴先进的高等教育国际化经验与成果，不断提升高等教育的国际化水平和办学质量。

1. 形成"南沙科学城+番禺大学城"双轮驱动的国际高等教育核心载体

2023年，《广州市南沙区教育设施布点规划（2023—2035年）》正式印发，将南沙科学城定位为广州"高等教育开放试验田"，要求推进"湾区通"工程建设，并规划引进更多世界一流高校，形成大湾区高等教育合作新高地。此外，与南沙毗邻的番禺大学城拥有中山大学、华南理工大学、华南师范大学、广东外语外贸大学、星海音乐学院等10所国际知名高等院校，在国际学术会议召开、人才联合培养、国际课题申报等方面形成良性互动，为广州建设国际高等教育示范区提供重要载体。

2. "政—校—企"协同的产教融合生态体系已成雏形

广州市政府立足国家战略定位，印发《广州市建设国家产教融合城市试点方案》，明确推动校企合作共建专业、课程、教材，支持高等学校、职业院校在产业园区设立专业人才培训基地。依托中新知识城、南沙科学城等重大科创平台，广州着力打造"一核多极"产教融合生态圈。其中，广州大学与腾讯共建"移动与物联网系统安全前沿技术联合实验室"，中山大学联合中科院自动化所、德赛西威、广东移动、小鹏汽车、文远知行等5家单位共同承担"网联汽车车路协同智能管控技术开发"，产教融合发展潜力明显。

3. 形成"内外联动、双循环协同"的高等教育支撑网络

一方面，广州对内强化与深圳、香港、澳门的"核心城市联动"，推动"广州高校+港澳科研+湾区产业"深度融合。例如，香港科技大学（广州）与深圳鹏城实验室共建"人工智能算力中心"，为大湾区企业提供超算服务，中山大学与澳门大学联合成立教育部联合重点实验室，强化物理化学的成果转化。另一方面，广州对外依托"一带一路"倡议和南沙自贸片区政策优势，搭建跨境教育合作平台。华南师范大学在马来西亚首开国外研究生教学点，广东轻工职业技术学院在马来西亚吉隆坡建设大学建立分校，其设立的跨境电子商务专业成为马来西亚首个跨境电子商务专业。

二　广州建设粤港澳大湾区国际高等教育
示范区面临的挑战

尽管广州拥有丰富的高等教育资源，而且国际化水平也比较高，在发展国际高等教育方面取得了宝贵的经验。但是，从高等教育资源集聚、高等教育国际化及教育开放合作办学制度体系来看，广州在建设粤港澳大湾区国际高等教育示范区方面面临一些挑战。

（一）制度壁垒与政策协同难题

粤港澳大湾区由广东、香港和澳门构成，具有"一国两制、三个关税区、三个法域"的特点，教育体系的背景复杂，高等教育的理念、国际化

水平和国际教育路径差异比较大，相互交流及协同发展也存在一定障碍。

1.国际高等教育要素流动的规则衔接难

2020年，《推进粤港澳大湾区高等教育合作发展规划》提出建设粤港澳大湾区国际教育示范区，但粤港澳三地教育规则衔接仍处于试点与起步阶段。具体来看，广州与港澳在科研资金管理、知识产权保护、教师资质互认、联合学位授予等方面存在制度与标准差异，合作机制尚未完全普及，导致资本、技术、知识、人才、数据等与国际高等教育密切相关的要素流动不畅。例如，香港科研团队使用内地资金需遵循复杂的跨境审计规则与手续，港澳教师职称评定与内地政策未完全衔接，制约了广州国际高等教育示范区建设的推进。

2.高校国际化办学自主权与政策灵活性不足

2013年，广东省教育厅出台的《关于进一步扩大和落实高校办学自主权促进高校加快发展的若干意见》，为广州高校国际化与自主化办学提供指导。但在实际执行中，不同部门与区域间协调机制并不完善，导致高校在开展合作化办学、国际合作项目、人才引进等方面仍需经过层层审批审核，广州国际高等教育发展的营商环境有待优化。调研发现，高校在引进国际高层次人才时，常因财务预算中人员经费比例限制与师生配比限制而无法灵活操作，导致国际人才引进受阻。华南理工大学广州国际校区虽通过大学章程赋予校区独立管理权，但在实际运行中仍需与上级部门频繁协调。

3.社会保障与公共配套服务难以满足实际需求

支撑广州建设粤港澳大湾区国际高等教育示范区的社会保障体系尚未健全，特别是社会保障、政务服务、子女随迁入学、家庭佣人、财政财税等与外籍家庭密切相关的制度体系，与世界发达国家或地区的保障制度仍存在较大差距。调研发现，外籍居民在南沙参保需重复缴纳社保，直到2024年政策调整后才允许豁免部分险种，但医疗保险跨境结算仍存在障碍，影响外籍人才生活的便利度和获得感。

（二）高等教育国际化水平较低

高等教育国际化的核心是在岸或在地国际化，依托本地高等教育机构集聚国际多元优质教育资源，构建国际先进的教育科研体系和本土特色的国际化校园文化体系，为本土或境外学生提供国际化和跨文化教育。当前，广州高等教育国际化水平提升已遭遇瓶颈。

1. 国际顶尖师资与科研团队存在缺口

广州通过国际人才引进政策吸引了一批外籍教师，其不足之处在于：首先，具有全球影响力的学术领军人物仍较少，导致广州科研成果转化率较低；其次，广州与欧美高等教育合作的"通道"尚未打通，在跨区域师资联合聘任、研究生联合培养、双聘教授等引进机制上探索有限，不利于国际高等教育示范区建设；最后，广州本土高校开展国际化教育的课题项目较多，但研究方向较为分散，有组织的科研模式尚在探索，导致聚焦于智能制造、航空航天、生物技术、量子科技、网络安全等广州未来产业的"高峰学科"未能实现突破，难以形成国际高等教育示范区的集群效应。

2. 留学生来源结构单一且全球胜任力培养欠缺

广州高校的留学生主要来自东南亚、中国香港与中国澳门，欧洲、美洲、大洋洲的生源比例较低，极少数来自欧美国家的留学生多为短期交流，长期学位项目吸引力不足。留学生生源过度集中的区域性倾向导致广州国际高等教育成为部分地区的"俱乐部"，不利于广州国际高等教育示范区朝国际化与多元化的方向发展。来穗留学生中硕士研究生、博士研究生的比例较低，留学生群体整体学术与科研能力不足，难以通过高水平的学术互动提升跨文化能力。此外，全球胜任力需通过国际交流、社会实践等多元途径培养，但当前留学生参与广州文化实践、国际组织实习等机会较少，影响广州国际高等教育示范区对全球胜任力的核心培养成效。

3. 高等教育国际化品牌建设的知名度仍显不足

尽管广州已建成香港科技大学（广州）、港澳子弟学校等标杆示范项目，但其高等教育国际化途径仍严重依赖香港与澳门，世界排名与学科知名度仍显不足。例如，华南理工大学广州国际校区布局新工科，但其全球知名度仍局限于区域范围内。港澳子弟学校等机构承办国际赛事和文化交流活动的机会较少，未能有效利用国际平台推广"留学广州""广州国际高等教育示范区"等品牌。

（三）国际高等教育资源整合不足

国际高等教育示范区本质在于集聚全球优质资源，打造与世界一流大学同质等效的教育科研体系，从广州高等教育国际化发展状况来看，国际教育资源整合能力需要重点关注。

1.国际高等教育资源分布失衡

广州建设粤港澳大湾区国际高等教育示范区的重心在于整合港澳国际高等教育资源，在一定程度上忽视了与非中心城区的联动与合作，导致整体教育资源分布呈现"核心强、边缘弱"的格局。从现实来看，广州国际高等教育资源主要集中在中心城区（如天河区、海珠区、番禺区），而对周边区域（如增城区、从化区、花都区）国际高等教育资源挖掘不足，未能形成均衡发展的格局。长此以往，广州本土特色的广府文化、海丝文化、华侨文化将较难成为国际高等教育的特色内容，粤剧、骑楼、广绣、广雕等传统文化难以融入国际高等教育课程。

2.国际化资源共享平台缺失

广州与周边城市国际高等教育资源尚未建立起有效的共享平台，在国际人才交流、特色教育资源开发、教学数据资源共享等方面仍处于"单打独斗"或"互相竞争"状态，部分仍是"自下而上"式的小范围交流，缺乏统一层面"自上而下"式的大规模合作。例如，2024年粤港澳国际联合实验室建设已启动，获批建设的31家科研实验室主要集中于广州、深圳等核心城市，对惠州、肇庆、中山、江门等周边城市的国际高等教育辐射带动作用较弱，凸显出广州协同示范网络尚未全域贯通的结构性矛盾。此外，由于缺乏统一管理、统一运营与统一部署的国际高等教育共享平台，周边城市的国际化教育资源被广州"虹吸"，存在一定的要素错配与资源浪费，拉大了教育领域的发展差距。

3.国际高等教育"产学研"组合深度有限

当前，广州国际高等教育院校、科研机构与企业的合作多呈现"点状分散、浅层互动"特征，尚未形成"基础研究—技术开发—产业应用"全链条协同创新机制。从合作模式来看，多数校企的国际高等教育合作项目以短期技术咨询或实习实训为主，系统性的长期战略规划和可持续的合作机制较少。除此之外，境内外高校科研评价体系与企业需求之间存在明显的目标错位，高校仍以论文和专利申请等学术成果为导向，而企业则更加注重市场转化效益和实际应用效果，导致合作难以形成有效的共识和合力。

三 广州建设粤港澳大湾区国际高等教育示范区的路径

通过上述分析，广州建设粤港澳大湾区国际高等教育示范区必须突破本土局限、对接国际，充分利用各个学科的国际优质资源，促进高校国际化能力建设。

（一）制度创新：构建开放型国际高等教育治理体系

高等教育资源的集聚态势关键在于制度和规则体系建设，粤港澳大湾区国际高等教育示范区的核心在于打破行政边界与制度壁垒的障碍。

1.争取国家级国际高等教育示范区授权试点，推动破除制度性体制障碍

广州可以率先组建成立"粤港澳高等教育协同发展委员会"，由三地政府、高校、社会机构代表共同参与，建立常态化议事机制，统筹规划学科布局、资源调配与政策衔接，由广州牵头积极向中央申请国际高等教育示范区授权试点。同时，依托番禺大学城、南沙科学城等国际高等教育重大合作平台，以及结合南沙自贸片区创新功能，重点推动三地学分互认、学位互授联授制度的标准化建设，探索"双导师制""联合实验室"等柔性合作模式，允许港澳高校在示范区内自主设置学科、聘任外籍教师，并建立与国际接轨的科研成果转化机制，形成"湾区标准"先行示范。

2. 推进国际化教育制度衔接，打造全球高等教育中心枢纽

广州建设粤港澳大湾区国际高等教育示范区，关键是推动国际化治理体系的制度型开放。首先，建立与国际高等教育接轨的质量认证体系，引入QS、THE 等国际评估机构参与高校认证，推动大湾区高校学分纳入"欧洲学分转移和累积系统（ECTS）"。其次，主动对标欧美高标准国际高等教育人才流动机制，率先试点"大湾区学术签证"，允许外籍教师在三地高校自由执业，创新性设立"大湾区青年学者计划"，吸引全球博士、博士后研究人员跨校流动。

3. 深化国际高等教育办学体制创新，激发多元主体活力

广州建设"政府主导、多元共治"的粤港澳大湾区国际高等教育示范区，需突破传统办学模式。首先，加强教育规则体系创新，支持粤港澳高校以"独立法人""二级学院""国际校区"等形式，共建广州特色学院，推动香港科技大学（广州）"一校两园"模式向更多领域推广复制，吸引剑桥、斯坦福、哈佛等国际顶尖高校在穗设立分校或研究院。其次，完善社会力量参与国际高等教育示范区建设机制，鼓励跨国企业、国际组织与高校共建产业学院，探索"基金会办学""协议管理"等新型治理模式。最后，推进国际高等教育"放管服"改革，构建国际化政务服务体系与社会保障体系，不断优化国际高等教育人才营商环境。

（二）资源整合：打造粤港澳大湾区国际高等教育共同体

高等教育资源集聚应以发挥本土资源优势为先导，依托港澳独特的跨境协同通道，通过粤港澳三地产教要素的系统整合，最终构建起开放共享、内外联动的国际化高等教育创新生态。

1. 构建国际高等教育资源共享平台，激活要素流通网络

广州可先行先试共建"粤港澳高等教育资源共享数据库"，加强国际高等教育数字基础设施建设，整合三地高校的课程、实验室、超算中心、科研设备等资源，通过"线上预约+跨境服务"模式向联盟高校开放。例如，将香港的金融数据平台、广州的生物医药实验室、澳门的服务贸易资源纳入高校共享网络。创新国际高等教育"飞地办学",支持香港中文大学(深圳)、香港城市大学(东莞)等校际合作经验向广州延伸,推动国际高等教育区域一体化发展。

2. 深化国际科研合作网络,提升全球资源配置能力

打造国际高等教育共同体需深度融入全球创新链与全球价值链,由广州牵头成立大湾区国际科研合作中心,设立跨境科研基金与国际科研共享合作平台,吸引全球顶尖高校加入"湾区科研联盟"。此外,在全球气候变化、新能源、人工智能、量子设备、航天航空等领域发起国际"大科学"计划,设置新兴学科议题,以国际高等教育为基础,形成一批丰硕的国际专利成果,提升广州建设粤港澳大湾区国际高等教育示范区的影响力。

3. 强化数字治理与安全保障,筑牢国际高等教育共同体发展根基

凭借数字化与法治化护航,加强高水平教育开放安全体系构建与风险保障机制建设。率先设立粤港澳国际高等教育联合监管机构,运用大数据、云计算、区块链等先进数字技术,嵌入 DeepSeek 大语言数据模型,形成国际高等教育招生、就业、科研的动态监测与预警系统,制定数据跨境流动负面清单,平衡开放、共享与安全的关系。

(三)品牌塑造:提升国际高等教育全球竞争力

高等教育资源集聚的关键在于本土教育的吸引力和竞争力,必须加强广州国际高等教育品牌化建设。

1. 构建"国际顶尖人才引力场",提升师资与科研全球竞争力

依托粤港澳大湾区战略优势,聚焦国际顶尖师资缺口,实施"湾区科学家引育计划"。以南沙"国际化人才特区"为核心载体,推行"双聘双栖"机制,允许国际顶尖学者同时任职于港澳与广州高校,并设立"国际院士工作室",吸引诺贝尔奖得主、图灵奖获得者领衔组建跨学科团队。同步开发"全球科研人才数据库",精准对接 QS 世界 TOP50 高校终身教授,提供具有竞争力的科研经费支持。

2. 打造"多元生源引力矩阵"，重塑留学生培养体系

广州国际高等教育示范区建设应积极"走出去"，重点布局 RCEP 成员国与"一带一路"共建国家，设立国际生源培育基地。同时，创新国际高等教育课程体系，开发"4C 全球胜任力模块"（跨文化交流、协同合作、国际视野、全球责任感），开设与粤港澳大湾区治理相关的实践课程，建立"湾区全球胜任力认证中心"。例如，推动中山大学与香港大学等高校合作开设"跨境金融科技双学位"项目，通过港股—A 股联动交易仿真训练，培养学生全球金融胜任力。

3. 塑造"国际教育品牌特色"，提升全球认知度

打造"留学广州"国际高等教育旗舰品牌，借助广交会平台设立"国际教育参展区"，展示广州开展国际高等教育与传统粤剧、广绣、浮雕等广府文化相结合的特色教育成果，同步发布"粤港澳大湾区国际高等教育发展指数"，量化留学生在穗创新、创业与教育的成功率，梳理典型案例，构建粤港澳大湾区国际高等教育品牌矩阵。推动与 Elsevier、Springer、Wiley 等知名学术机构合作设立"湾区学术创新奖"，每年评选具有产业转化潜力的优秀成果，并通过国际学术期刊等渠道进行全球推广，构建"学术—产业—文化"相结合的品牌输出体系。

（四）产业赋能：推动国际高等教育与产业协同发展

教育发展始终与经济社会环境深度耦合，国际高等教育更需立足本土产业实践。作为依托现实产业环境的系统工程，广州国际高等教育示范区建设亟待通过产教融合实现赋能升级。

1. 搭建"产业需求牵引型"协同创新平台，贯通全球产学研创新链条

以建设广州国际高等教育示范区为战略牵引，聚焦粤港澳大湾区智能网联汽车、生物医药、新一代信息技术等战略性新兴产业，构建"全球需求—湾区研发—广州转化"的国际化产学研协同体系。依托《南沙方案》政策优势，主导建设"国际高等教育协同创新走廊"，推动全球顶尖高校、科研机构与湾区产业深度融合。可以在香港科技大学（广州）、中山大学等

高校布局国际前沿科学实验室，聚焦量子计算、基因编辑、6G 通信等前沿领域，打造跨境科研特区。此外，推动"国际高等教育+本土产业链"深度融合，以南沙平谦国际汽车产业园、广州国际机器人产业园等平台为载体，建立国际高等教育"技术转化园"，通过"港澳技术+广州智造+湾区市场"模式，形成国际高等教育与产业深度融合的典范。

2. 创新"产业主导型"校企合作模式，重构人才培养与科研转化机制

针对当前校企合作碎片化问题，广州亟须建立以产业需求为核心的高等教育培养与科研转化新范式。一方面，推行"订单式"产业学院建设，由龙头企业深度参与人才培养全过程，将云计算、人工智能等前沿技术课程融入教学体系，使毕业设计成果直接转化为商业解决方案，实现"入学即入职"的无缝衔接。另一方面，设立产业导向的科研转化基金，通过优化激励机制激发科研人员的转化积极性，破解成果转化动力不足的难题。可以由市财政、大湾区发展基金和龙头企业共同出资成立"湾区科技成果转化引导基金"，重点支持人工智能芯片、基因编辑等领域的产业化项目。

3. 打造"国际产业联盟"生态圈，推动教育与产业协调发展

突破产学研地域限制，构建开放协同的全球创新网络是广州建设国际高等教育示范区的应有之义。可以联合广州市商务局、香港贸发局等机构，发起成立"粤港澳大湾区国际产业教育联盟"，吸纳西门子、强生、丰田等国际龙头企业，形成"产业—教育—标准"三位一体的协作网络。其中，联盟可设立"双总部"形式（广州南沙+香港科学园），以南沙自贸片区"湾区国际产学研合作园"为载体，建设离岸研发中心、跨境中试基地、全球技能工坊，最终通过港澳渠道实现全球化商业推广。

参考文献

陈万灵、陈金源、温可仪：《建设粤港澳大湾区国际高等教育示范区：广州优势与实践路径》，《高教论坛》2024 年第 11 期。

焦磊：《粤港澳大湾区国际高等教育示范区：意涵、态势与建设方略》，《高校教育管理》2020 年第 4 期。

林闻凯：《推进新时代中外合作办学高质量发展，打造高等教育国际示范区——广东省高等教育学会中外合作办学研究分会第一届学术研讨会综述》，《现代教育论丛》2021 年第 6 期。

王志强：《孕育"中国新大学"：粤港澳大湾区国际高等教育示范区的实践路向》，《国家教育行政学院学报》2020 年第 12 期。

章熙春：《高等教育在地国际化：理论溯源与中国创新——以华南理工大学广州国际校区为例》，《教育国际交流》2025 年第 1 期。

庄彦淦：《"欧洲大学"倡议对建设粤港澳大湾区国际高等教育示范区的经验与启示》，载广东省高等教育学会《广东省高等教育学会 2023 学术研讨会论文集》，2023。

B.14
广州市职教出海现状、挑战与对策研究[*]

李盛兵　夏雪艳　梁显平[**]

摘　要： 深入实施职业教育"走出去"战略是新时期教育对外开放的发展重点。广州职教出海以服务区域的全方位产教融合共同体的建立、"文化+职业技能"的多功能交互输出模式的创新、职业教育标准推广的本土和国际的双重实践、复合型师资的精准培养等优势赋能区域国际产能合作。但基于广州市 11 所职业院校的调研数据与访谈结果发现，在职教出海发展的过程中，广州职业院校面临多重挑战，主要表现为：制度供给与职教出海实际需求不平衡，师资能力与师资培训不匹配，品牌优势与资源投入不对等。为此，广州职教出海应优化顶层设计，支撑职教出海项目提质升级；探索职教出海平台共享共建，增强资源服务能力；推进职教出海品牌建设，做强"文化+职业技能"品牌。

关键词： 职教出海　国际产能合作　广州

职业教育作为依托技术升级与生产力革新而产生的教育形态，其存在形态随着生产力变革而发生历史性跃迁，[①] 也是个体实现社会经济流动的

---

[*] 项目资助：广州市教育研究院关于广州市教育对外开放能力提升研究项目（项目编号：GZSJYY-2024060）。

[**] 李盛兵，博士，华南师范大学教育科学学院院长、教授、博士生导师，研究方向为高等教育国际化、工程教育；夏雪艳，华南师范大学教育科学学院博士研究生，研究方向为高等教育国际化、工程教育；梁显平，博士，华南师范大学教育科学学院副研究员、硕士生导师，研究方向为高等教育学。

[①] 陈凤英：《新质生产力与职业教育高质量发展的耦合机理》，《民族教育研究》2024 年第 2 期。

核心路径。① 国际化是现代职业教育体系建设的一个重要内容,而职教出海是职业教育国际化实力的重要保障。随着"一带一路"倡议的持续深化,职教出海衍生出新形态和新要求。教育部支持中国职业院校有序开展海外办学,目前全国各地区已经建成鲁班工坊、丝路学院、郑和学院、毕昇工坊、中文工坊、大禹学院、芙蓉工坊等多个职教出海品牌。相较而言,作为国内产业规模与经济体量较大的中心城市,广州在职业教育国际化进程中服务区域国际产能合作的实践探索起步较晚,面临的任务也更加紧迫。无论是从现实需要还是从国家的政策导向来看,加快推进广州职教出海项目在本质上都是区域产业升级与国际竞争力提升的实践命题。本报告采用定量统计与个案访谈的研究方法综合探讨广州市职教出海的进展和挑战。一方面,对广州铁路职业技术学院等 11 所院校职教出海的成果和做法进行共时性统计与院校间横向对比分析,总结广州市职教出海的整体进展与存在的突出问题。另一方面,选取广州铁路职业技术学院、广州市旅游商务职业学校作为典型案例,结合访谈文本与书面调研材料,重点剖析其在职教出海实践中的经验及问题。以广州铁路职业技术学院、广州市旅游商务职业学校等 11 所院校职教出海的实践为例,能够较为清晰地呈现广州市职教出海的优势与不足,并为广州市职教出海项目建设提供针对性建议。

一 职教出海的功能定位

职教出海是指推动职业教育"走出去",鼓励职业教育院校积极参与国际交流与合作,开发具有国际影响力的专业标准、课程标准、教学资源等,打造中国特色职业教育品牌,面向海外输出中国职业教育的特色和经验,推动职业教育的国际化发展。具体而言,"职教出海"以"技术"为纽带,为合作国开展技术技能人才的学历教育和专业技术培训等。截至 2024 年 11

---

① Celeste, K. Carruthers, C. J., "Vocational Education: An International Perspective," *CESifo Working Paper Series*, 2020, (11).

月，27个省的200多所职业院校已与70个国家和地区合作设立了400多个海外办学机构和项目，① 其中学历教育项目累计培养学生近万人，显著提升了我国职业教育国际化认可度和影响力。经过数十年的探索和实践，职教出海呈现多重功能：一是培养本土技术技能人才，助力中国方案的话语传播；二是服务中资企业"走出去"，赋能国际产能合作与产业链延伸；三是参与国际职业教育标准制定，提升全球职业技术治理话语权。

（一）核心功能：培养本土技术技能人才，助力中国方案的话语传播

职业教育的核心在于对学生技能的传递和实践能力的培养。因此，有效地向对象国转移先进的职业教育理念和技术，是职业教育成功"走出去"的关键因素。职业教育"走出去"不仅要突出职业技能标准的全球认知度、本土文化的适应能力，更要发挥"人才培养、服务外交、经济外溢"的重要功能，而人才培养是其最核心的功能。一方面，职教出海的国际化属性恰好契合教育对外开放的内在要求，更加强调人才培养的国际化；另一方面，独特的政治环境、文化基因的传承让职教出海项目具有更加鲜明的地域特征。职教出海项目需要主动对接企业需求及当地劳动力市场的特点，注重人才培养的独特性，实现"用中国方案在境外培养当地学生"。以鲁班工坊为例，其课程体系深度嵌入工业机器人、铁道工程等中国优势产业技术标准，以"中文+职业技能"的教育模式培养本土技能型人才。截至2024年11月，鲁班工坊已在亚非欧三大洲合作建成30余个鲁班工坊，学历教育累计培养学生近万人，实施职业培训超过3.1万人次。② 这种类型的人才培养不仅能服务中资企业海外项目的技术实施，也能与"一带一路"倡议发展需求相吻合。

---

① 《职业教育成为教育国际交流合作的生力军》，教育部，2024年11月20日，http://www.moe.gov.cn/jyb_xwfb/xw_zt/moe_357/2024/2024_zt20/mtjj/202411/t20241121_1163921.html。
② 《教育部：我国在亚非欧三大洲合作建成30余个鲁班工坊》，教育部，2024年11月14日，http://www.moe.gov.cn/fbh/live/2024/56283/mtbd/202411/t20241115_1163102.html。

（二）基本功能：服务中资企业"走出去"，赋能国际产能合作与产业链延伸

服务中资企业"走出去"是职教出海的基本功能，也是决定职教出海区别于其他教育国际化延伸性功能的独特之处。教育国际化通常是教育系统内的"走出去"和"引进来"，而职教出海则兼具服务教育系统和中资企业"两个主体"。"两个主体"一方面要求职教出海项目必须深度挖掘院校自身的发展潜力，通过优化师资队伍建设、开展课程共建等方式，为中资企业"走出去"提供本土技术技能人才；另一方面要求职教出海需与企业建立长期稳定的合作关系，缓解中资企业海外运营中存在的技术标准差异、人才适配性不足等问题，从而推动教育链与产业链的深度融合，实现"教随产出、校企同行"的良性循环。实践中，职业教育"走出去"的成功案例表明，与当地企业合作是实现技术转移和知识共享的有效途径。以广州铁路职业技术学院埃及斋月十日城铁路项目为例，该校与当地铁路建设方——中航国际项目工程公司，共同建立了埃及天佑学院，通过探索"产教融合、教培融合"的铁路人才培养模式，[①] 该项目实现了人才培养与产业发展的精准匹配，为中航国际成套设备有限公司在埃及的铁路建设、战略部署提供了坚实的基础。同时，中国企业"走出去"的属地化发展也为职教出海提供了更多机会和发展机遇。随着中国企业海外业务的不断拓展，对技术技能人才的需求也日益增长，这也加快了职业教育国际化的进程。

（三）支撑功能：参与国际职业教育标准制定，提升全球职业技术治理话语权

职业教育标准作为职业教育活动的规范性框架，是保障教育质量、实现

---

① 《共建埃及天佑学院　共绘服务高铁"走出去"同心圆——埃及国家铁路局、埃及高等交通技术学院和中航国际成套设备有限公司领导来我校交流访问》，广州铁路职业技术学院网站，2024年5月14日，https：//www.gtxy.cn/gjhz/xydt/xyxw/content_19241。

教育目标、指导办学实践的关键技术制度。① 随着中国职业教育国际化从"资源流动"向"规则引领"转型，标准输出已成为职教出海的关键举措。职业教育国际化的发展目标是推动中国职业教育从"引进来""走出去"等国际合作形式向输出中国职业教育办学标准、培养标准、价值标准等转变。一是通过课程体系、教材建设、质量评价等标准共建共享，实现中国职业教育标准通过技术转移嵌入全球产业链。例如，深圳职业技术学院联合华为技术有限公司制定的《5G 通信技术实训标准》，已被埃及、菲律宾等 9 国院校引入。② 此类实践表明，参与国际职业教育标准制定，实现标准对外输出，不仅是技术转移的载体，更是中国参与全球教育治理、增强制度性话语权的战略抓手。③ 二是依托世界职业技术教育发展大会等平台，主导制定数字化技术、绿色技术等新兴领域国际认证标准。这种"技术—标准—规则"的递进输出模式，有助于中国职业教育从"参与者"转变为"引领者"。

二 广州市职教出海的模式特征④

广州市教育对外开放能力提升项目组通过对广州市 11 所职业院校职教出海实施现状开展调研发现，广州市职教出海已取得实质性突破，其发展根基与产业优势紧密结合。11 所调研院校已在亚、非、欧美 24 个国家建成 10 个海外职业技能培训基地、10 个境外办学机构、4 个境外办学项目。职教出海项目重点输出领域集中在珠宝首饰技术与管理、茶艺、粤菜、铁道供电技术等 14 个专业，并在专业教学、课程开设、教材建设等方面持续完善标准，同时形成两类标志性成果：一是形成以轨道交通技术人才培养（广州铁路职业技术学院）、茶艺师国际资格认证（广州市旅游商务职业学校）为代表

---

① 潘海生、汤杰：《高质量发展背景下职业教育标准体系的构建研究》，《高等工程教育研究》2023 年第 6 期。
② 何正英：《新时期我国职业教育标准"走出去"：价值向度、实践样态与突破路径》，《职业技术教育》2025 年第 7 期。
③ 汤晓军：《聚焦标准输出 推动职业教育走出去》，《中国教育报》2021 年 12 月 14 日。
④ 本部分数据源自广州市 11 所职业院校官网公开信息及项目组的书面调研材料。

的标准化输出体系；二是以东南亚和非洲为重点区域，构建"基地办学+项目合作"的职教出海服务网络。这些成果为分析广州职教出海模式提供了实践样本。

（一）校企协同驱动：专业链与产业链对接的职教出海路径

校企合作模式通过教育供给与产业需求双向赋能，成为破解中资企业海外用工标准与本土劳动力技能错配问题的关键机制。[①] 广州职教出海以中资企业海外布局为锚点，建立了"标准嵌入（将中资企业用人标准转化为课程开发准则）—基地共建（海外实训基地建设）—人才共育"三位一体培养体系。调研数据显示，广州铁路职业技术学院与中航国际成套设备有限公司、深圳地铁国际投资咨询有限公司等企业合作，累计为肯尼亚蒙内铁路、亚吉铁路等项目定向培养本土技术员工 463 人（中资企业本土员工共 366人，合作国本土企业员工 97 人）。在深化合作方面，该校与泰国东盟企业家协会、广州国际交流合作中心等机构共建天佑学院，形成集学历教育、员工培训、技术应用和文化交流于一体的项目，缓解了技能标准与境外企业不匹配的结构性矛盾。广州城市职业学院与广州优迪生物科技股份有限公司强强联合，在乌兹别克斯坦精心打造"红棉学堂"，实现企业出海技术人才本地化培养。

（二）校际协同共建：课程互认与资源共享的职教出海实践

校际联盟模式以"资源共享、优势互补、互惠共赢"为宗旨，聚焦职业教育课程共建、资源共享、标准互认三大核心环节，构建职业教育国际化合作框架。首先，共建专业课程。例如，广州卫生职业技术学院与芬兰于韦斯屈莱应用科技大学合作开设 2 门中芬 TFK 项目课程，并结合双方资源优势，在中医康复职业技能国际培训课程开发、特色教材研发、产品和成品共

---

① 王岚：《基于"鲁班工坊"的全球职业教育治理机制复合体：内涵、维度与路径》，《职教论坛》2024 年第 11 期。

享等方面开展深度合作。广州番禺职业技术学院在巴基斯坦、泰国、老挝等5国设立海外分院，开设"国际金融函电"等26门国际课程。其次，共享教学资源。例如，广州铁路职业技术学院与东盟院校合作开设铁道机车车辆专业，入选"中国—东盟高职院校特色合作项目"，实现实训设备、师资等资源的区域共享。最后，推动标准互认。例如，广州番禺职业技术学院艺术设计学院与新加坡南洋理工学院、英国德蒙福特大学等开展"学分互通、学历互认"的合作办学，并建立4个海外教学点。该模式以课程共建为基础、资源共享为支撑、标准互认为目标，为职教出海提供了宝贵的实践经验。

（三）政校企协同推进：平台搭建与文化传播的职教出海特色

政校企协同模式通过政府战略引导、校企资源整合、国际品牌支持的合作路径，推动职教出海项目发展，具体表现如下。一是政府战略引导。广州市委外办与市教育局联合倡议，由广州城市职业学院牵头成立"广州国际友城高职联盟"，创始成员达45个，涵盖六大洲17个国家，包括18个中国成员和27个国际成员；在广州市委外办、市人力资源和社会保障局的共同支持和指导下，由广州市机电技师学院发起成立"广州国际友城职教联盟"，创始成员包括15家国内外优秀院校、机构及企业，在实现技能出海的同时吸引更多先进技术服务广州。依托政府援助项目建立海外培训基地，如广州番禺职业技术学院在老挝、巴基斯坦、尼日利亚等3国建成5个海外职业技能培训基地，累计为当地培养高素质技术技能人才2900余人；完成跨境电商人才培训838人次。通过政策引导推动合作项目实施，典型案例为教育部国际司、广州市教育局支持建立的中葡茶艺工作站，通过标准化流程建设促进中国茶文化的国际传播。二是校企资源整合。职业院校联合企业共建可持续运营平台，如海外基地服务"一带一路"技术援助，同步开展定制化技能培训。三是国际品牌支持。通过职业技能大赛扩大职业教育影响力。如广州市旅游商务职业学校承办"博古斯世界烹饪大赛"、"国际城市杯"中餐青年厨师邀请赛等品牌赛事，促进了中华文化传播,同时为国际职业技能认证提供实践平台。该模式进一步彰显了"政策赋能+校企联动"在职教出海中的核心作用。

(四)标准引领模式:国际化技术认证体系构建的职教出海经验

标准引领模式通过建立特色领域的技术认证体系,形成"课程开发—教材编写—资格认证"一体化输出路径,提升职业教育标准的国际认可度。一是国内外合作认证。通过自主开发技术标准(如 CTS 茶艺师认证体系),并与国际权威机构(如德国莱茵集团)开展合作认证,实现技术规范与文化传播的深度融合。例如,广州市旅游商务职业学校推出全球首个中华茶艺师认证标准,编写《中华茶艺》《中华粤菜》等多语种教材,将技术认证与文化推广同步推进。二是国际化标准输出。通过自主研发课程与教学标准,推动职业教育标准在合作国的实际应用。例如,广州番禺职业技术学院自主研发的珠宝玉石鉴定等 10 门课程被泰国、巴基斯坦院校采用;广州城市职业学院主持金砖国家 BIM 和虚拟现实赛项标准研制,"广播影视节目制作"专业 5 门课程得到了泰国教育部及职业教育委员会的官方认证,推动了中国职业教育标准从"学习国际标准"向"输出本国标准"转变。三是数字化平台建设。通过建立在线教学资源平台,共享教学成果。广州铁路职业技术学院开发轨道交通在线教育平台及汉语互动教学系统,整合 30 余门双语课程、近万节微课视频与 5 万多条高铁专业知识,通过标准化数字资源库建设,为职业教育标准输出提供可复用的教学支持,响应全球职业教育数字化发展需求。

三 广州职教出海的成效和优势

多年来,广州职教出海形成了本土独特优势,主要体现为:从"聚焦院校"到"服务区域",全方位产教融合共同体的建立;从职业技能到"文化+职业技能",多功能交互输出模式的创新;从标准制定到标准推广,国际和本土的双重实践;从高投入到高回报,复合型师资的精准培养。职业院校通过参与企业"出海"项目，与企业建立了更紧密的合作关系，从而加大政府对职教出海项目的支持力度，加快职教出海相关政策的制定和实施，也为产业链、教育链、人才链、创新链的集体升级提供了支撑。

（一）从"聚焦院校"到"服务区域"，全方位产教融合共同体的建立

近年来，随着 TCL、比亚迪、亿纬锂能等龙头企业在东南亚建立生产基地并形成产业集聚，广州职教出海逐步形成以资源共享、专业对接、长效合作为主的服务体系，具体表现如下。一是企业协同新机制。以粤港澳大湾区产业优势为基础，依托企业海外布局搭建技术共享平台。通过职业院校与企业联合开发课程体系、制定行业标准、培养技术人才，形成"教学资源开发—技术标准输出—人才联合培养—产业效益反哺"的良性循环。二是区域联动新格局。自 2023 年以来，广东省创新实施"广东总部+海外制造基地"发展模式，为东南亚、欧洲、非洲等合作国开发融合中文教育与轨道交通、粤菜烹饪等特色产业技能的双语课程。《2025 年广东省政府工作报告》显示，广东省作为职教出海核心地区，近八年持续保持全国领先的区域创新能力，累计建成 7 个省级境外经贸合作区。其中，中心城市广州2024 年经济总量位居全国前列，这些为广州职教出海提供了充足的产业支撑与资源保障。

（二）从职业技能到"文化+职业技能"，多功能交互输出模式的创新

职业教育国际化既承担着实现技能跨文化迁移的知识职能，又肩负着促进不同文明间交流互鉴的文化使命。[①] 对于职教出海而言，突破不同地区间的文化差异，以"文化+职业技能"相结合的方式实现文化输出、产业升级、人才共育的多功能形态，是提升职业教育全球适应性的必然之路。[②] 在

[①] 陈浊、吴寒天、吴雪萍：《高等职业教育国际化的知识职能与文化使命——以留学生"非遗"传承教育项目为例》，《教育与职业》2024 年第 6 期。

[②] 谢永华：《"一带一路"视域下"中文+职业技能"教育的功能、困境与可持续发展路径》，《职业技术教育》2023 年第 33 期。

此理念下，广州市职教出海经历了从单纯传授职业技能转向"文化+职业技能"相结合的输出模式，探索形成技艺传承与文化传播相融合的发展路径。具体体现在两个方面。一是传统技艺标准化输出。将中华茶艺、粤菜烹饪等非物质文化遗产转化为可推广的标准化教学资源，同步开设轨道交通等 24门专业汉语课程，实现传统技艺与现代产业需求的结构性适配。二是文化认知系统化建设。通过岭南文化体验、城市文化探索及企业认知等特色课程的建设，不仅彰显了"传统技艺+中国元素"的独特魅力，也形成了"技艺输出—文化认同—产业合作"的可持续发展态势。

（三）从标准制定到标准推广，国际和本土的双重实践

随着"一带一路"倡议的深入推进，职业教育标准的制定也进入新阶段。从当前实践来看，我国职业教育标准和资源出海方式，主要是结合办学特色、中国优势产业以及国际合作需要，通过开发国际通用的专业标准与课程体系、配套教学资源与教学装备、培养高水平国际化师资团队等，逐步加强与国际标准的对接，并参与国际标准的制定。相比较而言，广州职教出海则成为职业教育标准从制定到推广的先行者，已形成"国际标准开发—国内行业验证—全球推广应用"的格局。广州市旅游商务职业学校联合德国莱茵集团研发的"中华茶艺师资格认证体系"，先后在国内行业顶尖机构（如北京老舍茶馆）开展试点推广，逐步实现标准本土化验证与行业认同的目标，继而推动认证体系在海外茶文化工作站的应用。这表明广州职教出海已从国际标准开发阶段，迈向国内行业验证与全球推广应用的新阶段。从职教出海发展战略角度看，这既提高了中国职业教育标准的国际话语权，又通过技术赋能与文化传播的双重效应，为全球茶产业人才培养提供了可复制的中国范式。

（四）从高投入到高回报，复合型师资的精准培养

师资力量是职教出海高质量发展的关键因素。培养大批了解合作国家和地区的复合型人才以及关键领域的专业人才是提升师资力量的核心要素。然

而目前，职教出海普遍存在"师资力量—企业需求—国际化素养"渗透不深、融合不密、步调不一的问题，这既是职教出海项目的短板，也是痛点。为解决此类问题，广州部分职业院校以教师综合素养提升为目的，以师资培训和深造为基本手段，发展国际化师资队伍建设的多元路径，为职教出海项目可持续发展提供了师资保障。如广州铁路职业技术学院在推进与白俄罗斯国立交通大学合作的铁道供电技术专业项目过程中，面临俄语师资结构性短缺问题。为此，该校实施定向培养计划，遴选教师赴白俄罗斯攻读博士学位，系统提升专业能力与俄语教学水平。教师归国后组建专项教研团队，聚焦中白职教合作项目，持续开展专业课程开发与双语师资培训，同步对接白俄罗斯铁路行业用人标准，构建"人才培养—师资建设—产业对接"协同机制，实现教育链与产业链的深度衔接。

广州市职教出海正处于蓬勃发展期，但要做大做强广州职教品牌，仍面临许多挑战。一是政策错配挑战。职业院校尚未参照普通高校开展对外交流管理，如因公出国（境）审批制度更严，教师境外停留时长有限，导致无法深度参与项目建设、驻留教学，甚至被迫中止项目；又如铁路供电实训设备等教学物资无法输出海外教学点，影响海外办学质量。二是师资能力挑战。包括复合型师资储备不适应快速扩张的职教出海需求、国际化师资培训支撑机制不健全，无法保障人才培养的适切性和实效性。三是品牌运作挑战。多数职业院校仍以教学标准输出为主，在技术培训、文化传播、教学设备输出等关键环节尚未形成完整的资源整合网络，制约了品牌影响力的持续扩大。

四　推动广州市职教出海的对策建议

2022年12月，中共中央办公厅、国务院办公厅印发《关于深化现代职业教育体系建设改革的意见》，提出要"打造职业教育国际品牌，推进专业化、模块化发展，健全标准规范、创新运维机制"。为有效把握国家政策导向带来的发展机遇，增强职业教育对产业链、创新体系的支撑作用，本报告建议广州市职教出海工作从以下几个方面着力改进。

（一）优化顶层设计，支撑职教出海项目提质升级

广州市职教出海虽然积累了一定的品牌、资源，但顶层设计与政策支持并未达到协调水平，顶层设计的缺失直接影响职教出海项目的竞争力。为解决制度供给与职教出海实际需求不平衡的问题，提出以下建议。首先，应构建差异化发展框架，依据院校基础条件划分培育梯队。广州市教育局可牵头建立"重点培育—特色发展—全域参与"的三级推进机制，优先支持专业优势突出、办学基础扎实的院校，带动区域教育资源有序参与国际教育合作。其次，应建立政校企协同联动的制度保障体系，加大政策的支持力度。借鉴天津市鲁班工坊的成熟经验出台职教出海专项政策，设立用于职业教育国际化发展的资金，优化人员跨境流动服务机制，同步制定切实可行的政策实施方案。重点加强教育主管部门与外事、商务、文旅等部门的联动，简化境外办学审批流程，将师资跨境流动、教学设备出口等事项纳入绿色服务通道。借助企业对外投资保障机制，推动职教出海纳入"走出去"综合服务保障体系。

（二）探索职教出海平台共享共建，增强资源服务能力

广州作为国际友好城市，具备资源整合的区位优势。要进一步发挥广州国际友城高职联盟、广州国际友城职教联盟等国际合作平台功能，探索出职教出海平台建设的途径，实现区域内职业院校、企业"走出去"用人需求与职教出海项目建设信息等资源的互通共享。首先，需从资源需求、供给角度入手，为区域政、校、企、行四方提供优质资源。两大联盟与职业院校各具特色，要从政策、人才需求、人才培养等资源的全面整合入手进行信息共享，实现职教出海项目的优势互补。其次，重点搭建数字化资源共享平台，为不同主体提供资源获取更便捷的渠道。一方面，平台涵盖轨道交通、粤菜文化等特色领域课程模块，全面解读职教出海品牌项目的发展历程。另一方面，平台同步集成企业用人需求数据库，定期发布企业出海情况报告，指导院校定向开发"语言+技能+文化适配"的复合型课程体系。最后，必须创

新服务保障，为院校、企业等开展职教出海项目提供支持。在法律政策方面，平台需开发法律咨询、风险预警的智能化服务系统，提升平台的综合协调能力。在评价功能方面，平台需建立动态评价指标体系，重点监测境外办学项目的合规性、文化适配度及就业贡献率，为职教出海项目建设提供参考。在项目宣传方面，平台需借助各类职业技能大赛扩大影响力，实现与公众及时有效的线上线下沟通和互动，推动职教出海项目实现数字化转型和升级，拓展职教出海新的增长点，最大限度地发挥数字技术对经济增长的作用，深化职业教育领域的国际合作与交流，实现世界范围内的相互学习，培养具有数字能力和全球视野的专业人才。

（三）推进职教出海品牌建设，做强"文化+职业技能"品牌

职业教育国际化既要开展大规模的合作办学项目，也要探索小而精的特色项目。广州如何在职教出海项目的同质化倾向中脱颖而出，是一个值得深入探讨的问题。职教出海品牌作为职业教育"走出去"的质量保障，目的之一是让在境外就读的学生能置身于中国文化氛围之中，形成国际视野与格局，提高中资企业用人的匹配度。首先，应深入挖掘广州文化、地域文化及职业院校的潜力，重点培育小而精的特色项目，满足不同国家和地区的需求。例如，在茶艺、粤菜出海项目的基础上，融入广府特色，打造"广府文化+职业技能"的出海项目；重点推广广州市旅游商务职业学校的茶文化标准，形成示范效应。其次，深耕东南亚、非洲市场，借助"一带一路"倡议，重点挖掘铁路轨道项目，实现"技艺传承+标准输出+文化传播"三位一体模式。

参考文献

彭斌柏：《学习贯彻党的二十届三中全会精神　推动现代职业教育体系建设开新局》，《中国教育报》2024年9月7日。

张跃国主编《广州社会发展报告（2024）》，社会科学文献出版社，2024。

何正英：《新时期我国职业教育标准"走出去"：价值向度、实践样态与突破路径》，《职业技术教育》2025 年第 7 期。

吴巨慧、刘子涵：《世界顶尖大学师资队伍建设的实践路径与经验启示——基于"理念—制度—技术"的分析框架》，《浙江大学学报》（人文社会科学版）2023 年第 12 期。

郑亚莉等：《高职院校复合型国际化人才培养的问题与路径》，《中国高教研究》2021 年第 12 期。

Ma Zehui，"Vocational Education Going Global to Promote New Quality Productivity in the Global Context and Countermeasures"，*Advances in Vocational and Technical Education*，2024.

Olowe，M.O.，"Vocational and Technical Education：A Functional Education for Sustainable Development in a Global Turbulent Era"，*International Journal of Vocational and Technical Education Research*，2024.

Cheng Zong，"The Internationalization of China's Vocational Education：Value Implications，Practices and Planning"，*Vocation Technology Education*，2024.

B.15

广州归国留学人员创新创业
服务调研报告*

——以荔湾区为例

江靓 蔡子昊**

摘 要： 广大归国留学人员是国家的宝贵财富，是推动社会发展的重要力量，在城市国际化、新质生产力发展等方面发挥重要作用。本报告基于优化归国留学人员服务的思路，采用定量与定性相结合的方式，对荔湾区归国留学人员的创新创业服务工作进行了深入分析。结果显示，受访者在对创新创业服务给予积极评价的同时也面临一些困难，需要地方政府持续优化相关服务，其中人才引进和财政支持是改善创新创业环境的关键要素。为持续优化归国留学人员创新创业环境，应进一步完善归国留学人员创新创业服务体系，提升归国留学人员的满意度和归属感，从而吸引更多的归国留学人员为荔湾区的经济社会发展贡献力量。

关键词： 归国留学人员 创新创业 政府服务

归国留学人员构成了党和国家重要的"人才资源库"，并成为推动创新创业的新锐力量。习近平总书记多次对归国留学人员参与创新创业活动、助力

---

* 本报告系 2022 年教育部人文社会科学重点研究基地重大项目（22JJD810017）及 2023 年中央高校基本科研业务费项目（23NJYH04）的阶段性成果。

** 江靓，暨南大学国际关系学院/华侨华人研究院副教授、博士生导师，教育部人文社科重点研究基地副主任，研究方向为华侨华人、归国留学人员；蔡子昊，暨南大学国际关系学院/华侨华人研究院 2023 级硕士研究生，研究方向为华侨华人。

国家强盛表达了鼓励与期望。2023 年 10 月 21 日，习近平总书记致信祝贺欧美同学会成立 110 周年，激励留学人员积极投身于创新、创业与时代发展的伟大潮流中。[①]《广东省国民经济和社会发展第十四个五年规划和 2035 年远景目标纲要》明确指出，应加快建设人才创新强省，更大程度上吸引国际"高精尖缺"人才。基于此背景，广州市荔湾区积极推出并执行了一系列政策，覆盖人才引进、创新创业支持、住房保障、医疗服务以及教育资源配套等多个领域。这些政策的实施充分体现了政府在加强归国留学人员创新创业服务方面的坚定决心与强大支持。本报告以广州归国留学人员创新创业服务为核心议题，通过问卷调查形式评估相关政策的实施效果，并为广州未来创新创业政策的调整与优化提供科学依据，以促进地方社会经济的高质量发展。

一　调查对象特征分析

本报告以荔湾区为调查对象，就归国留学人员创新创业服务方面的成效、面临的挑战以及未来优化方向进行了深入探讨。为此，课题组设计了《荔湾区归国留学人员创新创业调研问卷》，并向在荔湾区工作生活的归国留学人员发放，问卷参与者年龄跨度为 20~60 岁（见表 1）。

（一）调查对象社会背景具有多样性

本次调查的对象主要是广州市荔湾区的归国留学人员，以 20~35 岁人数居多。他们拥有广泛的专业背景，涵盖政策分析、建筑学、计算机软件等多个领域。受访者普遍接受过国际化的教育，曾在诸如美国、澳大利亚等国家留学，展现了卓越的知识水平和跨文化交流能力。总体来看，这些高层次人才不仅拥有丰富的专业知识和留学经验，而且正处于职业生涯的关键时期，对创新创业服务的需求和期望相对较高。

---

① 《弘扬留学报国传统　投身强国复兴伟业　习近平总书记致欧美同学会成立 110 周年贺信坚定信心信念激发前进动力》，中国政府网，2023 年 10 月 22 日，https：//www.gov.cn/yaowen/liebiao/202310/content_6910841.htm。

表1 样本结构分析

单位：%

问题	分类	百分比	问题	分类	百分比
性别	男	55.3	教育程度①	本科	27.0
	女	44.7		硕士研究生	54.1
年龄	20~25岁	11.5		博士研究生	10.8
	26~30岁	28.0		访问学者	8.1
	31~35岁	34.2	留学地区②	美国	27.8
	36岁以上	26.3		英国	27.8
婚姻状况	未婚	47.4		澳大利亚	22.2
	已婚无孩	10.5		亚洲地区	13.9
	已婚有孩	42.1		加拿大	8.3

（二）调查对象中具有海外工作背景者数量有限

根据数据分析，51.35%的受访者无工作经历，其次是具备企业工作背景的受访者占比为32.43%。大多数受访者要么尚未步入职场，要么曾就职于企业。仅有少数受访者的工作背景属于"其他"类别，占比为8.11%，工作于政府部门、大学或研究机构以及社会团体或民间机构的受访者占比相同，均为2.70%，显示出在公共部门或研究机构就业的人数相对较少（见图1）。③

受访者在海外拥有多样化的工作角色和背景。61.11%的归国留学人员回国时是学生，表明他们大多数仍处于学业阶段，未来可能会有进一步的就业或创业需求。22.22%的受访者为普通员工，反映出一部分归国留学人员已经融入了海外职场。5.56%的受访者为公司所有人，显示出一小部分归国留学人员在海外已经成功创业。企业管理人员占比为2.78%，这部分人群在企业中具有较高的决策与管理权限（见图2）。

---

① 教育程度调查有1人未填写，总计37份数据。
② 留学地区调查有2人未填写，总计36份数据。
③ 工作背景调查有1人未填写，总计37份数据。

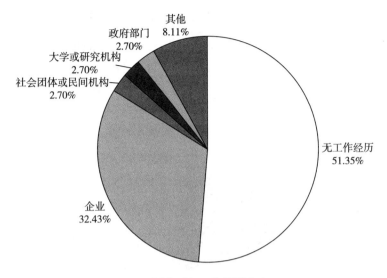

图 1　调查对象工作经历分布

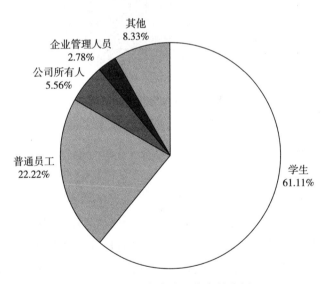

图 2　调查对象海外工作身份分析

（三）调查对象海外居留时长相对均衡

从受访者的海外居留时长来看，在海外具有 5 年及以上居留时长的受访者数量最多，占比为 31%；其次是拥有 1~3 年居留时长的受访者，占比为 28%；拥有 3~5 年居留时长的受访者占比为 22%；而居留时长在一年以内的受访者数量最少，占比为 19%。该项调查共有 36 份数据，调查对象海外居留时长分布相对均衡，但调查对象更愿意回国进行长期的职业发展（见图 3）。

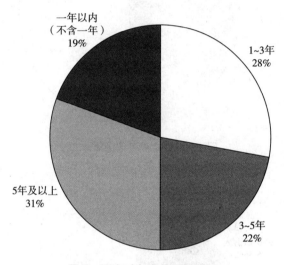

图 3　调查对象海外居留时长

（四）家庭团聚成为调查对象归国的主要原因

图 4 揭示了受访者归国的主要原因。[①] 其中，35.71% 的受访者希望与家人团聚，占比最高，其次是国内创业环境吸引和国内人才政策利好的积极影响，分别占比 21.43% 和 18.57%。此外，海外就业形势变化对 17.14% 的受访者的选择产生了影响。相对而言，未获得工作签证或绿卡以及未想过居留的占比相同，均为 2.86%，而选择"其他"原因的受访者占比仅有 1.43%。数据分析表明，家庭因素与国内环境对归国决策具有显著影响。

---

① 该数据源自多选题。

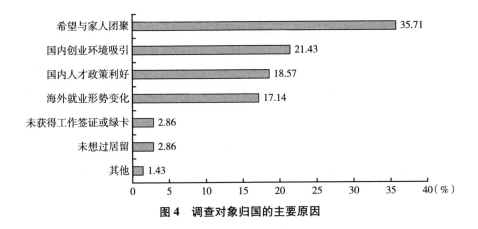

图4 调查对象归国的主要原因

（五）学业压力和就业创业压力等因素对调查对象海外生存构成挑战

图5揭示了受访者在海外遇到的困难。[①] 学业压力居于首位，影响人数最多，占受访者的25.42%，其次是就业创业压力和安全保障，分别占比20.34%和16.95%。此外，11.86%的受访者受居留国外签证困难影响，10.17%的受访者受经济压力困扰。少数受访者提到了其回国困难和其他原因，分别占比6.78%和8.47%。这些数据表明，受访者在国外生活和学习过程中面临多重挑战，尤其是学业与就业方面的压力。

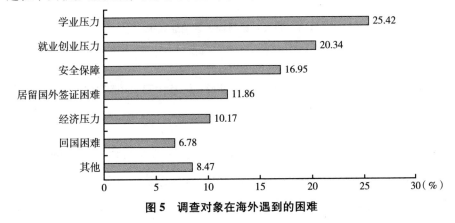

图5 调查对象在海外遇到的困难

---

① 该数据源自多选题。

（六）调查对象展现出卓越的交流能力

图6揭示了受访者与他人的沟通状况。在全部的受访者中，50%的受访者认为自己的交流能力非常好，24%的受访者评价为比较好，另外24%的受访者认为一般。仅有2%的受访者自评交流能力非常差。总体而言，大多数归国留学人员对自身的沟通技巧持有正面评价，这表明他们在职业环境中具备与他人有效沟通的自信。

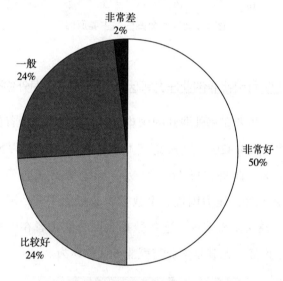

图6　调查对象与他人的沟通状况

（七）调查对象与本土员工在职业行为模式及价值观念上存在显著差异

图7揭示了受访者与本土员工在职业行为模式及价值观念上的差异分布。[①] 其中，40%的受访者认为差异一般，34%的受访者认为差异比较大。此外，14%的受访者认为差异比较小，而12%的受访者则认为差异非常大。

---

① 该题非必答题，有3人未作答，共收集35份数据。

这些数据表明，受访者对于海外归国人员与本土员工之间的差异持有不同观点，普遍认为两者在职业行为模式及价值观念方面存在一定程度的差异。

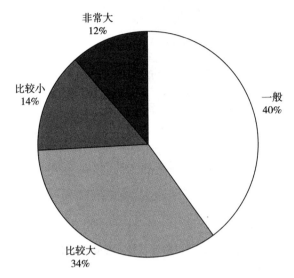

图7　调查对象与本土员工在职业行为模式及价值观念上的差异分布

（八）工作风格与思想观念差异对调查对象创业创新活动有重要影响

图8揭示了受访者对于工作风格与思想观念差异在同事间互动和协作中影响的认知。其中，有31%的受访者认为这种差异具有一般影响，29%认为影响较小，28%认为有一定影响。仅有6%的受访者表示这种差异完全不影响同事间的互动和协作，也有6%的受访者认为影响很大。① 分析结果表明，大多数受访者认为差异在一定程度上影响了同事间的互动和协作，尤其是对互动和协作的质量与效率产生了较为显著的影响。

（九）调查对象在主观层面对政府支持的认同感并不显著

图9揭示了受访者在创新创业过程中所获得的政府部门支持状况。70%

---

① 该题非必答题，有3人未作答，共收集35份数据。

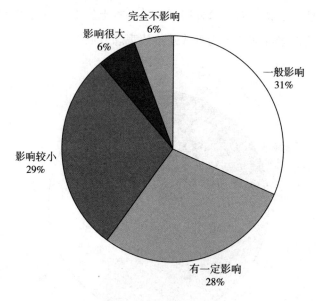

图8 工作风格与思想观念差异影响

的受访者表示未获得任何支持，这反映出受访者对政府支持普遍缺乏感知。另有15%的受访者表示获得过其他形式的支持，9%的受访者指出仅获得过政策优惠，而仅有6%的受访者表示仅获得过项目经费。① 研究结果表明，尽管部分受访者确实获得了一定程度的支持，但总体而言，政府对创业活动的支持力度仍显不足。

数据显示，本次受访的归国留学人员以青壮年为主，普遍拥有国际化的教育背景和多样化的专业技能，正处于职业生涯的关键发展阶段。同时，数据也显示，无工作经历者占比较高，拥有海外工作经历者人数有限。这一现象使学业压力和就业创业压力成为他们遇到的主要困难。希望与家人团聚是促使留学人员归国的主要因素，而创业则是多数人的职业规划首选。受访者普遍认为其具备良好的沟通能力，但与本土员工在职业行为模式及价值观念上存在差异，这些差异对他们的创新创业活动产生了影响。同时，他们对政府提供的支持感受并不显著。

---

① 该题非必答题，有5人未作答，共收集33份数据。

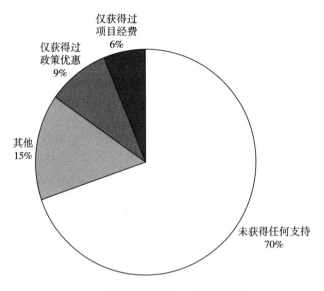

图9　创新创业所获政府支持调查

二　归国留学人员发展需求及感知

（一）创业是归国前职业发展规划的首选路径

图10揭示了归国留学人员归国前的职业发展规划分布情况。其中，33.96%的受访者选择创业，成为最受欢迎的选项，紧随其后的是自主择业，有32.08%的受访者选择。此外，20.75%的受访者计划考公务员、进国企或事业单位。相对而言，较少的受访者表示无明确的职业发展规划（9.43%），选择其他职业路径的仅占总受访者的3.77%。[①] 这表明归国留学人员对创业和自主择业持有积极态度，同时也反映出部分人员在职业规划方面存在一定的不确定性。

① 该数据源自多选题。

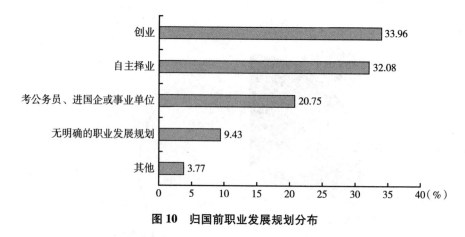

图10 归国前职业发展规划分布

（二）创新与创业领域人才引进及留存的主要障碍

根据调查结果，受访者普遍认为难以找到合适的人才是首要难题，其比例达到33.33%，而对此问题持漠视态度者占23.81%。此外，19.05%的受访者认为高昂的生活成本是留住人才的主要障碍，而认为没什么不足以及教育与医疗不完备的占比相同，均为9.52%。选择其他因素的受访者比例最低，为4.76%（见图11）。这些数据揭示了人才引进及留存的主要障碍为难以找到合适的人才以及高昂的生活成本，也反映出部分受访者对本地环境问题的关注度较低。

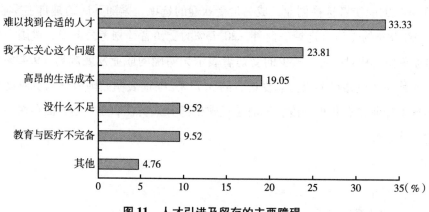

图11 人才引进及留存的主要障碍

（三）调查对象对生活领域评价较高

图12揭示了受访者归国后对生活各方面的评价，满分为5分。在各项评分中，饮食习惯的满意度评分最高，达到4.65分，其次是居住环境（4.24分）和生活方式（4.22分）。交通与通勤以及社会交往的评分也相对较高，分别达到4.16分和4.11分。然而，政府公共服务的满意度评分最低，为3.89分，但此评分仍处于较高水平。这一结果表明，受访者在饮食习惯和居住环境方面感到最为满意，而对政府公共服务的满意度存在提升的需求。

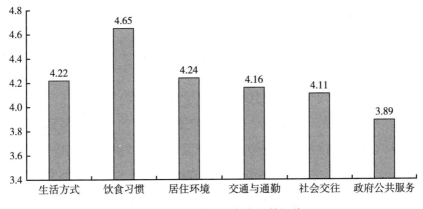

图12 归国后对生活各方面的评价

（四）城市国际化水平高是调查对象选择定居广州的主要原因

图13揭示了受访者选择定居广州的原因。其中，认为广州城市国际化水平高的受访者占比为42.38%，这反映了广州在国际化进程和开放性方面的显著吸引力。紧随其后的是政府公共服务优越，占比为16.95%。营商环境的优化和就业机会的丰富并列其后，两者均占13.56%。此外，有9.32%的受访者选择了其他因素，而留学生回国配套政策的完善与便利性占4.24%。综合来看，城市国际化水平高以及政府公共服务优越是受访者选择定居广州的关键因素。

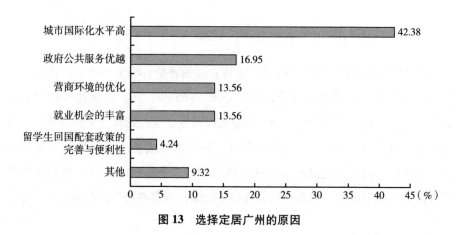

图13　选择定居广州的原因

（五）调查对象对政府相关政策利用程度存在显著差异

归国留学人员在享受政策优惠方面表现出不同的情况。40.74%的受访者表示暂未享受任何政策优惠，这暗示政策的覆盖范围可能需要进一步扩大。提及了人才认定及相关政策优惠以及公共配套服务政策优惠受访者的占比相同，均为16.67%，这在一定程度上说明了这两类政策已经发挥了其应有的作用。14.81%的受访者表示受到了创新创业相关扶持政策的优惠，而9.26%的受访者提到了个人所得税减免的优惠。仅有1.85%的受访者选择了其他选项，这表明其他政策优惠的影响较小或未受到足够关注（见图14）。

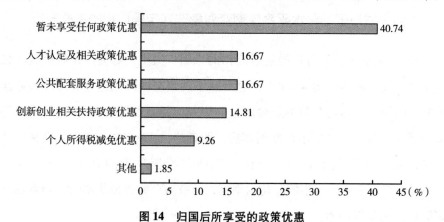

图14　归国后所享受的政策优惠

（六）调查对象对荔湾区归国留学人员创新创业服务满意度较高

本项共收集了 29 名归国留学人员的反馈，满意度均值为 3.17，介于中立和满意之间，标准差为 1.12，表明受访者意见存在一定程度的分散性。荔湾区提供的创新创业服务整体上获得了中等偏上的满意度评价，其中，持中立态度的受访者有 13 人，表示满意的有 6 人。然而，也有 6 人表达了不满，其中部分人甚至表示非常不满意（见表 2）。标准差 1.12 揭示了受访者意见的分歧，反映出尽管整体满意度尚可，但部分个体的体验较为负面。鉴于此，未来政策制定应更加关注不满群体的具体需求，致力于服务的进一步优化，以提高整体满意度的稳定性和一致性。

表 2　"荔湾英才卡"满意度分析

单位：人

	非常不满意	不满意	中立	满意	非常满意	总计	均值
人数	3	3	13	6	4	29	—
对归国留学人员创新创业服务的整体满意度	1	2	3	4	5	—	3.17

据反馈，创业者普遍认为地方政府部门在多个维度提供了关键性支持，助力其在创新创业过程中克服障碍，确保项目的顺利推进。政府提供的创业启动资金支持是其迈出创业第一步的关键，有效缓解了初期资金压力。政府部门在问题处理上的迅速响应和友好服务态度，赢得了创业者的高度满意。政府采购和项目政策支持也为创业者提供了更多业务和市场机会，拓展了发展路径。政府通过搭建沟通平台，促进了创业者与各类资源的有效对接，提升了创新创业过程中的协作效率。统战部等机构的参与和支持为创业者提供了额外的政策指导与帮助，进一步完善了整体的创新创业服务体系。这些综合性的支持措施不仅增强了创业者的信心，也为他们的长期发展提供了坚实保障，促进了区域创业环境的优化和创新能力的提升。

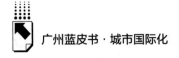
三 归国留学人员对创新创业服务的主要期待

（一）调查对象对政府支持创新创业的期望分析

图 15 显示，更多的职业发展机会与提供创新创业场地两项各占 19.78%，这反映出归国留学人员对于能够在荔湾区获取合适职位和创业支持环境的强烈需求。增加人才交流与合作机会及提供更优惠的生活与工作条件两项各占 16.48%，这反映出受访者希望能够与其他人才建立联系，并拥有更好的生活和工作环境。更多的融资扶持占 14.29%，这表明资金支持仍是人才创业和创新的重要因素。增加培训与教育资源占 13.19%，这表明受访者希望通过更多的培训和教育机会来提升自身技能，以适应市场需求。

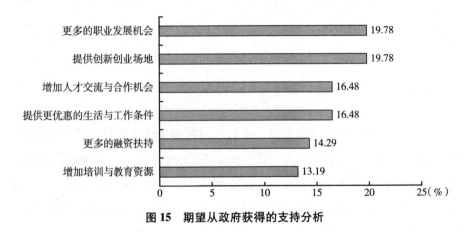

图 15　期望从政府获得的支持分析

（二）期待创新创业扶持力度进一步加大

依据调研结果，归国留学人员对当地创新创业政策的反馈主要集中在人才引进和财政支持方面。统计数据显示，24.07% 的受访者认为本地在人才引进政策方面存在明显不足，而 22.22% 的受访者对此问题的关注度较低，这表明部分群体对政策影响的敏感性较弱。此外，20.37%的受访者指出财政补贴与税收优惠存在不足，凸显了资金激励的重要性。仅有12.96%的受访者对现行政策表示满意，认为其没什么不足。在融资支持方面，11.11%的受访者认为缺乏贷款融资等金融政策，这对创新创业构成了影响。7.41%的受访者提及行业准入等行政政策问题，反映出行政壁垒可能成为潜在障碍。最终，1.85%的受访者提出了其他建议（见图16）。综合来看，人才引进、财政支持和金融政策是改善归国留学人员创新创业环境的关键要素。

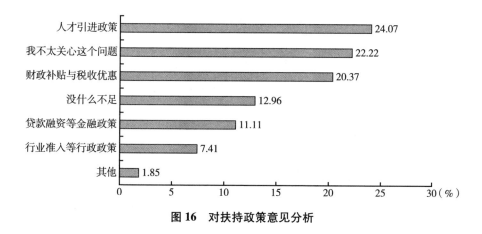

图16　对扶持政策意见分析

（三）期待相关政策宣传与普及进一步加强

调研显示，31.43%的受访者表示对近年来国家及地方层面针对归国留学人员的创新创业政策一般了解，而同样比例的受访者对这些政策不太了解。25.71%的受访者表示对相关政策完全不了解，仅有少数受访者表示比较了解（5.71%）和非常了解（5.71%）（见图17）。综合分析，受访者对政策的认知程度普遍偏低，这一数据反映出政策宣传与普及工作亟须进一步加强。

（四）期待创新创业政策的科学性进一步提高

图18显示，46.88%的受访者对创业所在地的相关政策是否能满足公司

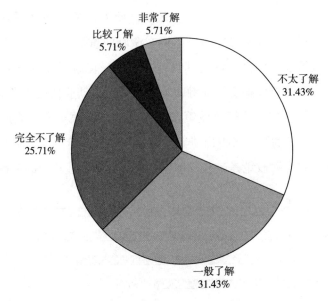

图 17　创新创业政策方针了解程度

发展需求表示不清楚或无确切答案。37.50% 的受访者认为政策效果一般，12.50% 的受访者认为政策效果比较好。仅有 3.13% 的受访者认为政策效果比较差。总体而言，大多数受访者对政策的适用性评价偏低，且大多数受访者缺乏明确的认知，这揭示了政策信息的透明度和可获取性可能存在不足。尽管 37.50% 的受访者认为政策效果一般，但认为政策能有效支持发展的比例（12.50%）较低。这说明政府及相关部门应加大政策宣传力度，确保创业者能够及时掌握和充分利用政策资源，同时应根据企业发展的实际需求调整政策，加大创业环境的支持力度。

（五）期待政府配套服务进一步优化

图 19 显示，受访者中认为政府扶持政策不完善、力度不足的占 26.23%；对此问题不太关心的占 16.39%；认为产业链结构不完善的占 11.48%；认为上下游企业集聚程度低的占 9.84%；认为科研资源欠缺的占 8.20%；认为政府办事效率低下的占 8.20%；认为企业难以招聘到合适人才

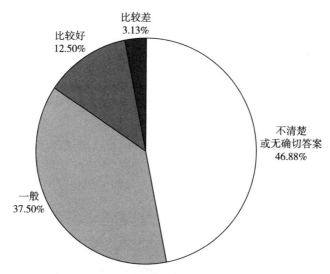

图18 所在地政策满意度分析

的占8.20%；认为政策没什么不足的占6.56%；其他意见占4.92%。这些数据呈现了归国留学人员对于创新创业工作中扶持政策和"软配套"方面的意见，值得实践参考。

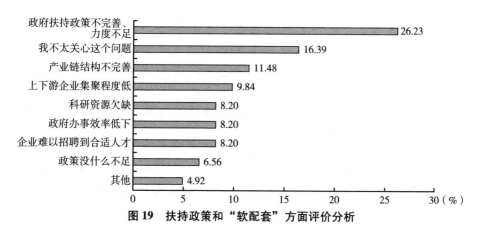

图19 扶持政策和"软配套"方面评价分析

（六）期待人才服务保障政策进一步完善

图20显示，受访者对于创新创业方面的人才政策需求中，人才服务保

障方面的需求最为显著，23.81%的受访者选择了此选项，凸显了住房、子女教育等服务保障的重要性。高层次人才引进的需求占比为20.63%，表明吸引优秀人才依然是关键需求。19.05的受访者关注人才培训与发展的需求，这反映了对人才成长和能力提升的重视。信息化人才管理系统建设和区域人才合作与交流的需求分别占15.87%和14.29%，揭示了数字化管理和区域合作方面的潜在改进空间。仅有6.35%的受访者选择了"其他"，表明大多数问题聚焦于核心政策领域。

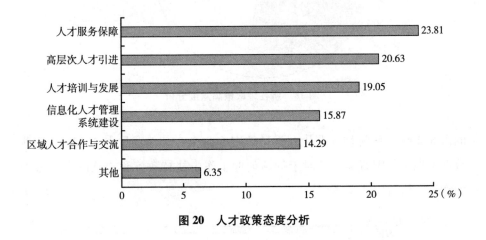

图20　人才政策态度分析

（七）期待创业园区更好地发挥创业辅助功能

图21显示，受访者对创业园区服务效能的评价呈现显著的差异性。45.16%的受访者表示对服务效能的认知不清楚或无从得知，这暗示创业园区在服务信息的传递与宣传方面可能存在不足，导致部分创业者对服务内容及其质量缺乏必要的了解。22.58%的受访者认为服务效能处于一般水平，而19.35%的受访者认为服务效能比较好，这反映出部分创业者对服务效能的肯定。特别值得注意的是，有6.45%的受访者对服务效能的评价为比较差，也有6.45%的受访者对服务效能的评价为非常差，这提示我们必须重视这些负面反馈。总体而言，高比例的"不清楚或无从得知"反映出创业园区在信息沟通和服务宣传方面亟须进行改进，以提升受访者的认知度和参

与度。同时，针对具体问题应采取及时的改进措施，以提升整体服务效能和用户满意度，为创业者提供更优质的支持和保障。

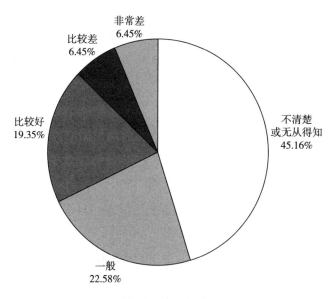

非常差
6.45%

比较差
6.45%

比较好
19.35%

不清楚
或无从得知
45.16%

一般
22.58%

图21 对创业园区服务效能的评价

综合分析表明，归国留学人员在享受政策优惠方面表现出明显的差异性，其中大部分未能充分利用政府所提供的各项政策。对于广州的生活环境，尤其是饮食习惯和居住条件，归国留学人员普遍表现出较高的满意度；同时，广州城市国际化水平高亦是吸引归国留学人员选择在广州进行创新创业的关键因素。然而，受访者对地方政府推出的创新创业政策认知不足，且认为地方政府在政策配套服务方面尚有改善空间。此外，受访者期望政府能够提供更加贴合归国留学人员需求的人才服务保障政策。总体而言，受访者对荔湾区为归国留学人员提供的创新创业服务满意度处于中等偏上水平，但仍需关注不满意群体的需求，并持续优化相关服务。

此外，受访者强调，人才最终所看重的是长远的发展机会，而不仅仅是一次性的补贴。因此，建议政策制定者应更多关注人才实际工作的成效，而非单纯的参与学术活动数量。这种建议反映了对高层次人才引进政策的深刻理解，认为政策的评定标准应该更加切合实际，侧重于人才在推动地区经济发展和创新方面的实质贡献。受访者的建议凸显了当前人才引进政策的局限性，呼吁从短期利益转向长远发展目标，强调提供实质性的就业机会和创业支持的重要性。这一反馈为优化荔湾区人才服务政策提供了宝贵的视角，建议相关部门在制定政策时，综合考虑人才的实际需求与地方经济发展的深度融合，以创造一个更具吸引力和可持续发展的环境。

四　做好归国留学人员创新创业服务的政策建议

综合问卷调查显示的情况和诉求，归国留学人员对政府在创新创业领域给予的支持高度认可、倍加珍视，并对支持措施的科学性提出更高的期待。因此，做好归国留学人员创新创业服务还要更重视换位思考，从需求端理解制约人才发展的痛点堵点，提高政策投入的精准性。

（一）优化创新创业环境综合支持体系

建立"创新创业全周期支持机制"，整合职业发展、场地提供、人才交流三大核心支持要素。可设立归国人才专属职业对接平台，每季度举办行业招聘专场；建立创新人才交流中心，定期组织高水平行业论坛和项目对接会，促进跨领域人才交流与合作。同时，简化创业扶持资金申请流程。

（二）完善多层次创新创业财政支持政策

政府可以设立专门针对归国留学人员创新创业的英才计划，并且提供"点餐式"配套服务政策支持。归国留学人员可依据不同需求自主选择相应的配套服务政策，提高配套服务政策的灵活度。针对融资难问题，政府可引导社会资本参与归国留学人员的创新创业项目，通过风险投资、政府引导基金等多种形式，为项目提供充足的资金支持。同时，优化融资环境，简化融资流程，降低融资成本，确保资金能够高效、准确地流向有潜力的创新创业项目。

（三）加强创新创业政策宣传与辅导服务

实施"政策直达"计划，构建多渠道、立体化政策宣传与辅导体系。可设立线上"创业政策一站通"平台，集政策查询、解读、申报于一体；每月定期举办政策解读会，邀请政府部门负责人面对面解答政策问题；发布"创业政策地图"，直观展示各类政策适用条件与申请流程；组建专业政策顾问团队，为创业者提供一对一政策咨询服务；在创业园区设立政策服务窗口，实现政策辅导"零距离"。

（四）提升创新创业政策精准性与科学性

建立"政策精准制定与评估机制"，提高政策的针对性和有效性。可组建由政府、企业、专家组成的政策咨询委员会，收集企业实际需求；建立政策试点机制，在小范围内先行测试政策效果；建立政策评估反馈系统，定期评估政策实施效果并及时调整；开展政策满意度调查，收集创业者对政策的具体建议；引入第三方专业机构参与政策评估，提供客观评价。同时，针对不同行业、不同规模企业制定差异化政策支持方案。

（五）强化政府政策配套服务效能

实施"创业服务提升工程"，优化政策配套服务体系。可设立创业服务"一站式"办理窗口，实现创业相关事项"最多跑一次"；推行"创业管家"制度，为每个创业团队配备专门联络员，协调解决问题；建立科技研发资源共享平台，促进高校、科研院所与企业的合作；完善产业链对接机制，定期举办供需对接会，促进上下游企业合作。

（六）完善人才服务保障体系

实施"人才安居乐业保障计划"，全方位提升人才服务水平。可开设国际化学校或在优质学校设立人才子女教育专班；建立人才医疗绿色通道，提供健康管理服务；实施"伴侣就业计划"，为人才配偶提供就业机会；建立人才信息管理系统，实现人才服务需求的精准匹配；打造区域人才交流合作平台，促进人才跨区域交流与项目合作。

（七）提升创业园区服务水平

实施"创业园区功能升级计划"，全面提升园区服务质量。可建立园区服务标准体系，制定服务质量评价指标；开展园区服务项目宣传周活动，提高服务可见度；打造园区创业服务微信小程序，实现服务项目在线查询与预约；引入专业孵化机构参与园区运营，提升专业服务水平；建立创业导师制度，为入园企业提供一对一指导；定期开展服务满意度调查，针对问题及时调整服务策略；完善园区基础设施，包括共享会议室、路演空间等公共服务设施；组织园区企业交流活动，促进企业间合作与资源共享。

参考文献

教育部留学服务中心等编《中国留学人员创业年鉴2022》，中国致公出版社，2022。

全球化智库与智联招聘：《2019中国海归就业创业调查报告》，2019。

李志刚等：《创业学习如何赋能海归人员归国创业?》，《外国经济与管理》2025年第5期。

李先江：《留学生内外环境感知与归国科技创业意愿研究》，《科学学研究》2023年第9期。

戚云亭、任然、曹凯：《基于地方场域的实践：以布迪厄的实践理论解析留学归国人员的求职困境》，《地理科学进展》2022年第10期。

魏华颖、张乐妍、徐欣楠：《海外留学归国人员就业满意度及其影响因素研究》，《人口与经济》2018年第6期。

张再生、李萌：《天津市创业型留学归国人员满意度分析及对策》，《天津师范大学学报》（社会科学版）2014年第4期。

苏一凡：《广东省高校留学归国人员绩效及其影响因素研究——以广州十所高校为例》，《华南师范大学学报》（社会科学版）2012年第4期。

吕微、唐伟、韩晋乐：《留学归国人员创业服务评价及对策建议——以山西省为例》，《管理世界》2010年第9期。

国际化案例篇

B.16

从产品出海到服务体系构建：
极飞科技全球化路径与启示

徐万君　卢钊颖*

摘　要：　在全球农业面临粮食安全挑战、劳动力短缺和智能化需求增长的背景下，中国农业科技企业迎来出海机遇。通过技术创新与本地化服务，我国农业科技企业在全球主要农业产区广泛布局，智慧农业技术得到大规模应用。广州积极提升服务水平，优化营商环境，培育出以极飞科技为代表的优秀出海企业。凭借核心技术优势，极飞科技以可持续发展驱动市场渗透，以全球合规认证打通高端市场，因地制宜布局全球市场，根据目的地国家的农业发展阶段与特殊地理情况进行有针对性的开发、设计、运营与维护，探索出一条从产品出海到服务体系构建的"在地国际化"运营路径。极飞科技为我国科技企业出海拓展市场、建立海外营收增长点提供了启示和借鉴，也为提升我国农业科技全球影响力、为全球农业现代化发展贡献了"中国智

* 徐万君，博士，广州市社会科学院城市国际化研究所助理研究员，研究方向为国际经贸；卢钊颖，广州极飞科技股份有限公司公共关系与政府事务部高级经理，研究方向为综合人文。

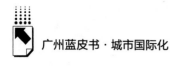
慧"与"中国方案"。

关键词： 农业科技 企业"走出去" 极飞科技

在全球范围内开展生产与运营布局，是我国企业主动应对外部形势变化和内部发展要求的关键举措。在全球农业面临粮食安全挑战、劳动力短缺和智能化需求增长的背景下，中国农业科技企业迎来出海机遇。作为一座始终将科技创新置于发展核心、坚定践行"产业第一、制造业立市"战略的城市，广州持续以优质服务助力企业主动拓展海外市场，培育出众多极具竞争力的本土企业。广州本土科技企业极飞科技凭借自身的创新优势脱颖而出，主动拓展全球布局。在广州良好创新氛围与政策支持下，极飞科技不断加大研发投入，以技术革新驱动产品迭代升级。截至2024年底，极飞科技的产品及服务覆盖全球70个国家和地区，海外营收占比近30%，探索出一条从产品出海到服务体系构建的"在地国际化"运营路径。在布局全球市场的过程中，极飞科技不仅以科技创新能力推动产品"走出去"，也主动向产业链的高端延伸，根据目的地国家的农业发展阶段与特征，有针对性地进行产品开发和运营维护，在巩固既有市场份额的同时又着力拓展新的增长点，在地国际化运营取得了良好的成效。

一 中国农业科技企业的全球突围

出海开展全球布局是新形势下我国企业拓展增长空间、提升全球知名度的关键战略。当前，粮食安全日益成为全球经济与社会发展的焦点问题，农业劳动力短缺与智能化需求的矛盾日益凸显。中国农业企业正加速从"产品出海"向"产业体系出海"升级，极飞科技作为其中的代表，凭借以无人机技术为核心的智慧农业解决方案，成为全球农业数字化转型的重要推动者。

（一）全球农业变革带来企业发展新机遇

在全球发展的大格局下，农业领域正经历着深刻变革，这为农业科技企业带来了前所未有的发展机遇。面对粮食需求持续增长与农业劳动力占比不断走低带来的结构性难题，农业数字化转型成为必然趋势。

农业发展对科技的需求更加迫切。联合国粮食及农业组织（FAO）公布的数据显示，虽然全球粮食产量在持续上升，但饥饿问题仍未解决，2023年全球约有 7.3 亿人面临食物紧缺的问题，较 2019 年增加 1.5 亿人，而全球粮食产量增速已连续五年低于人口增速。① 当前，全球农业发展面临诸多挑战。一方面，气候变化对农业生产的影响日益加剧，气温升高、干旱、洪涝等极端天气频发，严重威胁粮食产量和质量。研究表明，过去 30 年，灾害给种植业和畜牧业生产造成的损失高达 3.8 万亿美元；② 未来各类气候事件可能造成更大损失，影响农业粮食体系的生产水平与生产效率。另一方面，全球人口结构发生重大变化，农业就业在全球劳动力中的占比从 2000 年的 40%下降至 2022 年的 26%，③ 未来随着全球城镇化进程加速，预计这一占比将持续降低，这意味着农业劳动力短缺问题将愈加严重，农业生产急需智能化、自动化技术的支持。

新兴技术在快速重构全球农业的竞争格局。传统农业科技领域长期由欧美跨国公司主导。全球前十大农化企业中，欧美企业占据 9 席，仅 1 家中国企业上榜，且整体销售额与其他榜单企业相比存在较大差距。④ 但数字技术革命正在打破这一格局，为新兴国家提供了"弯道超车"的机遇。全球数字农业市场规模预计将从 2024 年的 267.6 亿美元增长至 2032 年的 719.6 亿

① 联合国粮食及农业组织，《2024 年世界粮食及农业统计年鉴》。
② 联合国粮食及农业组织网站，https://www.fao.org/newsroom/detail/fao-report-agrifood-sector-faces-growing-threat-from-climate-change-induced-loss-and-damage/en。
③ 联合国粮食及农业组织，《2024 年世界粮食及农业统计年鉴》。
④ 《【独家报道】2023 财年：全球 TOP20 农化企业营收普遍下降，PI Industries 逆流而上》，世界农化网，2024 年 10 月 14 日，https://cn.agropages.com/News/NewsDetail---32935.htm。

美元，年复合增长率达 13.1%。① 其中，智能装备、农业大数据、精准农业技术成为增长最快的领域。新技术的突破性应用正在改写全球农业价值链的分工，欧美在传统育种、农化等领域的优势被稀释，中国企业在智能装备、数字服务领域形成新优势。这种技术代差促使发展中国家得以用较低的成本采纳较为先进的技术，为我国农业科技企业拓展全球布局提供了广阔发展空间。

从外部发展环境来看，国际贸易环境正经历着深刻的变革，为中国农业科技企业出海创造了有利条件。在国家顶层设计的有力支持下，一系列富有前瞻性的国际合作新机制不断涌现，这些机制犹如一扇扇战略窗口，为农业科技企业的发展提供了更为广阔的空间。随着共建"一带一路"倡议向纵深推进，其在促进区域经济合作方面的成效日益显著。其中，以 RCEP 为代表的自由贸易协定全面生效，区域农业合作的范围进一步拓展、层次进一步深化。这使中国农业科技企业能够更便捷地进入东南亚、中东、拉美等市场，全球化布局覆盖的范围更加广泛。中非合作论坛提出的"减贫惠农工程"和"数字创新工程"，为我国农业科技企业开辟了广阔的非洲市场，其中由我国企业提供的智慧农业解决方案，为包括非洲国家在内的"全球南方"国家提升农业生产效率提供了强劲的推动力量。

（二）我国农业科技企业全球化发展迅速

在全球经济一体化和科技迅猛发展的当下，我国农业科技企业正以前所未有的速度迈向全球化发展的新征程，这一趋势得益于我国农业发展积累的坚实基础，也彰显了我国农业科技企业在国际舞台上的重要价值。

近年来，中国农业取得了举世瞩目的伟大成就，农业科技在其中发挥了关键作用。以粮食产量为例，据国家统计局数据，2024 年我国粮食总产量达到 70650 万吨，连续 10 年稳定在 65000 万吨以上，并首次站上 70000 万吨新台阶。这一成绩的背后，是农业科技的深度应用。农业机械化水平不断

---

① 数据来源：https：//www.fortunebusinessinsights.com/digital-farming-market-106784。

提升，2024 年全国农作物耕种收综合机械化率超过 75%，有效缓解了农业劳动力短缺问题。① 此外，农业信息化加速发展，智能灌溉、精准施肥等技术广泛应用，显著提高了农业生产效率和资源利用率。这些丰富的农业科技发展经验，为我国农业科技企业海外拓展奠定了坚实基础。

在农业科技蓬勃发展的进程中，我国成长起一批实力强劲的农业科技企业，成为全行业拓展海外市场的主力军。据统计，在 A 股上市企业中，农业类上市公司数量众多。截至 2025 年 3 月，农业概念类上市公司共有 209 家，这些企业涵盖种业、农机、农产品加工、农药原药制剂、智慧生态运营服务等多个领域，具备强大的研发实力和市场竞争力。② 当前，全球农业科技巨头多集中于农机装备、农化产品等传统赛道，而我国在智慧灌溉、生物技术、农业大数据等新兴领域已形成独特优势。农业科技企业通过聚焦技术优势与农业现代化的交叉领域，以"技术优势+场景刚需"为锚点，优先选择技术门槛高、国际竞争尚不充分且与粮食安全、低碳转型强关联的细分领域，如节水灌溉系统、病虫害智能监测、垂直农场解决方案等，形成差异化竞争力。这既可以避免与国外传统农业领域巨头正面竞争，又可以提前布局海外市场抢占市场份额。凭借成熟的产业链体系、大规模生产能力及快速迭代的创新技术，我国自主研发生产的农业无人机在海外市场上的优势逐步显现。在国际市场竞争中，综合权衡价格与功能，相较他国同类产品，中国农业无人机性价比更高，能切实为农户提升投入产出比，有力推动全球智慧农业发展。

中国农业科技企业走向全球具有多方面的重要意义。对于企业自身发展而言，海外市场为其提供了更广阔的发展空间。通过参与国际竞争，企业能够获取更多的市场份额和利润，还能学习借鉴国际先进经验，提升自身技术水平和管理能力。对广大发展中国家来说，中国农业科技企业的全球化发展

---

① 《2024 年农业农村经济运行总体平稳　稳中向好》，国务院新闻办公室网站，2025 年 1 月 20 日，http://www.scio.gov.cn/live/2025/35431/fbyd/202501/t20250121_882827.html。

② 《A 股农业概念上市公司一览表（2025/3/13）》，南方财富网，2025 年 3 月 14 日，http://www.southmoney.com/nongye/202503/407124.html。

是助力其农业现代化的重要力量。许多发展中国家面临着粮食安全、农业生产效率低下等问题，中国农业科技企业的智慧农业解决方案，如农业无人机、智能灌溉系统等，能够帮助他们提高农业生产效率、增加粮食产量、改善农产品质量。在非洲，中国农业科技企业与当地合作建设农业示范园，推广先进的种植技术和农业机械，为当地农业发展注入新活力，有效推动了当地经济发展水平和农民生活水平的提高。

二 极飞科技开展全球布局的优势及举措

极飞科技成立于 2007 年，是广州本土成长起来的科技创新型企业，主要从事智能农业设备的研发、制造、销售及服务，致力于通过技术创新提升农业生产效率。极飞科技的核心产品包括农业无人机、农机自驾仪，以及智能灌溉系统等。自成立以来，极飞科技致力于将高效、安全、易用的智慧农业产品推广到世界各地，让技术惠及更多农业生产者。数据显示，截至 2024 年底，其产品和服务已覆盖全球 70 个国家和地区，累计为超过 1.9 亿人次提供无人化生产服务。

（一）极飞科技及其产品

极飞科技以提升农业生产效率为使命，在农业自动化、智能化设备研发制造领域成绩斐然。极飞科技是国内低空经济领域商业化落地较早的企业之一，获选为国家知识产权示范企业、国家专精特新"小巨人"企业、国家级制造业单项冠军企业，是首家斩获农业科技界奥斯卡"最佳精准农业技术创新奖"的中国农业科技公司。极飞科技区别于其他农业科技公司的显著特征，在于将自身在无人机技术领域的优势运用到农业场景。极飞科技于2015 年推出首款植保无人机，在业内率先引入 RTK 精准导航、全自主作业和智能离心雾化等技术。如今其产品体系涵盖农业无人机、农机自驾仪、智能水肥管理系统等，以 P150 Pro 为代表的农业无人机可实现多场景全自主农事作业。

截至 2024 年底，极飞科技产品已进入全球 70 个国家和地区，海外市场布局广泛，海外营收占比在三成左右。在东南亚地区，凭借契合当地小农户需求的"产品+服务"租赁模式及专业飞手培训体系，市场份额高速增长；在拉美地区，针对大种植园规模化作业需求，高性能无人机群及农机自驾仪得到大量应用。同时，极飞科技也逐步打开欧洲市场，其智慧农业解决方案正不断获得认可，为全球农业生产效率提升持续贡献力量。

（二）极飞科技拓展海外市场的核心优势

作为中国农业科技出海的标杆企业，极飞科技凭借四大核心优势，在全球市场建立起技术壁垒与品牌影响力。

一是以核心技术优势构建竞争护城河。截至 2024 年底，极飞科技专利申请数量位居行业前列，全球申请总数超过 4100 件，授权总数超过 2700 件。[①] 在新疆"超级棉田"项目中，其棉田数字种植模式通过自动化耕种、遥感巡田、智能水肥管理、变量病虫草害防治、物联网监测等技术应用，使水、药、肥的成本分别下降 47.3%、33.2%、18.2%。[②] 这些技术不仅显著提升了我国农业发展的智能化水平，同时适配东南亚复杂地形与非洲基础设施薄弱地区，为全球农业发展提供了"中国智慧"。

二是以亲民价格优势提升市场可及性。极飞科技致力于构建一个能契合人类未来 100 年发展需求的农业生态系统，让全球民众都能稳定获取数量充足、品类丰富且安全放心的食物。在大众普遍认知中，高科技产品往往与高附加值、高定价挂钩。然而，极飞科技深入剖析农业消费市场特性，精准把握受众实际需求，以此为依据制定科学合理的价格策略。在产品性能相当的前提下，极飞科技产品的购置成本远低于欧美企业的同类产品，为农业生产者提供了更高性价比的选择。这一价格优势使海内外普通

---

① 《极飞科技：农用无人机助力农业新质生产力发展》，新浪财经网站，2025 年 2 月 27 日，https://finance.sina.com.cn/roll/2025-02-27/doc-inemxeum6531918.shtml。

② 《"超级棉田"上的"游戏梦"》，中国新疆网站，2024 年 5 月 10 日，https://www.chinaxinjiang.cn/2024/05/10/56fd9679e36a447ba40cfbbda5337dfd.html。

农户能够轻松负担，极大地推动了先进农业科技的普及，有效提升全球农业生产效率。

三是以可持续发展赋能市场渗透。极飞科技与波士顿咨询公司联合发布的《通往农业碳中和之路》报告，被联合国开发计划署列为农业减排典型案例。极飞科技在国内启动的"超级棉田"项目，通过使用电能驱动的农业无人机代替了传统燃油农机，利用智能灌溉系统对棉田进行精准的水肥管理，采用粉碎还田的方式处理棉花秸秆，通过智慧农业数字化平台监控分析农田生产情况，实现农业精准管控，在提升农业管理效率的同时，又显著减少了温室气体排放。这种"经济效益+环境效益"双赢模式，推动了我国农业科技产品在国际市场的广泛应用。

四是以全球合规认证打通高端市场。极飞科技积极布局众多国家的适航认证与合规性认证，其V40农业无人机成为全球首款获得美国联邦航空管理局（FAA）豁免许可的双旋翼机型。随后，包括V40、P40、XP2020在内的多款机型再获得英国民航局（CAA）的运营许可，成为首批在英合规开展农事作业的农业无人机。这种"技术合规+本地认证"能力，使其成为开拓欧美市场的先行者。通过上述战略布局，极飞科技不仅解决了发展中国家农业生产效率低下的痛点，更以技术创新与标准输出，在发达国家市场树立了中国农业科技的高端品牌形象。

（三）极飞科技拓展海外市场的整体战略布局

极飞科技在国际化进程中，展现出了超前的战略布局意识，构建起"硬件（农业无人机、遥感无人机、农业无人车、农机自驾仪、智能水肥管理系统）+软件（农服应用、研发系统）+服务（培训、售后）"三位一体的出海体系，强化其在全球市场的核心竞争力。

在硬件层面，极飞科技不断推陈出新，研发出一系列性能卓越的农业无人机和无人车。以2025款P150 Pro农业无人机为例，其具备喷洒、播撒、运载、航测四大功能，拥有最高80公斤载重能力，最大推料速度为每分钟300公斤，最大流量为每分钟32升。这种高效的作业能力极大地提升了农业生产效率，满足了全球不同规模农场的需求。同时，极飞科技的无人车系列能够在复杂地形下稳定运行，实现物资运输、农田巡查等功能，与无人机形成了空地协同作业的高效模式。

在软件层面，极飞科技构建了完整的软件体系。面向农业生产者，推出极飞科技农服应用，其界面简洁直观，互动性佳且实时更新，操作极为简便。该应用具备的智能航线规划、多地块合并作业、一控双机等功能，实现了对硬件设备的远程操作，大幅提升了作业效率。面向内部研发，极飞科技整合无人机、无人车以及各类传感器收集的数据，进行深度分析，助力产品迭代升级，巩固技术优势，推动极飞科技在智慧农业领域可持续发展。

在服务层面，服务体系是极飞科技生态出海的重要支撑。极飞科技在全球范围内建立了广泛的服务网络，为用户提供全方位的支持。在培训方面，极飞科技在海外多地设立了专业的培训中心，为当地农户和农业从业者提供系统的培训课程。培训内容涵盖无人机的操作技巧、维护保养知识、农业生产管理等多个领域。截至2024年，极飞科技已累计培训数万名学员，这些经过专业培训的人员成为极飞科技技术在当地推广应用的重要力量。

凭借这一完善的出海体系，极飞科技的海外服务网络已覆盖东南亚、中东、拉美等多个区域。在这些地区，极飞科技不仅销售产品，还通过技术服务和培训，深入参与当地农业生产的各个环节，真正实现了从产品输出到服务体系建设的转变，为全球农业数字化转型注入了强大动力。

三　"在地国际化"树立中国服务品牌标杆

在全球经济一体化以及农业科技变革的浪潮中，极飞科技积极响应"走出去"战略，凭借敏锐的市场洞察力与卓越的创新能力，精准布局全球市场。其在海外市场的拓展并非盲目跟风，而是基于对不同地区农业现状、市场需求以及自身技术优势的深度剖析，因地制宜制定更加符合区域特征与产品市场的布局策略，在东南亚、拉美、非洲等地区实施了一系列极具针对性且成效显著的举措，以"在地国际化"的方式，既为当地农业发展带来了革命性变革，也为自身赢得了广阔的国际市场空间，在全球农业科技领域树立起了中国品牌的标杆。

（一）东南亚：构建"产品+服务"出海新模式

以越南、柬埔寨为代表的东南亚国家，农业以传统种植方式为主，农业生产效率低，且缺乏专业的农业技术和设备。极飞科技敏锐地捕捉到了这一市场需求，积极构建"产品+服务"的出海新模式，为东南亚当地农业发展带来了新的生机。

东南亚地区与中国有相近的气候环境和种植作物，极飞科技成熟的应用模式可以更快落地见效。如作为世界第二大水稻出口国的越南，2024年出口大米超过900万吨，出口量与出口金额均创下新纪录。[①] 但其背后的种植群体，以抗风险能力较弱的小农户为主。此外，随着东南亚国家城市化进程不断加快，农村"空心化"现象严重，农业生产面临劳动力短缺和成本上升的双重压力。极飞科技农业无人机兼备喷洒、播撒、运输、航测等功能，灵活性高且能在山地、丘陵等复杂地形中作业，既能提升整体产出水平又极大地节约了人工成本，因此迅速打开了东南亚市场，带动海外业务快速增长。

考虑到东南亚国家农业生产从业人员普遍收入水平不高、农业无人机初期投入较大等问题，极飞科技提供了农业无人机的"设备+服务"租赁模式，降低了小农户的使用门槛，让他们能以较低成本享受到先进的农业技术服务。极飞科技创立的"极飞学园"，通过移动互联网远程授课和遍布全球的培训网点，以线上理论与线下实践相结合的方式，让当地熟练掌握无人机操纵技术的农户、分销商等，向更多农户提供培训服务。目前，这一培训体系在全球已累计培育超16万名农业无人机操作员，有效提高了各地农业从业者的无人机操作技能，进一步推动了产品的普及。在柬埔寨马德望省，

---

① 《2024年越南大米创下出口量和出口额双重纪录》，"Vietnam+"网站，2025年1月14日，https：//zh.vietnamplus.vn/article-post234109.vnp。

杜·科尔莎不仅使用极飞科技农业无人机为自家农场服务，还通过农资店为周边农民提供喷洒服务。随着业务需求不断增长，杜·科尔莎组建了专业飞手团队，并创办了农业服务公司，作业面积超过万亩次。作为柬埔寨的第一位女飞手，杜·科尔莎的故事成为极飞科技以自身发展惠及更广大区域、更广泛人群的生动例证。

极飞科技在东南亚地区的成功实践，不仅为当地农业发展带来了显著的经济效益，还促进了当地就业规模的扩大和农业技术水平的提升。通过构建"产品+服务"的出海新模式，极飞科技在海外市场树立了良好的品牌形象，为进一步拓展东南亚市场奠定了坚实基础。

（二）拉美：贴合大种植园需求

位于拉丁美洲的巴西，拥有广袤的土地和众多的大种植园，因平原面积广阔，商业大农场和家庭农场是主要的生产经营模式。由于气候湿热多雨，盛产各种热带经济作物，尤其以可可、咖啡等高价值经济作物的生产最为知名。过去，巴西农场主要依赖人工或大型农机管理，劳动力、机械成本昂贵，地毯式喷洒还容易造成大量资源浪费。全自主作业、可实现精准控量喷洒的极飞科技农业无人机，成为巴西农场主克服高成本难题、防控生产风险的得力助手。

极飞科技为巴西大种植园专门研制了高性能的无人机群。这些无人机具备强大的协同作业能力，通过先进的通信技术和智能算法，能够实现多架无人机同时作业、相互配合，提高作业效率。例如，在大豆种植季节，无人机群可以同时进行种子播撒和农药喷洒作业。每架无人机根据预设的任务和路线，在大种植园上空有序飞行，单日处理面积超千亩。相比传统的人工播种和喷洒方式，无人机群作业不仅效率大幅提升，而且能够保证作业的精准度和均匀度，有效提高了大豆的产量和质量。

同时，极飞科技还为巴西大种植园配备了农机自驾仪。农机自驾仪能够安装在各种农业机械设备上，如拖拉机、收割机等，实现这些设备的自动化驾驶和精准作业。在播种和收割过程中，农机自驾仪通过高精度的卫星定位系统和先进的传感器技术，确保农机按照预设的路线和参数进行作业，避免了人工驾驶可能出现的误差和失误。这一技术不仅解决了当地农机手短缺的问题，还提高了农业生产的安全性和稳定性。

极飞科技在巴西的成功，得益于其对当地市场需求的深入了解和精准把握。通过提供贴合大种植园需求的产品和服务，极飞科技不仅帮助巴西农业提高了生产效率，降低了生产成本，还在巴西市场树立了良好的品牌形象，为进一步拓展拉美市场奠定了坚实基础。

（三）非洲：数字技术赋能农业发展

非洲多数地区农业发展水平相对落后，基础设施薄弱，面临粮食安全、贫困等诸多挑战。极飞科技积极投身非洲农业发展事业，通过与多方合作、参与发展规划和技术赋能等举措，为非洲农业注入新的生机与活力。

中非发展基金作为重要的政府支持力量，与极飞科技携手助力非洲农业数字化转型。在莫桑比克农业园项目中，中莫双方合作引入极飞科技的无人机及相关创新技术，2019~2022 年，该项目粮食增产幅度达到 13.6%。[①] 极飞科技的无人机凭借先进的雾化喷洒和路径设计技术，高效完成农药喷洒任务，不仅节省了大量劳动力，还显著减少了农药使用量，实现了经济与环保效益的双赢。这一成果的取得，离不开极飞科技与政府机构在资金、技术、资源调配等方面的协同合作。

参与国家层面的发展规划是极飞科技助力非洲农业发展的重要途径。极飞科技深入了解非洲各国的农业发展战略和需求，将自身的技术优势与当地规划相结合。在加纳，中国地质工程集团加纳公司在中非发展基金的帮助下，为 Harvest 农场引入极飞科技的无人机。这一举措不仅为农场提供了先进的农业生产工具，还通过开展操作培训，提升了当地农业从业者的技术水平，使无人机能够更好地融入当地农业生产体系，为实现加纳农业现代化发

---

① 《中非数字经济合作赋能非洲智慧农业发展》，新华网，2022 年 12 月 8 日，https：//www.xinhuanet.com/money/20221208/f6498189695b4ff4860f629c3981404d/c.html。

展目标贡献力量。

极飞科技的农业无人机和智能设备在非洲多地得到广泛应用。中国创业者于赞比亚设立的 Sunagri Investment 公司，由 22 架极飞科技无人机组成的服务机队活跃在当地农业生产一线，月作业面积超过 1000 公顷。[①] 这些无人机能够根据不同的农作物和地形条件，精准执行播种、施肥、病虫害监测与防治等任务。同时，极飞科技还利用农业物联网技术，实现对农田环境的实时监测和数据分析，为农户提供精准的种植建议，提高农业生产效率和农产品质量。通过这些技术手段，极飞科技切实解决了非洲国家农业生产中的实际问题，推动了当地农业的现代化转型。

极飞科技在非洲的实践，为非洲农业发展注入了新的活力，帮助当地提升了农业生产力，改善了农民生活水平，为解决非洲粮食安全问题作出了积极贡献。同时，这也为中国农业科技企业在非洲的发展树立了典范，为推动全球农业可持续发展贡献了中国智慧和力量。

四　对科技企业国际化路径的启示

在全球农业数字化转型的浪潮中，极飞科技凭借其独特的国际化路径取得了显著成就。极飞科技的国际化实践表明，中国农业企业正从"跟随者"转变为"引领者"。其通过技术创新、生态构建和本地化深耕，探索出了一条在地国际化的发展路径，不仅为全球农业现代化贡献了"中国智慧"、提供了"中国方案"，更为中国农业科技企业乃至其他行业的国际化发展提供了宝贵的借鉴经验。

（一）构建全链条服务体系，实现价值链延伸

农业科技企业的全球化竞争已从单一产品输出转向"产品+服务"的全

---

① 《中非数字经济合作赋能非洲智慧农业发展》，新华网，2022 年 12 月 8 日，https://www.xinhuanet.com/money/20221208/f6498189695b4ff4860f629c3981404d/c.html。

链条较量，建议正在出海或者计划出海的农业科技企业，将未来发展的重心转向服务体系的构建，通过延伸价值链，在提升客户黏性的同时，形成新的营收增长点。

一是构建多层次全球化服务网络，提高在地服务能力。构建总部技术支持中心、本地服务保障团队与数字平台联动的服务体系，根据目标市场提供分级、分类的服务保障。在基础设施薄弱的新兴市场，可设立移动服务站与快速响应小组，通过本地技术人员培训、仓储网络建设，确保在一定时限之内（如24小时）解决问题；在发达国家，则强化与当地农服组织、农业协会等的联系，搭建标准化服务流程，满足严苛的环保与安全合规要求。

二是创新"技术+金融"融合模式，降低市场进入门槛。面对发展中国家农户购买力有限、抗风险能力弱的特点，企业可将金融服务嵌入产品价值链。通过与银行、保险等金融机构合作，设计灵活方案，以设备租赁、产出分成的方式降低初始投入成本，在金融机构的选取上优先选择目的地市场的中资金融机构。此类模式不仅能缓解资金压力，更能将一次性交易转化为持续性服务收益，实现企业与用户的利益绑定。

三是打造数字化农业生态平台，拓展价值链增值空间。充分发挥我国在数字基础设施建设、数字技术等领域形成的竞争优势，搭建以物联网、大数据为核心的一体化智慧平台，实现农业科技企业从设备供应商到农业全链条服务商的迭代升级。在东南亚、拉美等热带作物产区，平台可联动当地交易所实现"产量预售+价格锁定"，帮助农户规避市场波动风险；在欧盟市场，则可整合碳足迹数据，为农场主生成碳信用资产并参与碳交易。这种从"产品交付"到"生态赋能"的跃迁，能够显著提升客户黏性，开辟数据驱动的第二增长曲线。

（二）制定差异化市场策略，深耕区域市场

全球农业市场的复杂性与地域特殊性，要求农业科技企业应当构建精细化、差异化的市场策略体系，立足本地需求，制定适配性解决方案，通过在

地国际化的方式，推动可持续市场渗透。

一是在劳动力资源密集的地区，如东南亚市场，建立技术普惠模式。这部分区域市场农业生产的特征是以分散化小农户为主体，基础设施薄弱且抗风险能力低。农业科技企业应聚焦低成本、易操作原则，重点开发和推广轻量化设备，如手持式智能传感器、小型无人机等，降低购置门槛；同时，通过租赁等灵活方式缓解农户资金压力。此外，企业也可以联合本地经销商建立技术培训中心，在提升在地服务水平的同时进一步扩大产品与服务的覆盖面。

二是在地势平坦、种植面积广阔的地区，如拉美市场，提供大规模协同作业方案。拉美大型农场主导的农业形态要求农业科技企业的技术与设备兼具高覆盖面、高可靠性。企业需围绕规模种植的高价值农业产品，提供大规模协同作业方案。例如，开发多机编队控制系统，实现数千亩农田的无人化统防统治；集成卫星遥感与地面物联网，构建"空—天—地"一体化的监测网络，防范大型种植园面临的病虫害暴发风险；与本地农机制造商合作，将智能模块嵌入传统收割机、播种机，通过拓展产品的应用场景，进一步提升市场占有率。

三是在现代化生产与认证体系已十分发达的地区，如欧美市场，对标绿色合规体系建设，抢占价值链高端。欧美国家对农业技术的环保性、合规性要求极为严格，因此农业科技企业在布局欧美市场时应主动对标行业前沿标准，超前布局碳足迹管理，提升 ESG 建设水平；在产品开发与推广方面，重点研发和推广与绿色低碳、环境友好相关的产品，如农业生产碳排放监测智能设备等；深度参与欧洲"从农场到餐桌"（Farm to Fork）等战略项目，以技术合规性获取市场准入资格。

此外，企业应强化与东道国政府机构、行业协会等的合作，通过嵌入本地商业生态，快速融入当地市场。一方面，深入洞察当地市场需求，不断优化产品和服务，提高产品的适应性和竞争力，为企业的发展创造有利条件；另一方面，主动融入当地商业网络，以"在地化"的身份规避可能的贸易壁垒，降低运营成本。

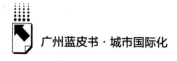

（三）输出技术标准，构建国际话语权

技术标准是国际产业竞争的核心话语权载体。农业科技企业在完成初步的市场占位与全球化布局后，需将战略重心转向技术标准输出，以优势产品"走出去"将中国标准"带出去"，形成中国标准国际化、国际标准本地化、争夺全球标准主导权的渐进式战略布局，构建可持续竞争优势。

一是以市场优势推动中国标准落地应用。在市场份额领先的地区，支持企业将国内成熟的技术标准转化为区域性行业规范。例如，在东南亚、非洲等新兴市场国家，可通过建立技术认证中心、培训体系等，要求设备兼容性、数据接口等符合中国标准；联合当地政府推广示范项目，推动将产品标准纳入当地农业发展规划。一方面巩固企业的先发优势，另一方面为全行业建立竞争优势，最终将其固化为区域性"事实标准"。

二是以标准融合发力中高端国家市场。欧美等标准体系成熟的国家，现有的行业标准已使用多年，严格的标准与准入要求已构成了事实上的隐性市场壁垒。农业科技类企业在布局欧美市场时，可通过联合测试，向欧美市场证明中国标准在安全性、环保性等方面等效甚至优于既有规范；合作开发符合两地市场标准的定制化产品；完善标准互认机制，主导成立跨国标准联合工作组，推动重点领域的标准互认。这种融合推广的方式，既能降低市场准入成本，又可逐步扩大中国标准的影响力半径。

三是以多维参与争夺国际标准制定权。构建由政府主导、优势企业深度参与的国际标准制定体系，在我国企业已取得领先优势、国际行业标准尚存在空白的农业科技细分领域，主动出击向国际标准化组织提交基于中国技术路线的提案。推动企业在拓展市场之前开展前瞻性专利布局，将自主专利转化为标准必要专利（SEP）。培养熟悉国际规则的复合型技术人才，常态化参与国际标准会议，确保关键条款符合中国产业利益。

（四）向产业链上下游延伸，增强抗风险能力

在全球产业链供应链波动加剧的背景下，农业科技企业开展国际化运营，

需突破单一产品的局限。通过向产业链上下游延伸，构建自主可控的全产业链体系，以系统性能力打造海外营收的增长点，同时强化韧性与抗变能力。

一是向上游整合，掌握核心技术，筑牢供应链安全。通过自建研发中心或战略并购，实现高精度传感器、导航芯片等关键部件的自主化生产；与原材料供应商签订长期协议，锁定锂、稀土等战略资源的稳定供应。例如，开发耐高温电池技术以适配中东沙漠作业场景，或定制生物降解材料以满足欧盟环保法规。这种垂直整合不仅能降低对外部供应链的依赖，更能通过技术迭代形成差异化壁垒，提升产品溢价能力。

二是向下游延伸，构建增值服务生态，提升客户黏性。向下游拓展至品牌运营、数据服务等高附加值环节，将一次性交易转化为持续性收益。建立全球化售后服务网络，提供设备维护、操作培训、保险金融等全生命周期服务；通过农业大数据平台整合农业生产的相关信息，为种植户、农场主等不同群体提供种植决策、市场预警等增值内容，此类模式可进一步挖掘客户需求，开拓多元盈利渠道，增强抗周期波动的能力。

三是横向协同，搭建产业联盟，优化资源配置。在科技快速迭代的当下，农业领域企业应充分发挥我国在人工智能、卫星遥感、区块链等高科技行业形成的全球竞争优势，构建跨领域协同网络，以技术融合驱动海外市场深度渗透。例如，与卫星运营商合作接入高分辨率遥感数据，实时掌握产品运行动态；引入区块链溯源技术，搭建溯源平台，完善全流程的生产与服务监管等。在提升影响力方面，发起成立"智慧农业创新联合体"，吸纳全球顶尖科研机构、科技企业与投资机构，共同探索在垂直农业机器人、基因编辑等前沿领域拓展市场的可行路径，此类协同不仅可分摊研发风险，更能以"技术共同体"形态增强海外市场议价权。

参考文献

王晓娟等：《中国农业出海企业可持续发展风险研究——基于 ESG 信息披露视角的

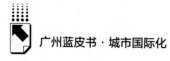
分析》,《世界农业》2025 年第 2 期。

李佳:《跨文化差异背景下农业"走出去"经济贸易战略研究——以"中国 X 农业企业"在非洲开展业务为例》,《农业经济》2025 年第 2 期。

刘子明、王志刚:《RCEP 对成员国(地区)农产品贸易的影响——基于关税减让与贸易便利化的视角》,《资源科学》2024 年第 6 期。

张晓兰、黄伟熔:《低空经济发展的全球态势、我国现状及促进策略》,《经济纵横》2024 年第 8 期。

仇焕广、雷馨圆、冷淦潇:《中国农业对外直接投资的政策演进与策略选择》,《改革》2023 年第 9 期。

黄季焜等:《全球农业发展趋势及 2050 年中国农业发展展望》,《中国工程科学》2022 年第 1 期。

秦楼月:《构建发展共同体下的中国农业产业链安全保障机制》,《理论学刊》2022 年第 2 期。

姜小鱼:《价值链升级导向下中国农业对外投资布局研究》,博士学位论文,中国农业科学院,2022。

B.17
人工智能赋能企业链接全球

——以钛动科技为例

程晓娜　蔡淑慧　宿慧娴　侯　颖*

摘　要： 钛动科技是诞生于广州的一家全国领先的出海营销数字化服务商，致力于通过大数据和人工智能技术赋能中国企业高质量出海。公司在国内最早将 AIGC（生成式人工智能）落地应用到出海营销场景，通过自主研发的人工智能驱动型智能创意营销平台和大数据分析平台，实现全球数字媒体资源覆盖与智能广告投放、大数据挖掘与分析、智能创意内容生产，帮助超过 8 万家企业精准定位海外市场需求、优化营销策略、提升品牌影响力，以数字化的创新能力大幅降低各行业出海的难度和成本，提升企业出海的效率，助力中国企业国际化布局。

关键词： 人工智能　数字化　出海营销

一　中国企业出海的需求背景

企业进行国际化经营是我国开放型经济的重要组成部分和国民经济发展的重要推动力量，是畅通国内国际双循环的关键枢纽，对稳预期、稳增长、稳就业都具有重要支撑作用。近年来我国积极推进高水平对外开放，在国家政策鼓励和海外市场空间扩大的背景下，越来越多的企业"走出去"，以各

---

* 程晓娜，钛动科技副总裁，研究方向为企业对外投资；蔡淑慧，钛动科技政府事务总监，研究方向为企业对外投资；宿慧娴，钛动科技品牌文化策划专家，研究方向为企业对外投资；侯颖，博士，广州市社会科学院城市国际化研究所助理研究员，研究方向为国际关系。

种方式参与国际竞争。根据海关总署数据，2024年，中国进出口总值达到43.85万亿元人民币，同比增长5%，规模再创历史新高。然而，在过去很长时间内，中国相关产业在全球价值链分工上总体处于中低端，由于缺乏市场渠道和品牌优势，产品附加值低、企业利润低、劳动者收入低。中国企业在参与国际竞合中，仍面临着提质升级的严峻考验。加之文化差异、品牌意识不足、各国政策监管复杂多样等，我国企业出海仍面临着一系列挑战。

（一）品牌化是企业参与国际竞合的必由之路

品牌是企业乃至国家竞争力的综合体现，也是参与经济全球化的重要资源。2024年，联合国开发计划署统计数据显示，全球20%的知名品牌占据了80%的市场份额，标志着全球已经进入品牌时代。品牌化有利于改变中国传统贸易的代工模式，帮助产业带获取更高利润率和产业分工价值，溢价效应将助推中国企业逐步迈向全球价值链中高端。随着"中国制造"向"中国创造"、"中国速度"向"中国质量"、"中国产品"向"中国品牌"的转型成为社会共识，讲好中国品牌故事、发挥品牌经济的引领作用、满足人民对美好生活的向往，成为社会各界的共同职责。

（二）人工智能技术打开国际化提速新空间

发展以人工智能技术为代表的数字化能力，是打造全球品牌的重要路径。习近平总书记指出："中国高度重视人工智能发展，积极推动互联网、大数据、人工智能和实体经济深度融合，培育壮大智能产业，加快发展新质生产力，为高质量发展提供新动能。"[①] 随着全球化进程不断加快以及数字化、智能化（即数智化）浪潮的席卷，人工智能技术以其独特的优势，已成为推动各行各业生产效率提升和服务质量优化的关键力量，为传统产业的转型升级与新兴产业的快速发展注入了强大活力。面对人工智能浪潮的席

---

① 《"人工智能+"赋能新质生产力发展（人民要论）》，人民网，2025年1月13日，http://theory.people.com.cn/n1/2025/0113/c40531-40400643.html。

卷，科技创新的引领作用愈加凸显，各行各业都在积极展开探索，以提高效率、降低成本、提升服务质量。在跨境营销和国际化品牌建设领域，在数字化技术的加持下，企业能够根据不同消费者的需求和偏好进行定制化营销，增强消费者对品牌的认同感和忠诚度，缩短品牌塑造和沉淀的周期，相对快速地建立品牌形象和认知。通过人工智能应用能够以更低的人力和经济成本，帮助企业更精准地分析消费者需求和行为，智能化打造更优质的全球营销策略和营销内容，降低全球营销难度和成本，增强企业推广实效，进而提升品牌影响力，促进全球商业交流与产业进步。这不仅帮助产业带获取更高利润率和产业分工价值，其溢价效应还将助推企业逐步迈向全球价值链中高端，进而成为推动经济高质量发展、提升国际竞争力的核心要素之一。

（三）专业化服务助力企业出海行稳致远

在全球产业链重构与地缘政治风险加剧的背景下，专业服务配套已成为中国企业出海过程中突破壁垒、规避风险的关键支撑。据商务部、国家外汇管理局统计，2024 年，中国全行业对外直接投资达到 1627.8 亿美元，同比增长 10.1%。其中，非金融类直接投资实现 1438.5 亿美元，同比增长 10.5%。[①] 这一增长背后离不开多元化服务体系的赋能。专业服务商通过整合全球资源、提供全链条解决方案，有效弥合了企业在跨境经营中的能力缺口，具体体现为三大核心作用。一是法律合规与风险管控的"安全网"作用。国际市场的法律体系复杂多元，涉及反垄断、数据隐私、劳工权益等领域的合规要求差异显著。《2024 中国企业出海服务报告》显示，专业风险管理服务可将企业海外项目合规成本降低 30%~40%。[②] 二是技术赋能与本地化运营的"转化桥"作用。技术服务商通过数字化工具助力企业突破文化、地域限制。例如，科大讯飞的多语种智能语音技术支撑了 60 余款车型的国际化升级，服务全球 120 个国家客户；树根互联的工业互联网平台帮助制造企业将

---

① 《2024 年我国全行业对外直接投资简明统计》，商务部网站，2025 年 1 月 26 日，https：//hzs. mofcom. gov. cn/tjsj/art/2025/art_904508f7f770482db130bc24c356b5a3. html。

② EqualOcean：《2024 中国企业出海服务报告》，2024。

海外工厂运维成本降低25%。① 同时，专业人力资源机构提供的跨文化培训使海外团队管理效率提升35%，本地化营销服务帮助跨境电商在拉美市场的品牌认知度年均增长18%。三是生态协同与可持续发展的"战略舱"作用。专业服务商正从单一服务向生态协同进化。《2024中国企业出海服务报告》指出，头部云服务商通过整合全球合作伙伴资源，使企业海外IT部署周期从6个月压缩至45天。在绿色转型方面，专业机构提供的碳足迹认证服务帮助新能源企业突破欧盟碳关税壁垒，使2024年光伏组件出口欧洲的合规通过率提升至92%。② 专业服务商极大提高了企业国际化经营的效率，降低了风险，辅助企业在国际竞合中立于不败之地。

二 钛动科技出海营销服务布局

广州钛动科技股份有限公司（以下简称"钛动科技"）自2017年成立以来，迅速成长为行业领先的出海营销数字化服务商，荣获国家级专精特新"小巨人"企业、中国互联网综合实力前百强企业称号。钛动科技以广州为总部基地，在美国、马来西亚、印尼和泰国等地设立运营基地，为全球提供营销服务。凭借深厚的技术积累与完善的服务体系，钛动科技累计服务超过8万家企业出海，包括字节跳动、阿里巴巴、米哈游、拼多多、SHEIN、TCL等众多知名企业，助力其全球化布局与品牌升级。

（一）强外联：构建全球覆盖的服务网络

钛动科技是全球三大主流媒体平台Meta、Google、TikTok的官方合作伙伴。凭借自身技术优势，钛动科技整合全球流量及服务资源，聚集了超200

---

① 《【中国产业出海】软服务配套出海如何助力中企出海之路行稳致远?》，"南洋时讯"微信公众号，2025年2月5日，https://mp.weixin.qq.com/s?__biz=MzkwMDcyNjEzOA==&mid=2247538716&idx=3&sn=de2a9afb3f36f9a8736bc29a2be22ecf&chksm=c1157016e08c72ed7032439be081710cd389426d2e9e624ca490e165fe4033d9692c8535833b#rd。

② EqualOcean：《2024中国企业出海服务报告》，2024。

万名海外网红与 App 媒体资源，帮助中国企业触达全球超过 50 亿位消费者。在技术对接合作方面，钛动科技全面打通 Meta、Google、TikTok 等国际主流媒体平台近 600 个 API 接口（应用程序编程接口），极大拓展了平台数据交换处理的深度和广度，实现对全球流量的一站式覆盖。该公司基于大数据和人工智能技术，深度挖掘各媒体 API 接口调用潜力，满足企业在广告投放环节（如市场资讯洞察、预算报表汇总、多媒体多账户智能监控等）的多元需求，实现海外数字媒体接口的全覆盖和分钟级的投放效果数据反馈。在其技术助力下，企业在 Facebook、Instagram、YouTube、TikTok 等媒体平台的广告账户管理效率和广告投放效率提升 10 倍以上。由此，钛动科技以技术为纽带，将中国的前沿研发能力与全球科技要素深度耦合，在带动企业嵌入全球数字基建网络的同时，加速生产要素的全球优化配置，并赋能产业转型升级。

（二）修内功：突破 AIGC 落地应用场景

钛动科技紧跟国家战略步伐，率先在出海领域推进人工智能技术的研发与应用，成为国内首家将 AIGC（生成式人工智能）技术成功落地于海外营销场景的企业。公司深度整合 DeepSeek、OpenAI、Meta、Google 和 TikTok 等海内外领军企业的底层大模型技术优势，以技术驱动业务发展，通过自主研发的人工智能驱动型智能创意营销平台和大数据分析平台，帮助中国企业精准定位海外市场需求、优化营销策略、提升品牌影响力。在简化营销流程和用户触达流程的同时，营销效率提升 10 倍以上，以数字化创新能力大幅降低各行业出海的难度和成本，提升了企业出海的效率。钛动科技通过深度融合大数据与人工智能技术，实现营销策划、创意生成、数字人直播及智能投放等关键环节的智能化升级。平台围绕电商、游戏和应用工具等多个热门出海行业提供人工智能解决方案，帮助企业提升素材产能超过 3 倍，素材生产成本降低 50%，引领下一代人工智能创意营销新范式。同时，公司高度重视知识产权保护，截至 2024 年，已累计申请超 200 项发明专利和软件著作权，在行业内稳居领先地位。

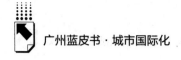

（三）聚众智：打造全方位服务生态

一是产学研结合的技术迭代生态。钛动科技汇聚了一支超百人的人工智能技术精英团队以打造大数据与人工智能产学研中心，并以之为主力对接产学研技术迭代合力。钛动科技与广东省琶洲实验室、华南理工大学达成产学研三方战略合作，通过产学研三方合力，深入人工智能应用的深水区，推动钛动产品、技术迭代升级，更有力地推动中国商品、中国品牌走向全球，实现高质量增长。公司还与 Meta、Google、TikTok 等全球数字平台，以及华为云、零一万物等技术伙伴，打造"人工智能+营销"生态，为企业提供更加高效的出海服务。二是政企民结合的服务协同生态。钛动科技与广州市天河区商务局、天河中央商务区管理委员会携手共建"天河区国家文化出口基地、天河中央商务区国家数字服务基地出海学院"，为出海从业人员提供专业的公益性赋能，打造出海上下游生态资源链接平台，帮助更多中小企业迈出出海第一步。截至 2025 年 2 月，出海学院已搭建 PC 端、手机端学习平台，提供线上课程超 2000 门，培训学员逾 2 万名，并通过组织线下出海培训活动，将出海的专业知识和成功经验传递给数千家企业，赋能更多的中小企业积极拓展全球市场。

三　钛动科技助力行业出海的技术应用

基于庞大的数据底座和行业内领先的人工智能技术，钛动科技自主研发了智能创意营销平台 Tec-Creative，为出海企业提供人工智能策划、人工智能创意生成、人工智能投放等系列工具和服务，并通过智能数据分析训练垂直模型，反哺人工智能出海产品及服务。同时打通营销全链路数据，在营销策划生成、创意生成、数字人直播、智能投放等方面实现商业化落地，有效推动人工智能技术成果转化，帮助出海企业解决海外创意本地化难、成本高昂、交付周期较长的问题，降低品牌策划和优质内容的生产成本，大幅提升企业出海的效率，让中国品牌大规模出海成为可能。

（一）跨境电商行业的应用

随着众多中国本土电商品牌积极拓展海外市场，"本地化"挑战日益凸显。在出海初期，跨境商家普遍面临海外广告素材匮乏的难题。寻找外国模特不仅流程复杂、成本高昂，而且出片周期长，往往拖慢商品上架速度，成为制约海外推广的关键因素。

针对这一挑战，钛动科技凭借国内外顶尖的大模型技术，创新性地推出了一套基于人工智能的高效数字人生成解决方案。用户仅需通过拍照或上传清晰的人脸照片，系统即可利用先进的人工智能人脸识别技术，精准提取人脸特征，并与预设的全球多元化数字人模特库进行智能匹配。系统能够自动选择最符合用户特征的模特数据，进行高效合成，迅速生成定制化的数字人模特。这一流程相比传统数字人构建方式，大幅降低了素材拍摄成本并缩短了训练时间，使数字人生成更加快速、便捷。

钛动科技的全球模特素材库覆盖欧美、东南亚、中东、非洲等主要地区，满足各类种族、肤色、身材、表情等精细化需求。基于此，钛动科技的人工智能营销工具具备商品链接生成视频、图片或视频换脸、人工智能生成商品图等多样化功能。企业只需在界面输入简单信息，即可在极短时间内生成不同地区人种的人工智能模特服装上身图，一键实现本土化原生态营销。同时，平台还能根据服装人台图智能补全模特，完美还原商品呈现效果，有效解决出海商家找模特难、成本高的问题。

这款人工智能工具已助力众多商家显著提升商品上架效率高达 80%，降低素材生产成本 50%，素材生产人效提升 50%。它轻松解决了商品素材匮乏的难题，加快了商品更新和海外推广进程。例如，钛动科技成功帮助广州女装品牌歌莉娅实现虚拟模特快速换装，模特照生成时间从一周缩短至 2分钟，既提升了个性化商品展示效果，又实现了降本增效。此外，钛动科技还与森马、荣耀等品牌合作，生成人工智能模特图，生产 AIGC 达人营销创意素材，以及在 Shopee 平台落地数字人素材等，全面助力出海营销降本增效。

通过持续的技术创新与运用，钛动科技正引领中国企业从试点海外市场向全面布局海外市场迈进。它不仅高效推动了企业的全球增长，还助力我国企业实现数字化转型，为外贸提质增效注入了强劲动力。

（二）游戏行业的应用

在中国游戏厂商出海征途中，"创意素材"成为其发展的关键瓶颈。根据 DataEye 研究院统计，头部游戏厂商每款手游每月需产出超过 1500 条创意素材。然而，传统人工制作模式耗时冗长且质量参差不齐，导致众多新游戏产品因素材供应不足而错失宝贵的推广良机。

钛动科技凭借国内外顶尖的大模型技术，创新性地打造出基于大语言模型多模态能力的素材理解、打标与数据归类分析系统。该系统能够智能识别广告投放素材的内容，并根据预设的分类标签进行精准标记。结合数据中台从各大媒体平台采集的丰富数据，钛动科技深入挖掘分析数据，产出涵盖行业、场景、时长、运镜、拍摄手法等多个维度的分析报告。这些报告为广告主提供了全面、多维度的素材投放数据洞察，助力其优化广告内容创作与投放策略，显著提升广告效果。

基于这一技术突破，钛动科技进一步实现了人工智能混剪与人工智能数字人口播功能。通过整合游戏自有素材与达人素材，系统能够快速生成多样化的游戏推广内容，有效弥补真人实拍素材的不足。同时，人工智能配音技术的引入，完美满足了游戏海外投放视频对配音解说的需求，极大地降低了寻找海外当地配音的时间成本。这一系列创新举措使游戏推广素材生产成本降低 50%，生产人效提升 80%，整体素材生产效率提高至原来的 3 倍以上，充分满足了新游戏上线时的海量推广需求。钛动科技助力三七互娱旗下一款上线超过 6 年的游戏成功打造 3D 视频素材，广告转化效果提升高达 8 倍。在 TikTok 等海外头部平台上，这款游戏迅速成为爆款，实现了高质量的海外推广与精准获客。钛动科技通过人工智能技术应用，赋能中国游戏行业向更高水平的国际化发展迈进，助力中国文化、中国品牌高质量出海，为打造中国文化传播"新名片"贡献力量。

（三）短剧行业的应用

随着短剧全球化趋势的兴起，头部短剧平台单日投放素材近万条。然而，在传统剪辑模式下，从原始剧集中提取精彩片段并完成二次创作的过程耗时冗长，导致许多爆款剧集因素材更新滞后而错失了吸引大量潜在用户的机会。此外，短剧作为一种跨文化叙事形式，面临着如何满足不同国家和地区观众多样化喜好的本地化挑战。

钛动科技凭借海内外顶尖的大模型技术，创新性地打造了一套自动化视频混剪的人工智能工作流程。第一，该流程利用多模态大语言模型的视频分镜理解能力，将视频内容细致拆解为多个分镜，并进行向量化存储。第二，根据用户的个性化需求，系统从庞大的向量库中迅速匹配出与用户要求高度契合的视频素材。第三，通过调用先进的视频剪辑能力组件，这些精选的视频片段被巧妙地混剪在一起，从而极大地简化了原本烦琐的人工筛选、剪辑与混剪流程，显著提升了工作效率，实现了混剪素材的快速、高质量产出。由此，借助人工智能高光识别与人工智能混剪等强大功能，钛动科技助力短剧行业的新锐企业实现了素材生产效率的 3 倍以上提升，同时素材生产成本降低超 50%。这一革命性的突破不仅裂变出了大量优质的推广素材，极大地推动了短剧的海外推广，更为中国文化的国际传播注入了新的活力与动力。

四　人工智能赋能中国企业出海的发展展望

钛动科技等企业的实践表明，人工智能不仅是企业出海的工具革新，更是重构全球价值链的核心动能。中国企业将在人工智能时代书写"技术引领、生态协同、价值共享"的全球化新篇章，实现全球化商业增长的新跨越。

（一）全链路智能决策体系重构企业出海逻辑

人工智能技术将从辅助工具升级为全球战略决策的"超级大脑"，通过整合多维度数据实现预判式布局。未来，人工智能大模型将深度融合全球市场动态、政策法规与供应链波动数据，形成"数据驱动+场景适配"的敏捷响应机制。例如，新能源企业可通过人工智能实时模拟欧盟碳关税政策对产业链的冲击，动态调整生产布局以降低30%以上的合规成本；生物医药企业则可利用人工智能预测海外临床试验审批趋势，优化研发资源分配并缩短产品上市周期。钛动科技的多模态营销内容生成技术将演变为跨文化消费者行为预测系统，通过分析东南亚、拉美等市场的文化符号与情感共鸣框架，实现"需求未动、供给先行"的精准匹配。这种智能决策体系将突破传统经验驱动模式，帮助企业在动态市场环境中形成"预判—响应—优化"闭环。

（二）全球化数字生态协同筑牢合规安全防线

数据安全与合规管理将从被动应对转向主动防御，成为企业穿越地缘政治风浪的"压舱石"。未来，基于人工智能的全球政策动态监测平台将整合商务部、世界银行等数据源，实时生成风险预警与合规策略建议。例如，联想集团的供应链监控系统未来或整合欧盟《人工智能法案》法规库，动态优化全球2000家供应商的ESG数据管理。华为云与中信国际电讯联合构建的"云网安"一体化服务体系，未来或升级为实时威胁检测系统，通过人工智能算法识别跨境数据传输中的异常行为，为新能源、智能制造企业提供可复制的安全管理范式。钛动科技在全球40余国布局的本地化团队，未来或结合多语种智能语音技术，自动生成符合当地法规的营销内容，降低跨文化沟通成本60%以上。

（三）新兴市场数智化深耕抢占全球价值洼地

中东、东南亚等区域将崛起为"技术换市场"的战略试验田，催生"数智化+本地化"深度融合的新业态。未来，从服务本土出海企业到服务新兴市场本地企业国际化或将成为中国出海服务商的新蓝海。沙特"2030愿景"规划的万亿级数字基建投入，未来或吸引中国人工智能企业深度参与智慧城市、油田数据管理项目，形成"技术授权+本地化运营"的商业模式。DeepSeek 已与沙特阿美合作优化油田数据管理，未来或输出人工智能驱动的能源产业优化标准；联想沙特制造基地将演变为辐射欧、非、中东的产能枢纽，年产数百万台智能设备并创造数万个本地就业岗位。东南亚市场将催生"社交电商+人工智能内容生成"新业态。钛动科技凭借其全球覆盖的本地化团队，已开启为当地企业提供国际化营销服务的探索。TikTok 与钛动科技的合作模式未来或拓展至印尼、越南等市场，通过本土化达人营销体系抢占增量市场。

参考文献

罗长远、陈智韬、李铮：《供应链网络、市场环境与中国企业"抱团出海"》，《世界经济》2024 年第 7 期。

崔登峰、李锦秀、王海忠：《中国企业品牌"出海"："一带一路"倡议如何提升企业品牌价值》，《外国经济与管理》2024 年第 8 期。

赵忠秀、李泽鑫：《贸易便利化与中国企业创新：从国内研发到专利出海》，《经济评论》2022 年第 3 期。

徐鹏、徐向艺：《人工智能时代企业管理变革的逻辑与分析框架》，《管理世界》2020 年第 1 期。

何玉长、方坤：《人工智能与实体经济融合的理论阐释》，《学术月刊》2018 年第 5 期。

附　录
2024年中国城市国际化事件关注

本报告编辑部*

一　中非合作论坛北京峰会暨第九届部长级
会议在北京召开

2024年9月4日至6日，中非合作论坛北京峰会暨第九届部长级会议在北京成功召开。这是我国面向非洲和发展中国家开展的一次重大外交行动。本次峰会以"携手推进现代化，共筑高水平中非命运共同体"为主题，吸引了非洲53国的外交部长、经济部长以及非盟等地区国际组织代表共300余人参会，成为2024年我国举办的规模最大、规格最高的主场外交。

中非合作论坛是中国和非洲国家之间在平等互利基础上的集体对话机制，成员包括中国、与中国建交的53个非洲国家以及非洲联盟委员会。中非合作论坛——北京2000年部长级会议通过《北京宣言》和《中非经济和社会发展合作纲领》两个历史性文件，标志着中非合作论坛机制正式建立。此后，中非友好与合作不断拓展和深化，陆续衍生出中非青年领导人论坛、中非智库论坛、中非民间论坛、中非地方政府合作论坛、中非媒体合作论坛等中非合作论坛分论坛。24年来，在双方共同努力下中非合作论坛形成平等务实高效特色，论坛框架下的中非合作成效显著、成果丰硕，受到中非人

---

* 编辑部执笔：鲍雨，广州市社会科学院城市国际化研究所助理研究员，研究方向为公共外交；廖凯婷，广州国际城市创新研究中心研究助理，研究方向为国际传播。

民广泛欢迎和国际社会高度评价。

在中非合作论坛北京峰会暨第九届部长级会议上，习近平主席宣布，中国同所有非洲建交国的双边关系提升到战略关系层面，中非关系整体定位提升至新时代全天候中非命运共同体，提出中非携手推进"六个现代化"，实施中非携手推进现代化十大伙伴行动。① 峰会通过了《关于共筑新时代全天候中非命运共同体的北京宣言》和《中非合作论坛—北京行动计划（2025—2027）》两个重要成果文件。其中，《中非合作论坛—北京行动计划（2025—2027）》中设置了"政党、立法机关、协商机构、地方交往"专节，强调中非双方将推动地方政府本着自愿、平等、友好、互惠原则，建立更多友好省市关系，推动区域性经贸合作，并将加强"中非地方政府合作论坛""中非民间论坛"机制建设，推动"丝路心相通"行动和"丝绸之路沿线民间组织合作网络"在非洲国家落地等重点内容，城市和地方政府交往在服务国家总体外交中的重要作用日益凸显。此次会议进一步巩固了中非之间的深厚友谊，深化了双方在政治、经济、文化等领域的务实合作，促进中非在高质量共建"一带一路"、落实全球发展倡议、践行全球文明倡议等方面携手并进，书写全球南南合作新篇章。

二　中国—中亚机制秘书处在西安启动

2023 年，中国—中亚机制提升至元首层级，这标志着中国—中亚合作迈入了新时代。2024 年 3 月 30 日，中国—中亚机制秘书处启动仪式在西安正式举行，六国代表（中国、哈萨克斯坦、乌兹别克斯坦、吉尔吉斯斯坦、塔吉克斯坦、土库曼斯坦）共同为中国—中亚机制秘书处剪彩揭牌。成立秘书处是落实六国元首共识的重要举措，标志着中国—中亚机制建设迈出新的重要步伐，将进一步推动中国—中亚合作高质量开展。

---

① 《在逐梦现代化的道路上携手同行——习近平主席主旨讲话推动谱写中非命运共同体建设新篇章》，中国政府网，2024 年 9 月 7 日，https://www.gov.cn/yaowen/liebiao/202409/content_6972888.htm。

中国—中亚机制秘书处作为机制的常设机构，首要职责是推动落实元首会晤达成的共识和成果，为峰会做好准备，服务外长会晤及其重点领域合作机制。秘书处将积极协调各方资源，推动合作项目的落实，进一步推动中国与中亚国家之间的互利共赢合作。秘书处启动运营以来，围绕落实首届中国—中亚峰会成果、推动中国同中亚国家相关领域合作等事项，积极同有关方进行工作对接。通过举办中国—中亚机制框架下双多边会议、发布会、推介会、招商会等形式多样的活动，为各方提供交流合作的平台，不断丰富新时代中国—中亚关系内涵，以实际行动构建更加紧密的中国—中亚命运共同体。西安是中国古代丝绸之路的起点城市，在"一带一路"建设中具有重要地位，长期以来是中外贸易的重要节点和东西方文明交流的重要枢纽。西安与中亚地区的渊源深厚，是全国唯一一座率先通航全部中亚五国的城市。2024年5月19日，占地面积约800亩的中亚公园在西安建成开放，成为西安与中亚人文交流的新窗口。中国—中亚峰会的举办以及中国—中亚机制秘书处的启动运行，将使西安面向中亚合作的门户地位更加巩固，也为落实《西安市国土空间总体规划（2021—2035年）》赋予西安的"对外交往中心"等功能定位提供有力支撑。

中国—中亚机制秘书处的启动，是中国同中亚国家睦邻友好关系不断深化和务实合作需求持续增长的体现，再次向国际社会展现了六国携手谋发展、并肩促合作的坚定决心。西安作为我国西北地区国际化程度最高的城市、促进中国和中亚合作的枢纽，未来将与中亚各国在政策沟通、设施联通、贸易畅通、资金融通、民心相通方面探索更加广阔的合作空间，为中国与中亚地区的共同繁荣作出更大贡献。

三　国际货币基金组织上海区域中心正式成立

2024年6月19日，主题为"以金融高质量发展推动世界经济增长"的第十五届陆家嘴论坛在上海开幕。在本届论坛上，国际货币基金组织（IMF）和中国人民银行宣布，将在上海成立一个新的IMF区域中心，旨在加强 IMF 与亚太地区经济体的交流与合作，深化 IMF 与成员国及其他利益相关方的交流，包括国际金融机构、学术界、智库、民间社会组织和私人部门，增强亚太区域国家间宏观经济政策的协调。该中心还将针对新兴市场和中等收入国家的重点关注领域开展相关研究，并通过吸引更多的外资进入中国市场，推动中国金融机构"走出去"等举措，促进金融高水平对外开放。

截至 2024 年，IMF 在全球共设立了 20 个区域中心和办事处。早在 2017 年，IMF 就与中国合作在北京建立了中国—国际货币基金组织联合能力建设中心（China-IMF Capacity Development Center，CICDC），主要功能是在中国提供经济金融的相关专题培训。而这次在上海新设立的 IMF 区域中心，既表明了 IMF 与中方继续加强高层沟通的愿望，也显示了 IMF 与中国对上海国际金融中心地位的重视。长期以来，上海都是全球金融要素市场最齐备的城市之一。2024 年，上海金融市场交易总额达 3650 万亿元，持牌金融机构已达 1782 家，其中外资金融机构占比超 30%。IMF 上海区域中心成立后，法巴证券（中国）有限公司顺利取得中国证监会颁发的"经营证券期货业务许可证"，成为国内首家欧盟背景独资券商；安联基金管理有限公司顺利获批开业，成为第六家在上海新设的外商独资公募基金。此外，IMF 上海区域中心还将与 CICDC 开展合作，通过同行学习等方式促进 IMF 在中国及亚太地区开展有针对性的能力建设活动。这有助于 IMF 更加深入地理解成员国的观点，促进国际经济合作，强化该组织在亚太地区的工作和伙伴关系，进而维护全球和区域金融稳定。

IMF 上海区域中心的成立，标志着上海聚焦"五个中心"建设，国际金融中心服务能级不断提升，在全球金融体系中的竞争力进一步增强。未来，上海将借此机遇不断深化与全球金融界的交流与合作，增强自身在对外开放中的综合实力与国际竞争力，进一步提升中国在国际金融领域的话语权和影响力。

四　"北京中轴线"申遗成功

2024 年 7 月 27 日，在印度新德里召开的联合国教科文组织第 46 届世界遗产大会通过决议，将"北京中轴线——中国理想都城秩序的杰作"列入《世界遗产名录》。至此，中国世界遗产总数达到 59 项，成为拥有世界遗产总数最多的国家之一。"北京中轴线"申遗成功，是深入贯彻落实习近平文化思想、贯彻落实习近平总书记关于世界文化遗产申报保护工作重要批示精神，以及贯彻落实党中央重大决策部署的重要成果，充分彰显了北京作为世界著名古都和历史文化名城的整体价值。

"北京中轴线"作为北京老城的灵魂与脊梁，是一条纵贯南北的城市空间序列，始建于 13 世纪，形成于 16 世纪，此后经不断演进发展，形成今天全长 7.8 公里、世界上最长的城市轴线。"北京中轴线"的 15 个遗产构成要素为：钟鼓楼、万宁桥、景山、故宫、端门、天安门、外金水桥、太庙、社稷坛、天安门广场及建筑群（天安门广场、人民英雄纪念碑、毛主席纪念堂、国家博物馆和人民大会堂）、正阳门、南段道路遗存、天坛、先农坛、永定门。遗产区面积 589 公顷，缓冲区面积 4542 公顷。作为北京老城的核心，中轴线承载了千年的历史文脉和文化传统，彰显了中华文明深厚的历史文化底蕴。联合国教科文组织世界遗产委员会高度赞赏中国政府在北京老城文化遗产保护传承方面付出的巨大努力和取得的突出成绩，认为"北京中轴线"所体现的中国传统都城规划理论和"中""和"哲学思想，为世界城市规划史作出了重要贡献；认为"北京中轴线"作为中国传统都城中轴线成熟阶段的杰出典范，代表了世界城市历史中的一种特有类型；认可"北京中轴线"的完整性、真实性和保护管理状况，肯定其作为都城核心的延续性，以及鉴于天安门广场及建筑群作为"北京中轴线"发展的重要组成部分，也认可保持其现有形式的必要性。

"北京中轴线"申遗历时 12 年，通过实施"北京中轴线"申遗保护工作，系统挖掘"北京中轴线"的历史文化价值，全面提升北京历史文化名城保护理念和管理水平。以"北京中轴线"申遗保护为抓手，带动北京老城整体保护，为探索我国乃至世界其他国家古代都城的保护理念与做法，妥善处理好遗产保护与城市发展的辩证关系，提供了中国案例和中国经验。以此次申遗成功为新起点，北京将持续打造文化底蕴深厚、发展活力强劲、生态环境优美的国际交往中心城市，其在历史文化名城保护方面的先进经验也为其他申遗城市提供了宝贵借鉴。我国将切实履行《保护世界文化和自然遗产公约》，推动各地积极申报世界文化遗产项目，传承中华优秀传统文化，加强与国际组织和各缔约国的交流合作，以文明交流互鉴推动人类文明发展进步。

五　粤港澳大湾区全球招商大会在广州举行

2024年11月8日，2024粤港澳大湾区全球招商大会在广州举行。本届招商大会举办了"1+9+N"系列活动，即1场主场活动、9场珠三角城市招商大会、N场海内外路演和产业招商活动，共吸引来自89个国家和地区的650家世界500强和行业龙头企业代表参会。通过粤港澳大湾区招商大会平台，越来越多的全球企业和项目走进大湾区、发掘新商机、共享新机遇。

建设粤港澳大湾区，是习近平总书记亲自谋划、亲自部署、亲自推动的重大国家战略。2024年是《粤港澳大湾区发展规划纲要》公开发布五周年。五年来，在以习近平同志为核心的党中央坚强领导下，粤港澳三地紧密携手，合力深化互联互通，推进产业科技创新，重大合作平台建设提速，推动大湾区向融而进、向新而行、向强而立。党的二十届三中全会审议通过的决定提出了深化粤港澳大湾区合作，强化规则衔接、机制对接，推动大湾区等地区更好发挥高质量发展动力源作用的明确要求，为大湾区建设注入强大动力。本届招商大会已经是第三年由粤港澳三地政府共同举办，成为展现粤港澳三地携手合作推动大湾区高质量发展的重要平台，以及世界了解大湾区、投资大湾区的重要窗口。本届招商大会延续"投资大湾区，共创美好未来"主题，并创新实现"4个首次"：首次举办专题产业应用场景招商对接活动，首次举办招商成果展，首次举办广东外资企业100强榜单发布会，首次举办"五外联动"投资分享会。大会还遴选了24个重大项目进行现场签约，并发布新一批广东全球招商顾问、优秀招商地市、投资明星项目。据统计，本届招商大会共达成项目1933个、资金总额2.26万亿元。大会锚定"一点两地"全新定位和使命任务，以打造全球招商品牌为目标，深入拓展与纽约湾区、东京湾区、旧金山湾区，以及东盟、欧洲、非洲、中东、南太平洋岛国等共建"一带一路"国家和地区的经贸交流合作，吸引全球优质资源集聚，加快建设世界级的大湾区、发展最好的湾区。

粤港澳大湾区全球招商大会全方位展示大湾区建设的发展成果和生动实践，大力传递广东坚定不移推进高水平对外开放的决心和信心。广州作为粤港澳大湾区中心城市，始终胸怀"国之大者"，全力增强区域发展核心引擎功能，携手港澳和湾区其他城市，共建国际一流湾区和世界级城市群。

六 2024年成都世界园艺博览会圆满举办

2024年成都世界园艺博览会（以下简称"世园会"）于4月26日至10月28日成功举办，历时186天。此次盛会聚焦"公园城市、幸福成都"主题，组织开闭幕式、国际专业竞赛、城市主题日等重大活动，呈现了一届体现时代特征、国际水准、中国元素、成都特色的高品质园艺博览盛会，向全球生动展示美丽中国新画卷、公园城市新成就。

世园会是全球花卉园艺行业最高级别的专业性国际博览会。成都世园会是继1999年昆明、2011年西安后，中国西部第3次举办的世园会，也是川渝地区首次举办的最高规格花卉园艺盛会。2024年成都世园会建设展园113个，其中39个国际展园，74个国内展园，展出植物2700余种。展园总数、境外展园数量、协会和企业展园数量均创下历届B类世园会之最，参展城市实现五大洲全覆盖。本届世园会邀请了国内主要城市以及成都为数众多的国际友好城市与友好合作关系城市，主要包括蒙彼利埃（法国）、谢菲尔德（英国）、马斯特里赫特（荷兰）、林茨（奥地利）、甲府（日本）等，并通过国际国内社会组织邀请行业海内外城市和头部行业协会参展，同时对科研机构、专业院校等进行专门推介，推动园艺行业最新技术、品种、设备的展示与公众文化需求的良好契合。本届博览会共接待游客210万人次，吸引来自美国、加拿大、日本等32个国家以及全国各地3600余名专家学者、行业代表交流学习。核心区市场实现花卉销售收入9.2亿元，同比增长18%，实现运营收入560余万元。来自世界各地的人们走进园区，品鉴国内外的园艺精品，感受天府之国的独特魅力。

世园会是园林艺术与城市的生动对话，更为城市治理与产业发展带来新机遇。成都世园会主会场坚持营建一体，积极促进世园会生态价值向社会价值、人居价值、产业价值转化，将短暂的展会变为城市发展的长期福利，实现世园价值全民共享，打造"永不落幕的园博盛宴"。作为我国公园城市的"首提地""示范区"，成都通过世园会留下深远的绿色发展印记，打造新的活动热点和发展动能。

七 2024中国国际友好城市大会在昆明举办

2024年11月18日至19日，云南省昆明市举办了2024中国国际友好城市大会。大会由中国人民对外友好协会、中国国际友好城市联合会和云南省人民政府共同主办，昆明市人民政府承办。大会以"共享共赢 共创未来"为主题，吸引了来自五大洲41个国家66个省州和125个城市、66个地方政府组织或友好组织代表，以及专家、企业界人士等700余人参会，签署了近20个中外友城结好及合作项目协议，并发布了《昆明倡议》，呼吁加强国际友城间的团结与合作。

中国国际友好城市大会是国内与友好城市相关的最高规格的机制性会议，旨在加强中外政府对话与合作，推动我国国际友好城市活动开展，提高地方对外开放水平。2024中国国际友好城市大会是大会第七次举办，也是新冠疫情冲击后首次复办，向世界释放了中国民间友好活力全面重燃的积极信号。在会上举行的友城结好及合作项目签字仪式上，我国新增8对友好城市（省州），自1973年缔结首对中外友好城市至今，我国31个省、自治区、直辖市和543个城市与147个国家的602个省州和1871个城市建立了3054对友好城市（省州）关系，建立起遍布五大洲的国际朋友圈和合作伙伴网，合作项目涉及人文交流、经贸合作、互联互通等方面。《昆明倡议》

作为本次大会的重要成果之一，提出携手应对挑战、维护世界和平，深化互利合作、实现共同发展，推动人文交流、促进文明互鉴，加强互联互通、构建城市命运共同体，搭建交流平台、增进理解互信 5 条倡议。此外，20 个我国省市和 40 个外国省市分别获得了"国际友好城市杰出贡献奖"和"对华友好城市优秀伙伴奖"。

作为我国城市开展对外交往的重要资源渠道，国际友城合作在服务国家总体外交大局、增进中外人民相互了解与友谊、推动地方经济社会发展以及提升城市国际影响力等方面发挥着不可或缺的作用。借力大会举办，昆明延续旧情谊，结交新朋友，凝聚智慧，达成共识，共同构建人类命运共同体。会上，昆明与老挝万象共同发起，联合首批发展城市（中国玉溪市、普洱市、西双版纳傣族自治州、成都市、重庆市、乌鲁木齐市，老挝南塔省、琅勃拉邦市）成立中老铁路城市联盟，加强沿线城市在基础设施、贸易物流、产业发展、数字经济、文化旅游等领域的交流合作，构建互联互通城市命运共同体。除了达成的协议、取得的共识，中国国际友好城市大会对昆明而言具有更多的"溢出效应"，通过主题论坛、非遗展览、城市美景等富含"昆明元素"的场景，各地宾客得以通过大会认识昆明，昆明也可以借势连接世界。在国际形势复杂变化的背景下，进一步织密织牢友城网络，推动友城合作实现更好发展具有重要意义。我国城市要坚持互利共赢理念，不断完善相关工作长效机制，推动国际友城关系走深走实，为加强中外务实合作、推动地方高质量发展作出积极贡献。

八　第三届全球数字贸易博览会在浙江杭州举办

2024 年 9 月 25 日至 29 日，以"数字贸易　商通全球"为主题的第三届全球数字贸易博览会（以下简称"数贸会"）在浙江杭州大会展中心圆满举办。本届数贸会围绕打造"共商合作、共促发展、共享成果"的国际公共产品目标，共吸引 1546 家企业线下参展，3 万余名专业客商采购洽谈，其中国际客商超过 6000 名，展览面积达到 15 万平方米，累计入场观众超过

20万人次，达成一批重磅成果。本届数贸会在参展企业、专业客商、展览面积、参观人数和展会成果5个方面实现"翻番"。

数贸会是习近平主席在第三届"一带一路"国际合作高峰论坛开幕式上宣布的中方支持高质量共建"一带一路"八项行动部署的重要项目之一，是中国唯一以数字贸易为主题的国家级、国际性、专业型展会，是综合展示全球数字贸易新技术、新产品、新生态的重要窗口，是共商共议国际数字贸易新标准、新议题、新趋势的交流平台，是共建共享新时代经贸合作新市场、新机遇、新发展的开放平台。第三届数贸会共有123个国家、地区和国际组织以及国内所有省（区、市）设展或参会，哈萨克斯坦、泰国担任主宾国，广东担任主宾省。150余家跨国公司负责人、1000余位行业专家出席，24个国际友城市长齐聚杭州，6700多位境外客商到会，均创历届新高。广东、重庆、陕西、福建、新疆、成都等省（区、市）开展推介活动。本届数贸会研究成果丰富，组委会首次与国际组织联合发布《全球数字贸易发展报告》，为数字贸易测度领域填补空白；继续发布《中国数字贸易发展报告》、《"丝路电商"合作发展报告》、《全球数字经贸规则年度观察报告》、全球和中国数字贸易百强榜单等权威报告，把脉全球经济和数字贸易新趋势。

经过多年发展，数字已成为杭州的"新名片"。杭州不仅率先开展数字贸易地方立法，出台《杭州市数字贸易促进条例》，还积极推动数字贸易创新发展，例如提升数字服务出口基地能级，加速数字安防、信息安全等产业集聚发展。杭州正在高水平重塑"全国数字经济第一城"，并展现出强劲的发展势头，迭代而来的数字贸易浪潮将推动其产业业态蓬勃发展，呈现百花齐放的局面。

九 深圳成立河套国际产业与标准组织聚集区

2024年1月，河套国际产业与标准组织聚集区正式揭牌，在深圳市毗邻香港的河套深港科技创新合作区深圳园区成立。作为国内首个也是目前唯

——个国际产业与标准组织集聚区，整个聚集区将发挥"立足河套，面向全球"的辐射作用，带动相关各领域的标准创新及产业发展。

在全球产业版图经历深刻变革、科技竞争日趋激烈的背景下，创建先进、公平、开放的国际产业与标准组织，对于深化国际合作、激发创新活力、彰显中国智慧至关重要。河套国际产业与标准组织聚集区目前已经集聚了世界无线局域网应用发展联盟（WAA）、国际星闪无线短距通信联盟（SA）、世界超高清视频产业联盟（UWA）、全球计算联盟（GCC）、全球智慧物联网联盟（GIIC）、全球固定网络创新联盟（NIDA）、共熵产业与标准创新服务中心（Comentropy）等国际组织及其服务机构，下一步也将集聚包括但不仅限于智慧物联网领域、计算领域、固定网络领域的新国际联盟。截至 2024 年底，聚集区内的各国际产业与标准组织累计产出标准 137 项，为相关领域的规范化、标准化发展指明方向；发表白皮书 32 项，深入剖析行业趋势与前沿技术，为相关产业发展提供战略参考；发展会员 2004 家，广泛汇聚全球产业链优质力量，形成强大的产业协同效应。同时，河套国际产业与标准组织聚集区通过聚集物理空间、专业服务机构、一体化 IT 平台（AllianceHub）、《国际组织指导书》、《国际组织发展自我规范》等系统性支撑，逐步实现了流程贯通、业务贯通及人才流动。河套国际产业与标准组织聚集区引入现代化、国际化的管理理念，探索多元化的运营路径，整合政府、企业、科研机构等多方主体，打破各组织之间的资源壁垒，实现人才、技术、信息等资源的高效流动与共享。在 2024 年 6 月举办的 2024 年上海世界移动通信大会上，河套国际产业与标准组织聚集区内"1+6"国际组织及其服务机构集体亮相，举办"2024 国际产业组织创新发展论坛"，发布《国际产业组织协同合作联合倡议书》，进一步加速河套国际产业和标准组织生态的形成，推动多层次、多领域的国际交流合作。

深圳成立河套国际产业与标准组织聚集区，有利于加速构建全球互联互通的国际标准体系，吸引更多国际和区域标准化组织基于河套开展国际标准化合作，推动创新技术成果转化及新兴科技产业集群形成，通过打造国际产业与标准创新高地，树立全球产业协同发展的典范。

十　厦门马拉松获评全球首个
"可持续发展代表性赛事"

2024年1月，厦门马拉松赛组委会联合世界田联、中国田协成功举办了"2024世界田联赛事可持续发展论坛"，并发布了中国首个路跑赛事可持续发展规划。世界田联将厦门马拉松评为全球首个"可持续发展代表性赛事"。这是继2023年授予厦门马拉松"全球特别贡献奖"之后，世界田联再次授予的殊荣。这一荣誉肯定了厦门马拉松在促进经济、环境和社会三个维度上的平衡发展，为全球体育赛事树立了榜样，展示了中国智慧对全球田径运动可持续发展的卓越贡献。

近年来，世界各地迎来举办马拉松热潮，在带来可观经济效益的同时，也对生态环境造成不容小觑的压力与挑战。为此，2020年世界田联制定了未来十年的可持续发展战略，核心目标是确保全球田径赛事符合可持续发展的原则，要求赛事在经济、环境和社会的影响中寻找平衡点，协调各方的发展和利益。2021年，在世界田联发布的赛事可持续发展最佳行动指南中，将可持续发展纳入了路跑标牌赛事的评分标准，通过绿色生产消费、应对气候变化、节约能源资源、保护生物多样性等多个维度，对体育赛事进行评级。作为世界田联等级最高的白金标赛事，厦门马拉松积极引入可持续发展环保绿色的理念，在中国乃至全球马拉松历史上创造了具有里程碑意义的实践。经过多年实践探索，厦门马拉松通过无烟马拉松、绿跑在行动、厦马爱心林、净滩活动、爱心驿站、厦马图书角、生态修复、废弃物治理等一系列环保和社会责任举措，既丰富了赛事内容，也展示了中国在可持续发展领域的承诺与实践。厦门马拉松已经覆盖了联合国17项可持续发展目标中的13项，占比超过75%。在未来三年，厦门马拉松还将秉承"公平、绿色、开放、美好"的理念，从"可持续赛事""可持续管理""可持续社区服务"三个领域开展行动，在将体育赛事作为运动员竞技舞台的同时，使其成为展示国家形象的窗口和弘扬体育文化的渠道。

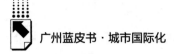

在联合国 2030 年可持续发展议程的时代命题下，围绕可持续发展理念打造国际知名的赛事 IP，有助于获得长期的经济、环境和社会效益。厦门马拉松赛迈向可持续发展，不仅是为了推动赛事内容丰富与创新，更是出于服务国家战略、回应全球可持续发展及城市发展现实的需要。此外，可持续发展理念的践行者不单指赛事组织者，还应包括赛事的参与者、助推者、赞助商、协办单位以及全体观赛者。只有凝聚社会公众的广泛参与，才能将可持续发展理念贯穿于城市发展的每一个角落，促进城市、居民与自然的和谐共生。

Abstract

The Annual Report on City Internationalization of Guangzhou aims to analyze the latest development trends in Guangzhou's internationalization efforts, study its future development paths, and provide a platform for academic exchanges on internationalization of Chinese cities based on the case study of Guangzhou. The blue book, among the nine books in the *Blue Book of Guangzhou* series initiated by the Guangzhou Academy of Social Sciences, is led by the Institute of Urban Internationalization, pooling wisdom of experts and scholars from research institutes and think tanks, universities, civil society organizations, and government departments.

The year 2024 marks the 75th anniversary of the founding of the People's Republic of China, serving as a pivotal year for achieving the objectives outlined in the 14th Five-Year Plan and the inaugural year of Guangzhou's ambitious "Twelve-Year Endeavor to Rebuild a New Guangzhou." This year holds particular significance for Guangzhou, as the State Council officially approved the *Guangzhou Territorial Space Master Plan (2021–2035)*, endowing the city with "6+4" urban characteristics and core functions, thereby elevating expectations for Guangzhou's future development capacity and scale. During this year, Guangzhou has been adopting an international perspective and strategic vision to focus on economic development as its central task and prioritize high-quality development. The city has deepened its integration into the global economic circulation, achieving new milestones in global rankings and attaining Alpha-level status in global city ratings. Guangzhou has continuously enhanced its services for major-country diplomacy, consolidated important platforms for international exchanges, expanded its network of global friendly partnerships, improved the effectiveness of its international communication system, and advanced high-quality international educational cooperation. Looking ahead to 2025, amid the slow recovery of the global economy, intensifying global trade conflicts, and the rapid development of the digital economy, Guangzhou is poised to strategically position itself as a central world city. The city aims to: cultivate new advantages in developing an open economy at an advanced level; undertake city diplomatic functions with high standards; forge an international urban brand of superior quality; develop a world-class integrated transportation hub with high standard; fully demonstrate its role as the core engine of regional development in the Guangdong-Hong Kong-Macao Greater Bay Area, so as to serve as a strategic nexus city in the dual-circulation development pattern and establish itself as a comprehensive gateway supporting opening-up and international cooperation.

The Annual Report on City Internationalization of Guangzhou (2025) adopts a comprehensive framework comprising six major sections: the General Report, Theme Reports, International Economy and Trade, International Exchanges and Communication, Education Internationalization, and International Case Studies. The report also set up an appendix of "Attention on China's Urban Internationalization in 2024," which systematically reviews and summarizes significant events in China's urban internationalization practices during the year, identifying key trends worthy of attention.

The General Report provides a holistic assessment of Guangzhou's international development in 2024 across multiple dimensions, including overall economic strength, foreign trade, foreign investment utilization, outbound investment, international transportation hub development, high-end international conferences and events, multilateral cooperation platforms, international partnership networks, international communication capacity building, and cultural exchange initiatives. Drawing upon authoritative international research, the report conducts an in-depth analysis of Guangzhou's positioning within the global urban system, evaluates domestic and international development trends for 2025, and proposes strategic recommendations to advance Guangzhou's global city aspirations.

Global City Rankings and Guangzhou's Development reports employ internationally recognized urban assessment frameworks to conduct comparative analyse between Guangzhou and other major global cities. They assess key dimensions including technological innovation capacity, international engagement capabilities, and global influence-representing the performance evaluation of core global city functions. Based on these findings, the reports proposes strategic pathways and policy recommendations to accelerate Guangzhou's development as a world-class city.

The International Economy and Trade section examines Guangzhou's high-quality development initiatives through hot topics such as AI innovation, foreign investment attraction and utilization, and new models of offshore trade.

The International Exchanges and Communication section presents the latest research findings on the Guangzhou Award's surply of international public goods, assessing the outcomes of Guangzhou's international communities development, and building a more effective city international communication system and shaping the new external discourse of Guangzhou.

The Education Internationalization section investigates Guangzhou's emerging prominence in international education, providing in-depth analysis on establishing international higher education demonstration zones, vocational education globalization, and innovation-entrepreneurship services for returnees.

The International Case Studies section highlights new trends in Guangzhou AI enterprises' global expansion, featuring exemplary cases including XAG's globalization strategy, and Tec-Do's AI-powered solutions for corporate internationalization, offering valuable references for regional peers in strengthening technological innovation and corporate global deployment.

Keywords: Urban Internationalization; Global City; Guangzhou

Contents

I General Report

Abstract: In 2024, Guangzhou demonstrated its strategic strength in the complex and turbulent global situation, paid close attention to the comprehensive deepening of reforms, promoted the transformation of industrial structure, forged the competitiveness of the long boards, the city level rose steadily, and the city coordinated climb to a new height in the world's city system. Balanced development, technological empowerment, digital economy, and regional synergism have become four major advantageous kinetic energies of Guangzhou in the competition among the global cities. With an international vision and strategic vision, Guangzhou has been fully focusing on the central work of economic construction and the primary task of high-quality development, actively connecting to the global market demand, deeply integrating into the international economic cycle, enhancing its international core competitiveness, and steadily upgrading the level of global city; deepening and expanding the global economic and trade network, and increasing the resilience of the open economy; upgrading the structure of foreign investment, advancing the opening-up of service industries to greater depth; continuously expanding the outward investment network, and providing comprehensive services for enterprises going global; elevating the level of international comprehensive transportation hub, and accelerating global radiation through multimodal transport networks of sea, road, air and rail; delivering high-quality services for major-country diplomacy, and contributing to South-South cooperation; consolidating key platforms for international exchanges, and amplifying Guangzhou's voice on the world stage; connecting global partners through friendship relations, and fostering people-to-people bonds through public diplomacy; enhancing the effectiveness of international communication system, and promoting mutual learning among civilizations; conducting high-quality international education cooperation, and contributing to building a global education community. During this period of intertwined global opportunities and challenges, the State Council approved the *Guangzhou Territorial Space Master Plan (2021 - 2035)*, defining Guangzhou's "6 + 4" urban characteristics and core functions and drawing up the blueprint of Guangzhou to build a central global city from the strategic perspective. Guangzhou shall right point of force in the dialectical unity of "national comprehensive gateway city" and "internationalization path of city", benchmark against world-class standards to enhance urban quality, build new advantages in an open economy at a high level, undertake city diplomatic functions with excellence, forge a premium international city brand, develop a world-class integrated transportation hub with high standard, fully leverage its role as the core engine of regional development in the Guangdong-Hong Kong-Macao Greater Bay Area, so as to serve as a strategic nexus in the dual-circulation development paradigm, and establish itself as a comprehensive gateway supporting opening-up and international cooperation.

Keywords: Urban Internationalization; Global City; Guangzhou

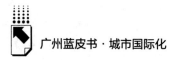
II Theme Reports

B.2 Analysis of Global City Development in 2024

Yao Yang, *Lin Kefeng* / 057

Abstract: The year 2024 presents an era characterized by simultaneous recovery and restructuring, competition and cooperation. Technological advancements and civilizational conflicts continue to provoke profound reflections across humanity, as cities worldwide confront increasingly complex geopolitical and economic landscapes alongside new challenges to globalization. Major global city ranking systems-including The World According to GaWC, Global Cities Index of Kearney, Global Power City Index of Mori Memorial Foundation, International Exchange Center City Index, Global Financial Centers Index, and WIPO's Global Science and Technology Clusters-have successively released their latest evaluations. These datasets not only reflect the recovery trajectories of global cities but also indirectly illustrate broader developmental trends in the international environment. Cutting-edge technological development is reshaping global competitive dynamics, while openness and cooperation remain the fundamental drivers of urban vitality, Chinese cities' digital transformation continues to propel high-quality economic development.

Keywords: Global Cities; City Development; City Evaluation

Contents ↖↘

Abstract: According to GaWC's 2024 research findings, Guangzhou has firmly established itself as an Alpha-level global first-tier city, ranking 22nd worldwide. This achievement highlights the city's rapidly developing comprehensive strength and continuously improving global connectivity, signifying its increasingly important role in global trade, investment, and cultural exchanges, with growing influence as a world city. Looking ahead, for Guangzhou to further enhance its centrality in the world city network and progress toward becoming a central world city with classical charm and contemporary vitality, it must focus on developing: an extensive global transportation and communications network with both domestic and international connections; a robust global trade and investment network led by multinational corporations; a comprehensive global financial and professional services support network; strong professional talent cultivation capabilities and international talent attractiveness; and advanced global engagement networks and international reputation dissemination capacity. Building upon its foundation as an important global business hub, Guangzhou should cultivate an open, friendly, and interconnected international metropolis image.

Keywords: Central World City; World City Network; Global Connectivity; Guangzhou

Abstract: In recent years, various evaluation index systems for international exchange centers have emerged both dom estically and internationally, providing valuable references for the construction and development of global international exchange center cities. In July 2024, the China Institute for Development Planning at Tsinghua University and Deloitte China International Exchange Center Research Institute jointly released the *International Exchange Center City Index 2024*, which uniquely characterizes the international exchange capabilities of selected cities. Among the 43 global sample cities evaluated, Guangzhou ranked 37th. Drawing insights from this report and other urban internationalization evaluation systems, Guangzhou should actively benchmark against and learn from world-leading cities, consolidate existing strengths, accelerate the improvement of weaknesses, and promote the development of a higher-level international exchange center city, thereby continuously enhancing its global reputation and influence.

Keywords: Urban Internationalization; International Exchange Center; Guangzhou

B.5　The Development Strategy for Enhancing Guangzhou's
Global City Brand Influence

Wu Qing, Pan Qisheng, Hu Hongyuan and Wu Aiyun / 113

Abstract: An analysis of five representative international influence rankings of Chinese city brands indices reveals that Beijing and Shanghai occupy the first tier, while Guangzhou consistently ranks among the top cities in the second tier. Overall, Guangzhou's international brand influence corresponds with its comprehensive urban strength, though its performance in global city indices surpasses its city brand influence rankings. This discrepancy indicates that Guangzhou's urban development achievements and city tier status have not been fully communicated and showcased internationally, further highlighting deficiencies in the city's brand marketing capabilities. There is an urgent need to develop city brand marketing strategies commensurate with Guangzhou's urban tier status, strengthen international communication capacity building, and shape the city's brand image to significantly enhance its global influence. Current priorities should focus on core elements, key drivers, and critical junctures of international city brand communication by: establishing clear objectives, benchmarking against global leaders, building communication platforms, optimizing dissemination channels, and innovating content creation. This requires consolidating multi-stakeholder consensus, aggregating communication resources, integrating diverse media matrices, and stimulating creative participation to construct an international communication framework with Guangzhou characteristics, Chinese features, and global appeal. The ultimate goals are to enhance the distinctiveness, visibility, reputation, accessibility, and recognition of Guangzhou's international brand image, effectively narrate China's and Guangzhou's stories, refine the city brand, and amplify urban charm.

Keywords: City Brand; International Communication; Guangzhou

Ⅲ International Economy and Trade Section

B.6 Research on Guangzhou's Path to Secure its Position As a

Global AI Innovation Hub *Zhang Lin*, *Kim Jun-yeon* /127

Abstract: Globally, artificial intelligence is demonstrating unprecedented innovative vitality and competitive dynamics. Guangzhou is comprehensively accelerating the development of the National New Generation AI Innovation Development Pilot Zone and the National AI Innovation Application Pioneer Zone, while expanding new AI service scenarios to promote high-quality development of the AI industry. Against the backdrop of rapid global AI advancement, this study synthesizes best practices from leading domestic and international AI development cities, with particular focus on Guangzhou's comparative advantages and key challenges in AI industry development. Building on this analysis, the study proposes strategic approaches for Guangzhou to establish itself as a global AI innovation hub, emphasizing a trinity ecosystem strategy

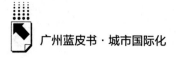

encompassing "three-dimensional ecological collaboration, scenario-based ecological cultivation, and global ecological connectivity" to position Guangzhou as both a global AI innovation leader and a benchmark city for AI ecosystem development.

Keywords: Artificial Intelligence; Global Innovation Hub; Guangzhou

B.7 Analysis and Optimization Recommendations for Guangzhou's Foreign Investment Attraction and Utilization   *Xu Wanjun* /146

Abstract: In recent years, the global economic governance landscape has undergone significant changes, with economic growth entering a period of slowdown and cross-border capital flows showing a contraction trend. Under these new circumstances, China's pursuit of high-quality "Bringing In" foreign investment faces both opportunities and challenges. On one hand, emerging market countries generally experience net outflows of cross-border capital, among which China has seen a substantial decline in foreign direct investment (FDI) scale over the past decade. On the other hand, the decrease in foreign investment has accelerated domestic industrial upgrading and institutional innovation under the requirements of high-quality development. Against the backdrop of shrinking foreign capital inflows, competition among domestic cities for foreign investment has intensified. As a pioneer of China's reform and opening-up, Guangzhou is more profoundly affected by these external changes, facing unprecedented pressure in attracting and utilizing high-level foreign investment. Looking ahead, Guangzhou should leverage its functional positioning and unique advantages, drawing lessons from other Chinese cities' successful experiences in efficient foreign capital attraction. By implementing measures such as institutional innovation to form synergy in investment attraction, strengthening connections to broaden funding sources, innovating models to enhance cross-border capital efficiency, improving the effectiveness of key open platforms in attracting investment, and collaborating with Hong Kong and Macao to strengthen factor support, Guangzhou can promote higher-level opening-up and achieve high-quality economic development through high-quality "Bringing In" strategies.

Keywords: Foreign Direct Investment; Investment Attraction and Utilization; Guangzhou

B.8   Exploring the "Nansha Model" of New Offshore Trade to
Cultivate New Drivers for High-Quality Development

Research Team of Nansha District Bureau of Statistics, *Guangzhou* /160

Abstract: Offshore trade represents a significant format in international trade, emerging as a result of the continuous refinement of international trade division of labor under economic globalization. The new model of offshore trade facilitates optimized global resource allocation, reduced operational costs, and enhanced business efficiency. Currently, Nansha's development of new offshore trade remains in an exploratory phase. This paper conducts comparative analyses of pioneering regions' development experiences and practices to explore Nansha-specific models and pathways for this business format, thereby providing new momentum for establishing Nansha as a major strategic platform that anchors itself in the Greater Bay Area, collaborates with Hong Kong and Macao, and faces the global market.

Keywords: Offshore Trade; Opening-up; High-quality Development; New Drivers; Nansha

IV Exchanges and Communication Section

B . 9 Developing Local Pathways for Serving Major-Country
Diplomacy through International Public Goods Provision:
The Case of Guangzhou International Award

Xia Geer, Hu Hongyuan and Zhang Yingyu /175

Abstract: Local participation in international exchanges represents a crucial pathway for implementing major-country diplomacy with Chinese characteristics, constructing an international discourse system, and promoting mutual learning among civilizations. Based on varying levels of engagement depth and functional orientation, local international exchanges can be categorized into three progressive dimensions: emotional, platform-based, and intellectual, forming a multidimensional external engagement framework. The Guangzhou International Award for Urban Innovation emerged from Guangzhou's foundation of emotional exchanges such as international friendship-building. The Award's 1.0 phase established an event framework that fulfilled platform-based exchange functions, while the 2.0 phase developed an urban innovation evaluation system, marking a successful transition to intellectual exchanges and establishing itself as Guangzhou's signature brand in comprehensively serving major-country diplomacy with Chinese characteristics. Looking ahead, the Guangzhou Award could further strengthen its attributes as an international public good through three strategic directions: first, by "bringing the evaluation system to grassroots levels" to achieve broader global local implementation; second, by "elevating best practices to higher echelons" to help award-winning cases gain support from major international organizations; and third, by "integrating case studies into academic research" to enhance the Award's scholarly value and practical vitality.

Keywords: Major-country Diplomacy; Urban External Exchanges; International Public Goods; Urban Innovation; Guangzhou Award

B . 10   Practical Explorations in Guangzhou's Development of

International Communities

Peng Lin , Huang Kejie and Teng Xi / 187

Abstract: Guangzhou has enhanced its global competitiveness through developing international communities, establishing an evolutionary "community-district" pathway that has achieved notable results in industrial upgrading, public service improvement, governance capacity building, and Sino-foreign cultural integration. The study recommends Guangzhou intensify efforts in strengthening top-level design, formulating comprehensive planning, establishing leading standards, promoting social participation, optimizing resource allocation, and polishing the city brand to further advance this initiative.

Keywords: International Communities; Urban Competitiveness; Guangzhou

B . 11   On Promoting the Construction of A More Effective

International Communication System For Guangzhou

Hu Hongyuan , Yao Yang / 201

Abstract: The Third Plenary Session of the 20th CPC Central Committee proposed the reform task of "building a more effective international communication system," marking a significant milestone in China's ongoing efforts to deepen and expand its international communication work. As China's frontline and pivotal hub for international communication, Guangzhou's development as a leading city in this field carries multifaceted strategic significance. The reform task outlines six key dimensions for systematic development: communication actors, target audiences, content creation, transmission channels, platform development, and institutional mechanisms. While Guangzhou has established solid foundations in communication stakeholders, audience engagement, content support, and exchange platforms, significant potential remains for enhancing communication efficacy when benchmarked against more effective international communication systems. The study proposes to establish systematic thinking, tightly focus on the main line of system construction, grasp the development focus of the components of the international communication system, and take the unification of foreign-involved subjects, highlighting the advantages of communication, focusing on strategic missions, innovating cultural inputs, strengthening scientific and technological empowerment, and breaking down institutional barriers as the gripping handles, so as to strive to improve the ability of collaboration among the communication subjects, the ability of precise communication among the audiences, the ability of supplying the communication contents, the ability of communication carrier development, the ability of communication platform operation, and the ability of communication governance of the government. The strategy will enhance the international influence of Guangzhou's city brand image and build a leading city in international communication.

Keywords: International Communication; City Image; Guangzhou

B.12　Research on Guangzhou's Shaping of New External

　　　　Discourse to Boost International City Image

　　　　Communication　　　　　　　　　　　　*Cheng Yan* /218

Abstract: Against the backdrop of deepening globalization and urbanization, inter-city competition increasingly focuses on the shaping of cultural soft power and international discourse power. As a pivotal central city in China, Guangzhou needs to construct a new external discourse system aligned with its developmental positioning to enhance its global influence and competitiveness. This study systematically examines the practical significance of Guangzhou's efforts to shape a new external discourse, summarizing its foundational strengths in historical and cultural resources, communication platforms, cross-cultural exchanges, urban ethos, and global cooperation networks. It proposes that Guangzhou should adhere to development principles including modernization of discourse context, diversification of actors, integration of capabilities, specialization of content, and precision in targeting audiences. By implementing the "City Partners" initiative, Guangzhou should explore implementation pathways for shaping its new external discourse across multiple dimensions: functional positioning, cultural branding, developmental momentum, communication methods, cultural collaboration, policy support, and talent cultivation. The study aims to provide both theoretical underpinnings and practical references for Guangzhou to enhance its international communication efficacy and construct a forward-looking city image.

Keywords: City Image; External Discourse; International Communication; Guangzhou

V Education Internationalization Section

B.13 Research on Guangzhou's Development as an International
Higher Education Demonstration Zone of the
Guangdong-Hong Kong-Macao Greater Bay Area

Chen Wanling, Chen Jinyuan and Wen Keyi /233

Abstract: The establishment of an International Higher Education Demonstration Zone in the Guangdong-Hong Kong-Macao Greater Bay Area represents a crucial strategic deployment by Guangzhou to promote regional high-quality development. As a national central city and comprehensive gateway metropolis, Guangzhou possesses distinctive advantages in this endeavor. Leveraging its abundant higher education resources and internationalized educational experience, Guangzhou has emerged as a pioneer in International cooperative education and a hub for university resources. The city benefits from national strategic support, cross-regional collaboration platforms within the Greater Bay Area, and an integrated industry-education ecosystem, collectively forming a solid foundation for developing the demonstration zone. Nevertheless, Guangzhou still confronts practical challenges including institutional barriers and policy coordination difficulties, relatively low internationalization levels in higher education, and insufficient integration of global higher education resources. Moving forward, Guangzhou's development of the Greater Bay Area International Higher Education Demonstration Zone should focus on institutional innovation to establish an open international higher education governance system; implement resource integration to create a "Greater Bay Area International Higher Education Community"; cultivate educational brands to enhance global competitiveness; and utilize industrial strengths to foster synergistic development between international higher education and industrial sectors.

Keywords: International Higher Education Demonstration Zone; Opening-up of Education; Guangdong-Hong Kong-Macao Greater Bay Area; Guangzhou

B . 14 Research on the Current Status, Challenges and Countermeasures of Guangzhou's Vocational Education Going Global

Li Shengbing, Xia Xueyan and Liang Xianping /248

Abstract: The comprehensive implementation of the "vocational education going global" strategy represents a key focus for educational opening-up in the new era. Guangzhou's vocational education internationalization empowers regional international production capacity cooperation through distinctive advantages including: industry-education integration communities serving regional needs, a multifunctional export model combining "culture + vocational skills", dual domestic and international practices in vocational education standard exports, and targeted cultivation of interdisciplinary faculty. However, based on research data and interviews from 11 vocational colleges in Guangzhou, multiple challenges have been identified in the internationalization process, primarily manifested as: imbalance between institutional supply and practical needs of global expansion, mismatch between faculty capabilities and training requirements, and disparity between brand advantages and resource investment. To address these issues, Guangzhou should optimize top-level design to enhance project quality, explore shared platform development to strengthen resource service capabilities, and advance brand building to reinforce the "culture + vocational skills" model.

Keywords: Vocational Education Going Global; International Production Capacity Cooperation; Guangzhou

B.15 Research Report on Innovation and Entrepreneurship
Services for Returnees in Guangzhou: A Case Study of
Liwan District *Jiang Liang, Cai Zihao* /262

Abstract: Returnees constitute valuable national assets and serve as important forces driving social development, playing significant roles in fostering new quality productive forces for urban internationalization. This report adopts quantitative and qualitative methods to conduct in-depth analysis of innovation and entrepreneurship services for returnees in Liwan District, based on the perspective of service optimization. Findings indicate that respondents generally provide positive evaluations of these services, while facing certain difficulties requiring continuous government service improvements, with talent recruitment and financial support being key elements for enhancing the innovation ecosystem. To further optimize the environment for returnees' innovation and entrepreneurship, local governments should strengthen targeted service provisions to improve satisfaction and sense of belonging, thereby attracting more returnees to contribute to local socioeconomic development.

Keywords: Returnees; Innovation and Entrepreneurship; Governmental Services

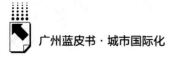

Ⅵ International Case Studies

B.16 From Product Export to Service System Construction:
XAG's Globalization Path and Implications

Xu Wanjun, Lu Zhaoying /285

Abstract: Against the backdrop of global agricultural challenges including food security issues, labor shortages, and growing demand for intelligent solutions, Chinese agricultural technology enterprises are encountering strategic opportunities for international expansion. Through technological innovation and localized services, China's agri-tech companies have established widespread presence in major global agricultural regions, with smart farming technologies being extensively adopted. Guangzhou has actively enhanced service capabilities and optimized its business environment, nurturing exemplary global enterprises like XAG. Leveraging core technological strengths, XAG has achieved market penetration through sustainable development solutions, accessed premium markets via global compliance certifications, and implemented context-specific global market strategies-developing tailored solutions based on destination countries' agricultural development stages and geographical particularities. This has established an "in-situ internationalization" operational model transitioning from product export to comprehensive service system construction. XAG's experience provides valuable insights for Chinese tech enterprises expanding overseas and establishing new revenue streams, while simultaneously enhancing China's global influence in agricultural technology and contributing "Chinese wisdom" and "Chinese solutions" to worldwide agricultural modernization.

Keywords: Agricultural Technology; Enterprise Globalization; XAG

B.17 AI-Powered Global Connectivity for Enterprises:

The Case of Tec-Do

Cheng Xiaona, Cai Shuhui, Su Huixian and Hou Ying / 303

Abstract: Guangzhou's technical enterprise Tec-Do stands as an industry-leading digital marketing service provider for global expansion, dedicated to empowering Chinese enterprises' high-quality internationalization through big data and AI technologies. As the domestic pioneer in applying AIGC (AI-generated content) to overseas marketing scenarios, the company has developed proprietary AI-driven marketing tools and big data analytics platforms. These innovations enable comprehensive global digital media coverage, intelligent ad placement, big data mining and analysis, and automated creative content generation. Having assisted over 80, 000 enterprises in precise overseas market positioning, marketing strategy optimization, and brand influence enhancement, Tec-Do significantly reduces the challenges and costs of international expansion across industries through digital innovation capabilities, while improving the efficiency of corporate globalization and facilitating Chinese enterprises' international deployment.

Keywords: Artificial Intelligence; Digitalization; Overseas Marketing

社会科学文献出版社

皮 书

智库成果出版与传播平台

❖ 皮书定义 ❖

皮书是对中国与世界发展状况和热点问题进行年度监测，以专业的角度、专家的视野和实证研究方法，针对某一领域或区域现状与发展态势展开分析和预测，具备前沿性、原创性、实证性、连续性、时效性等特点的公开出版物，由一系列权威研究报告组成。

❖ 皮书作者 ❖

皮书系列报告作者以国内外一流研究机构、知名高校等重点智库的研究人员为主，多为相关领域一流专家学者，他们的观点代表了当下学界对中国与世界的现实和未来最高水平的解读与分析。

❖ 皮书荣誉 ❖

皮书作为中国社会科学院基础理论研究与应用对策研究融合发展的代表性成果，不仅是哲学社会科学工作者服务中国特色社会主义现代化建设的重要成果，更是助力中国特色新型智库建设、构建中国特色哲学社会科学"三大体系"的重要平台。皮书系列先后被列入"十二五""十三五""十四五"时期国家重点出版物出版专项规划项目；自2013年起，重点皮书被列入中国社会科学院国家哲学社会科学创新工程项目。

权威报告·连续出版·独家资源

皮书数据库
ANNUAL REPORT(YEARBOOK)
DATABASE

分析解读当下中国发展变迁的高端智库平台

所获荣誉

- 2022年，入选技术赋能"新闻+"推荐案例
- 2020年，入选全国新闻出版深度融合发展创新案例
- 2019年，入选国家新闻出版署数字出版精品遴选推荐计划
- 2016年，入选"十三五"国家重点电子出版物出版规划骨干工程
- 2013年，荣获"中国出版政府奖·网络出版物奖"提名奖

皮书数据库

"社科数托邦"
微信公众号

成为用户

　　登录网址www.pishu.com.cn访问皮书数据库网站或下载皮书数据库APP，通过手机号码验证或邮箱验证即可成为皮书数据库用户。

用户福利

- 已注册用户购书后可免费获赠100元皮书数据库充值卡。刮开充值卡涂层获取充值密码，登录并进入"会员中心"—"在线充值"—"充值卡充值"，充值成功即可购买和查看数据库内容。
- 用户福利最终解释权归社会科学文献出版社所有。

数据库服务热线：010-59367265
数据库服务QQ：2475522410
数据库服务邮箱：database@ssap.cn
图书销售热线：010-59367070/7028
图书服务QQ：1265056568
图书服务邮箱：duzhe@ssap.cn

社会科学文献出版社 皮书系列
SOCIAL SCIENCES ACADEMIC PRESS (CHINA)
卡号：119491859727
密码：

中国社会发展数据库（下设 12 个专题子库）

　　紧扣人口、政治、外交、法律、教育、医疗卫生、资源环境等 12 个社会发展领域的前沿和热点，全面整合专业著作、智库报告、学术资讯、调研数据等类型资源，帮助用户追踪中国社会发展动态、研究社会发展战略与政策、了解社会热点问题、分析社会发展趋势。

中国经济发展数据库（下设 12 专题子库）

　　内容涵盖宏观经济、产业经济、工业经济、农业经济、财政金融、房地产经济、城市经济、商业贸易等 12 个重点经济领域，为把握经济运行态势、洞察经济发展规律、研判经济发展趋势、进行经济调控决策提供参考和依据。

中国行业发展数据库（下设 17 个专题子库）

　　以中国国民经济行业分类为依据，覆盖金融业、旅游业、交通运输业、能源矿产业、制造业等 100 多个行业，跟踪分析国民经济相关行业市场运行状况和政策导向，汇集行业发展前沿资讯，为投资、从业及各种经济决策提供理论支撑和实践指导。

中国区域发展数据库（下设 4 个专题子库）

　　对中国特定区域内的经济、社会、文化等领域现状与发展情况进行深度分析和预测，涉及省级行政区、城市群、城市、农村等不同维度，研究层级至县及县以下行政区，为学者研究地方经济社会宏观态势、经验模式、发展案例提供支撑，为地方政府决策提供参考。

中国文化传媒数据库（下设 18 个专题子库）

　　内容覆盖文化产业、新闻传播、电影娱乐、文学艺术、群众文化、图书情报等 18 个重点研究领域，聚焦文化传媒领域发展前沿、热点话题、行业实践，服务用户的教学科研、文化投资、企业规划等需要。

世界经济与国际关系数据库（下设 6 个专题子库）

　　整合世界经济、国际政治、世界文化与科技、全球性问题、国际组织与国际法、区域研究 6 大领域研究成果，对世界经济形势、国际形势进行连续性深度分析，对年度热点问题进行专题解读，为研判全球发展趋势提供事实和数据支持。

法律声明

"皮书系列"（含蓝皮书、绿皮书、黄皮书）之品牌由社会科学文献出版社最早使用并持续至今，现已被中国图书行业所熟知。"皮书系列"的相关商标已在国家商标管理部门商标局注册，包括但不限于 LOGO（▨）、皮书、Pishu、经济蓝皮书、社会蓝皮书等。"皮书系列"图书的注册商标专用权及封面设计、版式设计的著作权均为社会科学文献出版社所有。未经社会科学文献出版社书面授权许可，任何使用与"皮书系列"图书注册商标、封面设计、版式设计相同或者近似的文字、图形或其组合的行为均系侵权行为。

经作者授权，本书的专有出版权及信息网络传播权等为社会科学文献出版社享有。未经社会科学文献出版社书面授权许可，任何就本书内容的复制、发行或以数字形式进行网络传播的行为均系侵权行为。

社会科学文献出版社将通过法律途径追究上述侵权行为的法律责任，维护自身合法权益。

欢迎社会各界人士对侵犯社会科学文献出版社上述权利的侵权行为进行举报。电话：010-59367121，电子邮箱：fawubu@ssap.cn。

社会科学文献出版社